모든 시험 대비
영문법 최단시간 준비 끝

3분만 배우면 응용하는 영문법

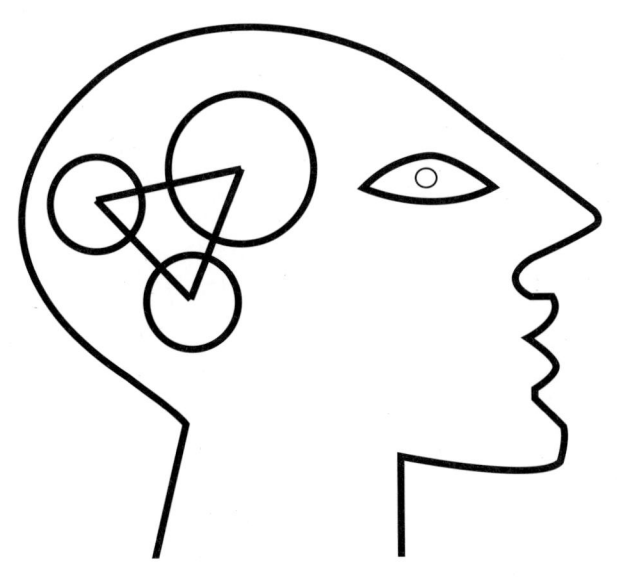

- 문법 용어 몰라도 돼!

- 응용하는 영문법!
  생각대로 말하는 영문법
  생각대로 적는 영문법
  문법대로 해석하는 영문법

- 영문은 1가지 순서!
  모든 영문은 1가지 순서
  복잡한 구와 절도 1가지 순서
  문의 5형식을 버려!

Charles Lee

출판사: Rainbow Consulting
저자: Charles Lee

3분만 배우면 응용하는 영문법

First Edition
Copyright © 2010 by Rainbow Consulting.

All rights reserved. No part of this publication may be reproduced, stored in a retrieval system, or transmitted in any form or by any means, electronic, mechanical, photocopying, recording, or otherwise, without the prior permission of the copyright owner.

본 교재의 독창적인 내용에 대하여 일부이거나, 전체이거나, 어떤 형태로든지 저자의 사전 허락을 받지 않은 일체의 무단 복제나 모방은 법률로 금지되어 있습니다.

내용에 대한 이용을 원하는 당사자 (일부이거나 전체이거나, 어떠한 방법을 불문하고)는 출판사나 저자에게 사전 연락을 하시기 바랍니다.

연락처: 레인보우 컨설팅
Web page: Http;//www.rainbowcollege.com
E-mail: webmaster@rainbowcollege.com
Tel. no.: 070-7689-7735

머리말

영문법 학습이 효과가 있는지에 대하여서는 영문법의 정의에 따라 이론이 있기는 하지만, 넓은 의미의 영문법으로 말한다면 영문법을 효과적으로 배우고 응용하면 영어의 4가지 기술을 효과적으로 습득할 수 있을 것입니다.

영문법 학습이 영어 학습에 도움이 된다고 할지라도, 영문법 책이나 강의가 지식을 나열하는 법으로 지식을 전달하여서는 우리가 한글 문법을 배워도 어렵듯이 영어를 잘 못하는 한국인들은 영문법의 이해나 응용이 더욱 어렵게 됩니다. 그러나 아쉽게도 이러한 학습법 때문에 많은 사람들은 영문법을 어려운 암기 과목으로 잘 못 생각하고 있습니다.

또한 그동안 영어를 모국어로 하는 영어교육학자들이 저술한 영문법 책들과 그것을 바탕으로 저술된 책들은 한국인들의 어려움을 제대로 반영하지 못한 점이 적지 않습니다.

저자는 이러한 문제점들을 해소하고, 한국인들에게 보다 효과적으로 영문법을 이해하고 응용하는 비법을 개발하기 위하여 장기간에 걸친 언어학적인 또한 영어교육학적인 연구와 실험을 계속하여, 기존의 학습법으로 불가능할 정도로 보이는 효과적인 학습법을 개발하고, 저작권 등록을 필한 후에, 그 결과물로 효과적인 영어 교육법을 담은 책들을 시리즈로 출간하게 되었습니다.
이번에 저술한 이 획기적인 영문법 책 역시 한국인들이 영문법을 단 시간에 이해하고, 응용할 수 있도록 하였고, 한국인들의 영어 습득 과정에서 발생하는 빈번한 error를 분석하여, 그 error를 해결하는 비법과 처방을 담았습니다.

이 교육법의 놀라운 효과는 몇 년 전에 촬영한 증거 동영상을 보시면 그 효과를 일부나마 짐작하실 수 있으실 것이며, 현재는 더욱 발전된 교육법이 개발되었고, 개발되고 있습니다.
영어를 배운 학생들의 증거 동영상 Http://www.rainbowcollege.com

책에 대한 질문사항이나 언어 교육학적인 논의를 원하시는 분은 연락처로 연락을 해 주시면 성의껏 답장을 해 드리겠습니다.

감사합니다.

저자 Charles Lee

저자 소개

저자 Charles Lee는 영어 교육 전문가, 저술가, 출판인입니다.

Waikato University에서 Applied Linguistics를 전공, 석사 졸업하고,
Auckland University에서는 English Language Teaching을 전공, Graduate Diploma를 취득하였습니다.

저자는 해외에서 10여년 거주하는 동안, 대학의 설립과 학장을 역임하고,
국내에서는 영어 전문학원의 원장, 영어 강의, 영어 교육법 CAS를 연구, 개발하였으며,
현재는 영어 강의, 책의 출판, 영어 교육법을 연구하며, 영어 전문 교육 프랜차이즈를 준비하고 있습니다.

Contents

A. 품사 구분하기 – 10년 배워도 안 되는 구분, 각각 1분이면 누구나 하는 비법

1. 명사/동사/형용사의 구분   – 한글로 구분해야 쉬워   2

   (1) 명사를 구분하는 법   2
   (2) 동사를 구분하는 법   3
   (3) 형용사를 구분하는 법   6

2. 부사/전치사/접속사의 구분   8

   (1) 부사를 구분하는 법   8
   (2) 전치사를 구분하는 법   9
   (3) 접속사를 구분하는 법   10
       연습문제

B. 괄호(구/절) 구분하기- 몇 분 ~ 몇 시간 만에 왕초보가 고급 문을 영작/독해

1. 괄호(구/절)란 무엇인가?   18

   (1) 공통문법1: 괄호(구/절)를 찾는 법   18
   (2) 공통문법2: 괄호의 종류를 아는 방법 – 영작/독해에 응용   18
   (3) 공통문법3: 괄호를 적는 순서   19

2. 괄호(구/절)의 종류와 "괄호표현"   20

   (1) 한글 괄호표현 3가지   20
   (2) 영어의 괄호표현 7가지   21
   (3) 한글/영어의 괄호(구/절)의 괄호표현의 비교   22

3. 괄호(구/절)를 찾고, 종류를 구분하는 법   24
   (1) 한글에서 괄호(구/절) 찾기: "괄호표현"을 본다.   24
   (2) 영어에서 괄호(구/절) 찾기: 괄호표현을 본다.   28

(3) 영어에서 괄호의 종류 구분   30
가, 영어의 괄호(명)의 종류 구분
나, 영어의 괄호(형)의 종류 구분
다, 영어 괄호(부)의 종류 구분
(4) 혼동하는 괄호(부) 찾기   33
(5) 혼동하는 괄호(형)와 괄호(부)의 차이   34
    연습문제

C. 영어의 순서 - 문 전체를 적는 순서 - 항상 1가지 순서로만 적는다.

1. 영어의 기본순서와 실전순서 1가지 - 문의 5형식을 배우지 마라.   42

(1) 기본순서1가지   - 단지 3분이면 배워 응용한다.   42
(2) 실전순서 1가지   - 모든 영문은 이 1가지 순서   48
(3) 실전순서로 영작하기   51
(4) 실전순서로 해석하기   55

2. 괄호(구/절) 속의 순서   62

(1) 괄호(구/절) 속의 영작법: 1가지 순서로 적는다.   62
(2) 괄호(구/절) 속의 해석법: 1가지 순서로 해석한다.   64

3. 문에서 괄호의 위치(순서)   68

(1) 괄호(명)의 위치   68
(2) 괄호(형)의 위치   69
(3) 괄호(부)의 위치   70
    연습문제

D. 혼동되는 순서 찾기 - 문의 기본순서가 혼동되는 경우

1. 주의 할 주어 찾기   84
(1) 주의 할 주어 찾기   84
(2) 주의 할 주어 찾기 - 주어가 여러 개인 경우   84

2. 주의 할 동사 찾기   86

(1) 영문에서 동사 찾기   86
(2) 한글에서 동사 찾기   91

3. 주의 할 목적어 찾기   92

(1) 혼동되는 목적어 찾기: 항상 "목1 + 목2"로만 쓴다.   92
(2) 혼동되는 목적어 찾기: "목1 + 목2"   92
(3) 혼동되는 목적어2 찾기   93
(4) 혼동되는 목적어2 찾기: 부정사/동명사의 주어 표시   93

4. 주의 할 보어 찾기   94

(1) 혼동되는 보어 찾기 – 부사/괄호(부)가 보어가 된다.   94
(2) 혼동되는 보어 찾기   94
   연습문제

E. 한정어/수식어의 위치 – 한정어/수식어는 항상 정해진 위치에 쓴다.

1. 명사를 한정/수식하는 순서: 한정사, 형용사, 괄호(형)   108
(1) 명사 앞의 한정/수식어의 순서   108
(2) 명사 앞에 오는 형용사의 순서: 여러 개의 형용사가 있을 때의 순서   109
(3) 예외의 명사 앞 순서   109
2. 형용사를 수식하는 부사/괄호(부)의 위치   – 형용사의 앞   112
3. 부사를 수식하는 부사의 위치   – 부사의 앞   113
4. 동사를 수식하는 부사/괄호(부)의 위치   114
   연습문제

F. 문의 종류와 순서 – 1가지 순서이다.

1. 평서문과 명령문   – 1가지 순서   120
2. 의문문   – 1가지 순서   124
3. 부정문   – 1가지 순서   134

4. 도치문　　　　　　　　　　　　　　－ 1가지 순서　　　　　　136
5. 감탄문　　　　　　　　　　　　　　－ 1가지 순서　　　　　　140
　　연습문제

G. 품사의 문법적 특성 총정리- 응용하는 지식을 비법으로 배운다.

1. 명사/대명사/한정사　　　　　　　　　　　　　　　　　　　148

(1) 명사　　　　　　　　　　　　　　　　　　　　　　　　　148
가. 명사의 종류: 가산명사/불가산명사
나. 명사의 종류: the를 붙여 특별한 의미가 되는 명사
다. 명사의 종류: 혼동되는 명사: ~ing가 붙은 명사
라. 명사의 종류: 명사가 괄호(부)로 바뀌는 경우
마. 명사 찾기
바. 명사의 문법규칙

(2) 대명사　　　　　　　　　　　　　　　　　　　　　　　　156
가. 인칭대명사
나. 의문대명사
다. 주의 할 대명사 it

(3) 한정사　　　　　　　　　　　　　　　　　　　　　　　　160
가. 한정사의 종류와 찾기
나. 한정사의 문법 규칙

2. 동사/조동사　　　　　　　　　　　　　　　　　　　　　　166
(1) 동사　　　　　　　　　　　　　　　　　　　　　　　　　166
가. 동사의 종류
(가) 일반동사/be동사
(나) 자동사/타동사　　　　　－ 모든 동사는 자동사/타동사로 구분할 수 있다.
(다) 사역동사/지각동사　　　－ 예외의 문법규칙이 있는 동사들
(라) ergative 동사
나. 동사의 문법규칙
다. 주의 할 동사의 문법규칙

- 아 -

(2) 조동사   180
가. 조동사의 종류
나. 조동사의 의미
다. 조동사의 문법규칙
라. 주의 할 조동사
마. 한글로 본 주의 할 조동사

3. 형용사/부사   186

(1) 형용사/부사의 종류   186
가. 형용사의 종류
나. 부사의 종류와 순서: 부사는 문의 위치가 비교적 자유롭다.
(2) 형용사/부사의 구분 - 영어   188
(3) 형용사/부사의 문법규칙   188
가. 형용사의 역할
나. 부사의 역할
다. 원급/비교급/최상급을 만드는 형용사/부사
라. ~ing, ~ed가 있는 형용사
마. 기타 주의 할 형용사/부사

4. 전치사/접속사   194

(1) 전치사/접속사의 구분   194
(2) 전치사/접속사가 만드는 문법규칙   196
(3) 주의 할 전치사   196
가. 전치사가 생략되는 괄호표현
나. 전치사/부사/접속사/형용사로 같이 쓰이는 단어들
(4) 전치사/부사의 구분   198
(5) 주의 할 종속접속사   202
    연습문제

H. 문법 용어로 설명한 괄호(구/절) - 한국인이 어려워하는 고급 문법 단숨에 끝내기

1. 영어에서 괄호가 만드는 문법용어 총 정리 - 표의 설명   212
(1) 괄호(구/절)의 표의 설명   212
(2) 괄호(명)/괄호(형)/괄호(부)의 공통문법: 문법/영작/독해를 함께 배운다.   213

2. that/wh~가 만드는 문법용어   214

(1) that/wh~ 괄호(명) - that 절, wh~절의 명사적 용법   214
(2) that/wh~ 괄호(형) - 관계사절과 관계사   217
(3) that/wh~괄호(부) - that 절, wh~절의 부사적 용법   227
(4) 혼동되는 that/wh~ 용법   229

3. to 동사가 만드는 문법용어 - 부정사/to 부정사   230

(1) 문법규칙1: 부정사 종류의 구분법   230
(2) 문법규칙2: 영작의 순서   230
(3) 문법규칙3: 부정사의 주어   230
(4) 문법규칙4: 부정사의 수동/완료 표시   232
(5) 문법규칙5: 부정사의 부정 표시   233
(6) 문법규칙6: 괄호(명)/괄호(형)/괄호(부)의 구분/해석   233
(7) 문법규칙7: 목적어2에 부정사/동명사 중 정해진 것만 오는 문의 동사   235
(8) 문법규칙8: 부정사는 전치사의 목적어로 쓸 수 없다.   237
(9) 문법규칙9: 부정사 to와 전치사 to의 차이   237
(10) 문법규칙10: 주의 할 부정사 표현   238
(11) 문법규칙11: 관용어구로 쓰이는 부정사 표현   239

4. 동사ing가 만드는 문법용어 - 동명사, 현재분사, 분사구문   240

(1) 문법규칙1: 동사ing 종류의 구분법   240
(2) 문법규칙2: 영작의 순서   240
(3) 문법규칙3: 영작- 괄호(명)   241
(4) 문법규칙4: 해석   243
(5) 문법규칙5: 정해진 동명사 표현들   244

- 차 -

(6) 문법규칙6: 주의 할 동명사   245
(7) 문법규칙7: 현재분사   - 괄호(형)   246
(8) 문법규칙8: 분사구문의 영작   - 괄호(부)   248
(9) 문법규칙9: 분사구문의 해석   250
(10) 문법규칙10: 주의 할 "분사구문"   251

5. 동사ed가 만드는 문법용어 - 과거분사, 분사구문   252

(1) 문법규칙1: (동사ed)의 구분법   252
(2) 문법규칙2: (동사ed)의 영작의 순서   253
(3) 문법규칙3: 과거분사의 영작   - 괄호(형)   253
(4) 문법규칙4: 과거분사의 해석   254
(5) 문법규칙5: 분사구문의 영작   - 괄호(형)   255
(6) 문법규칙6: 분사구문의 해석   255
(7) 문법규칙7: "ed형용사"와 괄호(형)의 차이   256
(8) 문법규칙8: 혼동되는 동사ed   256

6. 종속접속사가 만드는 문법용어 - 접속사절   258

(1) 문법규칙1: 종속접속사의 구분   258
(2) 문법규칙2: 영작   258
(3) 문법규칙3: 해석   259
(4) 문법규칙4: 종속접속사가 있는 분사구문   259

7. 전치사가 만드는 문법용어 - 전치사구   260

(1) 문법규칙1: 괄호의 구분/순서   260
(2) 문법규칙2: 영작   261
(3) 문법규칙3: 해석   261
(4) 문법규칙4: (전치사 + that 명사절)은 안 된다.   262
(5) 문법규칙5: 항상 괄호(부)가 되는 정해진 문형   262
(6) 문법규칙6: 특히 주의 할 with의 용법   262
    연습문제

- 카 -

I. 기타 중요한 문법- 읽으면 바로 이해되는 비법들로 배운다.　　　　272

1. 시제/완료/진행 - 배울 필요가 없는 문법도 있다.　　　　272

(1) "시제/완료/진행"의 예　　　　272
(2) 시제 "현재/과거/미래" - 배울 필요 없는 용법　　　　273
가, 문법규칙1: 현재시제의 용법
나, 문법규칙2: 과거시제의 용법
다, 문법규칙3: 미래시제의 용법
라, 문법규칙4: 주의 할 시제 표현
(3) 완료(현재완료/과거완료/미래완료) - 효과적인 "완료"의 문법 배우기　　　　277
가, 문법규칙1: 현재완료 - 3가지 한글 표현으로 배운다.
나, 문법규칙2: 주의 할 현재완료의 영작
다, 문법규칙3: 과거완료 "had +동사ed"는 한글로 3가지로 해석
라, 문법규칙4: 미래완료 "will have +동사ed"는 3가지로 해석
마, 문법규칙5: 주의 할 완료: "should/would/must + 현재완료"
(4) 진행: "현재진행/과거진행/미래진행"　　　　284
(5) 완료/진행/수동의 형태가 합해진 것　　　　285

2. 수동태　　　　286

(1) 문법규칙1: 형태와 해석　　　　286
(2) 문법규칙2: 수동태의 "시제/진행/완료"의 표현　　　　287
가, 수동태 현재
나, 수동태 과거
다, 수동태 미래
라, 진행 수동태
마, 완료 수동태
(3) 문법규칙3: 부정사의 수동태 - 영어/한글 둘 다 정해진 표현　　　　289
(4) 문법규칙4: 주의할 수동태의 해석　　　　289
가. 수동태처럼 보이지만 수동태로 해석을 안 해도 되는 영어 표현
나. 수동태가 아니지만 수동태로 해석하는 영어 동사
다. 능동태와 수동태에 따라 달라지는 문
(5) 문법규칙5: 수동태가 주로 쓰이는 문　　　　291

3. 가정법   292

(1) 문법규칙1: 가정법과 가정법이 아닌 조건절(직설법)   292
(2) 문법규칙2: "가정법의 if"와 "직설법의 if"의 영작   293
(3) 문법규칙3: "가정법의 if"와 "직설법의 if"의 해석   295
  가, "가정법 if절"의 해석
  나, "직설법 if절"의 해석
(4) 문법규칙4: if가 있는 가정법, if가 없는 가정법, if가 생략된 가정법   295
  가, if가 있는 가정법
  나, if가 없는 가정법
  다, if가 생략된 가정법

4. 주어와 동사의 수 - 수의 일치   300

(1) 명사의 수에 따라 변하는 것: 동사/한정사가 변한다.   300
(2) 단수 명사 - 단수주어가 된다.   300
(3) 복수 명사 - 복수주어가 된다.   303
(4) 주의 할 주어의 단수/복수 구분   303

5. 시제의 일치   304

(1) 주절의 동사가 현재   304
(2) 주절의 동사가 과거   305
(3) 주절의 동사가 미래   307

6. 콤마의 역할   308

(1) 2개의 콤마 사이에 삽입구/절이 있다.   308
(2) 콤마는 계속용법으로 해석되는 괄호(구/절)를 표시한다.   309
(3) 분사구문은 보통 콤마로 구분한다.   309
(4) 부사/괄호(부)가 주어의 앞에 오면   309
(5) and/but/or의 앞에 콤마를 써서 연결을 나타낸다.   310
  연습문제   328
  부록   319
  연습문제의 답   328

책의 구성과 특징 - 책을 효과적으로 읽는 법

이 책은 다른 영문법 책들과 확실히 다른 몇 가지 특징을 가지고 있다.
<u>이 특징을 알면 영문법을 불가능하게 생각할 정도로 단시간에 습득할 수 있다.</u>

A. **책의 구성**

이 책은 크게 다음과 같이 구분 설명되었다.

① 품사와 괄호(구/절)를 구분하기
② 영어의 순서 (문 전체의 순서, 괄호(구/절)의 순서, 한정어/수식어의 위치, 문의 형태에 의한 문의 순서 등)
③ 품사의 특징과 문법규칙
④ 괄호(구/절)를 이용한 문법의 이해(that 명사절, wh~명사절, 관계사절, 현재분사, 과거분사, 부정사, 동명사, 분사구문, 전치사구, 접속사절)
⑤ 기타문법 (가정법, 수동태, 수의 일치, 시제, 시제의 일치, 콤마의 해석)

1. 품사와 괄호(구/절)를 구분하기

    영어를 외국어로서 배우는 한국인들은 정확한 영작과 독해를 위해서 <u>영어 뿐 아니라 한글에서도 품사와 괄호(구/절)를 구분할 수 있어야 한다.</u>
    그러나 지금까지 우리들이 배운 품사의 구분법은 영어라는 언어만을 기초로 하여 설명하고 있어 영어라는 언어 자체가 가지고 있는 언어적 한계 때문에 설명이 어렵기만 하였다. 그러나 이 책의 방법으로 배우면 몇 년을 배워도 안 되는 것들을 <u>단지 몇 분만 배워도 구분하는 비법이 들어 있다.</u>

2. 영어의 순서

    영문의 순서는 몇 가지 순서가 혼동되어 영어 습득을 어렵게 하고 있다.
    그러나 이 순서에 대한 규칙 몇 가지를 알면 단지 몇 분~ 몇 시간 만에도 고급 영작이나 독해를 할 수 있다.

    ① 영문의 순서 - 실전순서 1가지로 되어있다.
    <u>아무리 긴 영문이라도 실전순서 1가지로 나열되어 있고, 규칙적으로 영작, 독해/말하기/듣기를 한다</u>는 것을 이해하면 영어가 얼마나 쉬운지를 알게 된다.

    ② 괄호(구/절) 속을 적는 순서 - 고급 구나 절을 적는 순서도 실전순서 1가지이다.

③ 괄호(구/절)의 문에서의 위치 - 괄호(구/절)에 따라 항상 정해진 순서로 적는다.
④ 수식어가 연결되는 위치 - 대부분 간단한 규칙에 의해 정해진 순서로 연결된다.

특히 이 책의 설명으로 제시한 거의 모든 예문들은 영어의 1가지 실전순서로 나열하고 있어서 영어의 순서를 간단히 깨우치고, 영작, 독해에 응용할 수 있도록 하였다.

또한 독자들의 이해를 쉽게 하기 위하여, 1가지 순서 중 영문이 해당하는 순서는 "네모"로 표시하고, 영어의 괄호(부)/부사는 폰트를 작게 하였다.

또한 예의 영문과 해석은 1가지 순서에 맞추어서 영작이나 독해의 방법을 보여주었다.

예)
|괄호(부)|, + |주| + |동| + 목1 + |목2| + 보 + |괄호(부)|
부사   부사
(During the years (that Peter traveled) (for a small company)),
                  he   built up   a system   (for remembering names).
(그 수년 동안에) (Peter가 여행한) (한 작은 회사를 위하여)
                  그는   만들어냈다   한 시스템을   (이름들을 기억하기 위하여)

3. 품사의 특징

품사의 특징 중 "영작/독해/말하기/듣기"의 기술을 습득하기 위해 한국인들이 반드시 알아야 할 특징만을 알기 쉽게 비법으로 설명하였다.

예) 동사 중 특별한 동사의 영작/해석법
지각동사/사역동사 및 기타 주의할 문의 동사의 뒤에 나오는 부정사나 동명사의 주어는 주격조사를 붙여 해석한다. 사람들을 O   사람들이 X

|괄호(부)|, + |주| + |동| + 목1 + |목2| + |보| + |괄호(부)|
              This   would **make**   people   (**think** him mad).
              이것은   만들 거야   사람들이   (그를 미쳤다고 생각하**도록**)

4. 괄호(구/절)를 이용한 문법의 이해

한국인들이 고급영작/고급독해를 잘 못하는 가장 큰 원인은 우리가 보통 고급 구문이라고 하는 괄호(구/절)를 잘 습득, 응용하지 못하기 때문이다.

괄호(구/절)의 예:
what절/that절, 관계사절, 동명사, 현재분사, 과거분사, 부정사, 분사구문, 접속사절, 가정법, 전치사구, 보어의 보충어, 동격 등

이 책에서는 "구와 절"이라는 문법 용어 대신, 공통된 문법규칙이 적용되는 괄호(구/절)를 구분하여, 배우도록 하여 단지 몇 가지의 문법 규칙으로 전체를 영작, 해석할 수 있도록 하였다.

그러므로 이 공통문법 몇 가지를 비법으로 배우면 왕초보도 고급영작, 고급독해를 단지 몇 분 ~ 몇 시간이면 배워 응용할 수 있다.

예로서 괄호의 공통된 문법규칙 한 가지를 보면,

- 공통문법규칙1: 괄호(구/절) 속은 1가지 순서이다.
(괄호표현   주 +   동 +   목1 + 목2 +   보 +   괄호(부))
(**wh**o   got   the idea)
(**that**   living things evolve
            and   diversify)

5. 기타문법
괄호(구/절)는 아니지만 한국인이 어려워하는 문법만을 분석하여 알기 쉽게 비법으로 설명하였다.

예) 현재시제의 문법 규칙을 배우는 법
- 영어의 현재시제 – 한글과 같아 영어의 용법을 또 배울 필요가 없다.
- 🍎 비법: 한글로 생각한 문법 규칙을 영어로 그대로 적용하면 된다.

"진리는 항상 현재시제로 한다."와 같은 문법규칙도 한글로 생각하면 된다.
지구는 둥글다.   O   → 현재로 쓴다.
지구는 둥글었다.   X   → 과거로 못쓴다. 의미가 안 통한다.
지구는 둥글 것이다.   X   → 미래로 못쓴다. 의미가 안 통한다.

B. 책의 특징

1. 3분비법과 비법, 비법응용

새로운 문법을 배울 때는 "**3분비법**"으로 전체의 문법을 간단히 이해할 수 있게 요약했다.

3분비법
명사 → "을/를"이 붙을 수 있는 단어	사랑 love – 사랑**을**
동사 → "~ㄴ다"가 붙을 수 있는 단어	사랑하다 – 사랑**한다** love
형용사 → "~ㄴ"이 붙을 수 있는 단어	귀여**운** cute/어려**운** difficult

2. 문법은 "**비법**"으로 이해하고 "**비법응용**"으로 영작이나 해석에 응용하는 비법을 보여 주었다.

🍎 비법: 단어 뒤에 "을/를"을 붙여 의미가 통하면 명사이다.
예) "love 사랑"은 뒤에 "~을"을 붙일 수 있어 명사이다.
사랑 – 사랑**을**

● 비법응용: 명사를 구분하면 영문의 순서를 알 수 있다.
명사/형용사/동사가 영문의 순서를 결정하기 때문이다.

3. 영문의 예를 적는 방법

모든 영문이 1가지 실전순서로 적혀 있고, 영작, 해석할 수 있다는 것을 보여주기 위하여 이 책의 거의 모든 영어 예문은 1가지 실전순서로 적었다.

영작/독해/말하기/듣기에 있어서 일관된 1가지 순서의 문법 규칙을 적용할 수 있다.

괄호(부), + 주어 + 동사 + 목적어1 + 목적어2 + 보어 + 괄호(부)
부사   부사

4. 고질병: 한국인들이 오해하거나 잘못하는 언어 습관을 분석하고 치료법을 적었다.

▲고질병 치료▲ 한국인들이 가장 어려워하는 문법이 동사가 변한 괄호(명)/괄호(부)/괄호(형)이다.
비법: 괄호(구/절)를 효과적으로 배우는 비법은 한글/영어에서 일정한 공통규칙을 알면 바로 응용할 수 있다.
이 일정한 문법의 규칙을 알면 괄호(명)/괄호(부)/괄호(형)를 간단히 배워 응용할 수 있다.

다음 예처럼 한글/영어는 규칙이 일정하다.
① (우유를 마시는 것)   = (to drink milk)/(drinking milk)   "것" = "to", "~ing"
② (내가 우유를 마시는 것)   = (that I drink milk)   "것" = "that"
③ (내가 마시는 것)   = (what I drink)   "것" = "what"

5. Why: 독자들이 의문을 가질만한 사항을 적었다.

▲WHY?▲ 왜 품사를 구분하는 것을 배우나?

영어를 외국어로서 배우는 한국인들은 한글/영어의 문에서 품사를 구분해야 문법을 응용할 수 있다. p.42
특히 한글은 조사에 의하여 문의 기본의미가 전달되지만, 영어는 기본순서에 의하여 의미가 전달되는데, 명사, 동사, 형용사가 문의 순서를 결정한다. 그러므로 품사의 구분이 중요하고, 특히 동사/명사/형용사의 구분이 중요하다.

이것을 알면 끝

10년 해도 안 되는 품사구분 - 3분 만에 더 잘해.
영어식 설명 - 10년 해도 구분 안 되.
한국인은 품사를 구분해야 영어를 효과적으로 배운다.

명사 구분   - "을/를"로 구분
동사 구분   - "ㄴ다"로 구분
형용사 구분   - "ㄴ"으로 구분
부사 구분   - "ㅣ/ㅔ"로 구분
전치사 구분   - "에/여"로 구분
접속사 구분   - "에"로 구분

A. 품사의 구분

-10년 배워도 안 되는 구분, 각각 1분이면 누구나 구분하는 비법

1. 명사/동사/형용사의 구분
2. 부사/전치사/접속사의 구분

1 명사/동사/형용사의 구분 - 각각 1분이면 끝내

3분비법
명사 → "을/를"이 붙을 수 있는 단어   사랑 love   – 사랑**을**
동사 → "~ㄴ다"가 붙을 수 있는 단어   사랑하다 love – 사랑**한다**
형용사 → "~ㄴ"이 붙을 수 있는 단어   귀여**운** cute/어려**운** difficult

❶ 명사를 구분하는 법

🔴 **비법**: 단어 뒤에 "을/를"을 붙여 의미가 통하면 명사이다.
예) "love 사랑"은 뒤에 "~을"을 붙일 수 있어 명사이다. 사랑 – 사랑**을**

예1) 명사를 구분하는 예
happiness 행복**을**   Coke   콜라**를**   I   나**를**
bookshop   서점**을**   what   무엇**을**

예2) 명사가 <u>아닌</u> 것을 구분하는 예
happy   행복한**을** X   drink   마시다**을** X
on   위에**를** X   because 때문에**를** X

🔴 **비법응용**: 명사를 구분하면 영문의 순서를 알 수 있다.
명사/형용사/동사가 영문의 기본순서를 결정하기 때문이다.

예1) [괄호(부)] +   [주] +   [동] +   목1 +   목2 +   보 +   [괄호(부)]
                    명사   명사   명사   명사/형용사

      Gradually,   his whole **attitude**   changed.
      점차로,   그의 모든 **태도가**   변했**다**.
                            명사

예2) [괄호(부)] +   [주] +   [동] +   목1 +   목2 +   보 +   [괄호(부)]
                    명사   명사   명사   명사   명사/형용사

      (After the war),   I   learned   an invaluable **lesson**   (in London)
      (그 전쟁 후**에**)   나**는** 배웠**다** 하나의 평가할 수 없는 귀중한 **교훈을** (런던**에서**)
                         명사   명사

 **동사를 구분하는 법**

가. 한글/영어의 단어에서 동사를 구분하는 법

● 비법: 동사에 "~ㄴ다"를 붙여 구분한다.
"~ㄴ다"를 붙여 의미가 통하면 동사이다. 예) teach 가르치다, love 사랑하다
"~ㄴ다"를 붙여 의미가 통하지 않으면 동사가 아니다. 예) house 집, simple 단순한

가르치다.	→ 가르친다 (~ㄴ다) →	"가르치다"는 동사
사랑했다.	→ 사랑한다 (~ㄴ다) →	"사랑했다"는 동사

예1) 동사의 예
love   사랑하다   - 사랑한다   O
think   생각하다   - 생각한다   O

예2) 동사가 아닌 예
pretty 예쁜   - 예쁜다   X
simple 단순한   - 단순한다   X
late   늦게   - 늦겐다   X

● 비법응용: 문의 동사를 구분하면, 주어/목적어/보어를 쉽게 찾을 수 있다.
복잡한 문의 동사를 바로 찾는 비법 ☞ p.86

주 +   동 +목1 +목2 + 보

(The best way (of seeing how yeast works)) is (to bake your own loaf of bread).
                                          이다

▲고질병 치료▲ 영어를 공부하는데 왜 한글로 품사를 구분하나?
영어는 조사/어미가 없고, 한 단어가 대부분 여러 개의 품사로 사용되므로 영어로 품사를 구분하는데 어려움이 있다. 그러나 한글은 조사/어미를 사용하면, 단어의 품사를 바로 알 수 있다.

괄호(부) +	주 +	동 +	목1 +	목2 +	보 +	괄호(부)
	Mike Reynolds	pets *		his cat		(outside his home).
	Mike Reynolds는	귀여워한다		그의 고양이를		(그의 집 밖에 있는)
	Ron	was housed *				(in the building)
	Ron은	수용되었다				(그 건물에)

* 설명: 이 문에서 pet는 "애완동물"이라는 명사가 아니라 "귀여워하다"라는 동사이다.
이 문에서 house는 집이라는 명사가 아니라 "수용하다"라는 동사이다.

● **비법응용**: 동사와 "동사가 변한 표현 - 동명사/분사/분사구문"과 혼동된다.
이러한 괄호(구/절)는 동사처럼 보이지만 동사로 영작하면 틀린다. ☞ p.212
동사와 "동사가 변한 괄호(구/절)"의 비교 ☞ p.18

한글의 동사	영어		한글의 괄호(구/절)	영어	
사랑하다	love	O	사랑한/사랑할/사랑하는	love	X
먹다	eat	O	먹은/먹을/먹힌/먹는	eat	X

나를 <u>사랑하는</u> 그 분
                                    <u>love</u> me the man.   X
                                    the man <u>loving</u> me   O
                                    the man (<u>who loves</u> me)   O

나. 한글의 문에서 영어의 동사 찾기: "일반동사와 be동사"의 구분법
  ● **비법**: 영문에는 "일반동사와 be동사" 2가지가 있다. ☞ p.86
  이 중 한글은 be동사가 없어서 영작할 때 be동사를 잘 틀린다.
  한글의 "~다/~까?"를 보고 영어의 동사를 찾는다.

그는 나에게 영어를 가르친다.	가르친다 O	→	"가르치다"가 영어의 동사
그 아기는 예쁘다.	예쁘다 X	→	be동사가 영어의 동사
이것은 한국의 전통음악일까?	음악<u>이</u>다 X	→	be동사가 영어의 동사

  • 한글의 문에서 일반동사 찾기 - 한글의 "~다"에서 찾는다.
  ● **비법**: 한글의 "~다"에 "~ㄴ다"를 붙여 의미가 통하는 것이 영어의 일반동사이다.
  나는 그 아이를 사랑했다. → 사랑<u>한</u>다
                           → "사랑했다"는 일반동사

  ● **비법응용1**: 한글을 보고 영어의 동사를 찾아 영작에 쓴다.

예1)
주 +	동 +	목1 +	목2 +	보 +	괄호(부)
그는	가르친다	나에게	영어를		
He	teaches	me	English.		O
He	is taught	me	English.		X

나는	사랑했다		그 아이를		
I	loved		the kid.		O
We	were loved		the kid.		X

예2) 괄호(부), + 주 + 동 + 목1 + 목2 + 보 + 괄호(부)
(수년 후에), 그는 벌었다 수백만 불을 (똑 같은 심리를 이용함으로써)
(Years later), he made millions (by using the same psychology).

● **비법응용2**: 한글을 보고 be동사를 못 찾으면 틀린 영작이 된다.
한글의 "~다"에 "~ㄴ다"를 붙여 의미가 통하지 않으면 be동사를 쓴다.

그 아기는 예쁘다. → 예쁜다   X   → "예쁜"은 동사가 아닌 형용사
그가 Sam이다.   → Sam인다   X   → "Sam"은 동사가 아닌 명사

예1) 주 +   동 +목1 + 목2 + 보 +   괄호(부)
    그 아기는   다   예쁘(예쁜)...형용사
    The baby   is   pretty.

예2) 주 +   동 +목1 + 목2 + 보 +   괄호(부)
    그가   이다   Sam...명사
    He   is   Sam.

● **비법응용3**: "~이다/이었다"는 명사에 붙는 조사이다.
그러므로 "~이다/이었다"가 있으면, 영어는 항상 be동사를 쓴다.

Sam<u>이다</u>   → Sam은 명사
                           → 문에 be동사 사용

(책들을 읽는 것)<u>이다</u>   → (책들을 읽는 것)은 명사구
                           → 문에 be동사 사용

(우리가 먹는 음식)<u>이다</u> → (우리가 먹는 음식)은 명사절
                           → 문에 be동사 사용

주 +   동 +목1 + 목2 + 보 +   괄호(부)
Robert는   이었다   한명의 대학 신입생   (1964년에)
Robert   was   a college freshman (in 1964).   O
Robert   a college freshman (in 1964).   X

 **형용사를 구분하는 법**

가. 형용사의 구분
　🌸 비법: 한글의 단어 뒤에 "~ㄴ"을 붙여 의미가 통하면 형용사이다.

　예1) 형용사의 예
　happy　　　행복**한**　　　　blue　　　　파**란**
　light　　　　가벼**운**　　　　serious　　심각**한**

　예2) 형용사가 <u>아닌</u> 예
　window　　창　　　　　　　walk　　　걷다 - 걷<u>는</u>다
　because　　때문에　　　　　speak　　말하다 - 말<u>한</u>다

나. 괄호(형) - 한국인들이 혼동하는 품사 - 동사일까? 형용사일까? 형용사구/절일까?
　🌸 비법: 동사에 "ㄴ/ㄹ"이 붙을 수 있으면 형용사이다.　　예) 깨끗<u>한</u>, 단정<u>한</u>
　　　　　　동사에 "ㄴ/ㄹ"이 붙으면 형용사로 변한다.　　예) 사랑하다 → 사랑하<u>는</u>
동사에 "ㄴ/ㄹ"이 붙어서 형용사로 바뀌면, 영문법에서는 <u>형용사구/절</u>이라고 한다.
이 책은 괄호(형)로 표현한다.

　한글의 동사　　　　　　　동사가 변한 한글의 괄호(형)
　"사랑하다"　　→　　　　~사랑하<u>는</u>/~사랑한/~사랑받은/~사랑할
　"먹다"　　　→　　　　　~먹<u>는</u>/~먹<u>은</u>/~먹<u>힌</u>/~먹<u>을</u>

　🌸 비법응용: 사랑하다는 love이지만, "사랑하는, 사랑한, 사랑받은, 사랑할"은 괄호(형)이므로 love로 하면 틀린다.

　동사　　　　　　　괄호(형)
　↓　　　　　　　　↓
　먹다/먹는다 →　　(피자를 먹<u>는</u>) 아이들　　　　eat pizza kids　　　　X
　　　　　　　　　(감자를 먹<u>은</u>) 사람들　　　　ate potatoes people　 X
　　　　　　　　　(여우에게 먹<u>힌</u>) 곤충들　　　ate to fox insects　　X

　예1) <u>괄호(부)</u>, +　　<u>주</u> +　　　　　　　　　　<u>동</u> +목1 +목2 + 보 + <u>괄호(부)</u>
　　　(In 1992),　　a doctor (<u>named</u> Kim Foster) was hired　　(by the prison).
　　　(1992년에),　(Kim Foster라고 <u>이름 붙여진</u>) 한 의사는　고용되었다　　(그 교도소에 의하여)

예2) 주 + 동 + 목1 + 목2 + 보+ 괄호(부)
Anne tells Renee (that she finds something (in food) (eaten) (for the New Year)).
Anne은 말한다 Renee에게 (그녀가 (새해를 위하여) (한국인들에 의하여) (먹히는) (음식에서) 어떤 것을 발견한다고)

예3) 괄호(부), +주 + 동 + 목1 + 목2 + 보 + 괄호(부)
(During the years (that Peter traveled (for a small company))), *
he built up a system (for remembering names).
(그 수년 동안에) (Peter가 여행한) (한 작은 회사를 위하여)
그는 만들어냈다 한 시스템을 (이름들을 기억하기 위하여)

* the years (that Peter traveled) → (Peter가 여행한) 그 해들
travel은 "여행하다"이지만, 괄호 속의 해석은 "여행한"으로 "ㄴ"으로 끝났다.

▲**WHY?** ▲왜 품사를 구분하는 것을 배우나?

영어를 외국어로서 배우는 한국인들은 한글/영어의 문에서 품사를 구분해야 문법을 응용할 수 있다. 특히 한글은 조사에 의하여 문의 기본 의미가 전달되지만, 영어는 기본순서에 의하여 의미가 전달되는데, 명사/동사/형용사가 문의 순서를 결정한다. 그러므로 품사의 구분이 중요하고, 특히 명사/동사/형용사의 구분이 중요하다.

▲**고질병 치료**▲ 한국인들은 한글에는 be동사가 없어서 영어의 be가 언제 필요한지 혼동한다.

비법: 한글에 "~이다"가 있으면 영어는 항상 be를 쓴다.   한국인이다/Sam이다/물이다
특히 수학, 과학 등의 학문이나 written English에 "~이다"로 끝나는 문이 많다.
예1) 삼각형의 세모의 각의 합은 180도이다.
예2) 사람은 포유동물이다.

한글에서 "~ㄴ다"로 끝나면 영어는 be동사를 안 쓴다.   먹는다/마신다/씹는다/본다/한다
나는 매일 커피를 마신다.
I drink coffee every day.

▲**고질병 치료**▲ 한국인들이 가장 어려워하는 문법이 동사가 변하여 다른 품사로 쓰이는 동명사/분사/분사구문/부정사와 명사절/관계사절/접속사절, 전치사구이다.
비법: 이 모든 것은 괄호(명)/괄호(형)/괄호(부) 중의 하나이며, 한글이나 영어나 항상 몇 개의 일정한 공통된 문법 규칙만으로 영작/독해할 수 있다. 그러므로 몇 분 ~ 몇 시간만 배워도 고급 영작이나 독해를 할 수 있다.

다음 예처럼 한글/영어는 규칙이 일정하다.
① (우유를 마시는 것)   = (to drink milk)/(drinking milk)   "것" = "to", "~ing"
② (내가 우유를 마시는 것)   = (that I drink milk)   "것" = "that"
③ (내가 마시는 것)   = (what I drink)   "것" = "what"

2. 부사/전치사/접속사의 구분 — 한글로 구분해야 쉬워

3분비법
부사: 주로 "~ㅣ/~ㅔ"로 끝난다.
전치사: 주로 **"~에/여"**로 끝난다.
접속사: 종속접속사와 등위접속사가 있다.
           종속 접속사 → 주로 **"~에"**로 끝난다.
           등위 접속사 → and/but/for/or/so

❶ 부사를 구분하는 법   ☞ p.186, 326

🍎 **비법**: 4가지 종류의 부사는 한글로 구분하면 각각 특징이 있어 구분이 쉽다.

• 단어의 끝이 주로 "~ㅣ/ㅔ"로 끝난다.

| 빨리/빠르게 | fast | 늦게 | late | 마음 약하게 | sheepishly |
| 전에 | before | 후에 | later | 화내어 | angrily |

• 접속부사와 "~게도"

| 접속부사: | | 더구나 | moreover | 그러나 | however |
| ~게도: | | 놀랍게도 | surprisingly | 슬프게도 | sadly |

• 빈도부사

| 항상 | always | 보통 | usually | 결코/전혀 | never |
| 자주 | often | 가끔/때때로 | sometimes | 드물게 | rarely |

• 강조부사

| 아주/매우 | very | 정말 | really/simply |

예1) 주 +   동 +   목1 + 목2 +   보 +   괄호(부)/부사
      Elery   smiled   wryly.
      Elery는   웃었다   일그러지게

      I   am never   ill.
      나는   결코 않는다   아픈

예2) 괄호(부), + 주+ 동 +목1 +목2 + 보 + 괄호(부)
　　　부사　　　　　　　　　　　　　　　　　　　　　　　부사
　　　Surprisingly,　she　　　lost　　　　　　　　　　again.
　　　놀랍게도　　　그녀는　　졌다　　　　　　　　　　또 다시

　　　　　　　　　We　　　are always　very busy　　(on Saturdays).
　　　　　　　　　우리는　　~다 항상　　아주 바쁜　　(토요일에)

　　　Now　　　　I　really must go.
　　　지금　　　　나는 정말 가야 해.

전치사를 구분하는 법 ☞ p.186/194/326

● 비법: 단어의 끝이 주로 "~에/여"로 끝난다.

• ~에
에 at/in/on　　　때문에 because/because of
전에 before　　　후에 after

• ~여
위하여 for　　　통하여 through　　　대하여 about/on/against

• 기타
와/과/로 with　　　의 of　　　에/에게/로 to

● 비법응용: 전치사는 항상 괄호(형)/괄호(부)를 만든다. ☞ p.194/ p.212
그러므로 전치사를 알면 문의 순서를 쉽게 구분할 수 있다.
(**at** seven o'clock) (7시**에**)　　　(**for** him) (그를 위하**여**)

예1) 주 + 동 +목1 +목2 + 보 + 괄호(부)
　　　Aesop was　　　a Greek slave (who lived (**at** the court) (**of** Croesus)).
　　　이솝은　이었다　한 그리스의 노예　((Croesus**의**) (왕실**에서**) 산)

예2) 주 + 동 + 목1 + 목2 +보 + 괄호(부)
　　　He　　fired　　　me　　　　(**because of** you).
　　　그는　해고했다　나를　　　　(너 때문**에**)

 **접속사를 구분하는 법**: 접속사는 종속접속사와 등위접속사가 있다.

가. 종속접속사의 구분

● 비법: 단어의 끝이 주로 "~에"로 끝난다. ☞ p.194/p.325

때에 when	전에 before	후에 after
때문에 because	때에(~서)/때문에 as	후에/때문에 since

기타 종속접속사

| ~면 if | ~지라도 even if/even though | ~ 처럼 as if | ~지라도 though |

● 비법응용: 종속접속사는 항상 괄호(부)만 된다.
그러므로 접속사를 알면 문의 순서를 쉽게 구분할 수 있다.

예1) 주 +   동 +   목1 + 목2 +   보 +   괄호(부)
      Anne   was   curious   (**as** she put the phone down).
      Anne은 다   호기심이 있었 (그녀는 전화기를 내려놓으면서)

예2) 괄호(부), +   주 +   동 +   목1 +   목2 +   보 +   괄호(부)
      (**If** I leave now), I   will make   the next train   home.
      (내가 지금 떠난다**면**), 나는   맞출 거야   다음 기차를   집으로

나. 등위접속사: 등위접속사는 정해진 몇 개만 있다.

| 그리고/~와/~과 and | 그러나/~나/~만 but | 왜냐하면 for |
| 그래서 so | 아니면 or | |

예1) 주 +   동 +   목1 + 목2 +   보 +   괄호(부)
      He   looked   different   (in sweater **and** heavy trousers).
      그는   보였다   다르게   (스웨터**와** 두툼한 바지로)

예2) 주 +   동 +목1 + 목2 +   보 +   괄호(부)
      He   came   (to the coffee shop) (on lunchtime),
but I   was   too busy   (to talk (to him) much).
      그는   왔다   (그 커피숍에)   (점심시간에),
그러나 나는 쓰다   너무 바쁜   (말하기에 (그와) 많이)

연습문제

1. 다음 단어의 품사가 명사이면 "명", 형용사이면 "형", 동사이면 "동", 부사이면 "부", 전치사이면 "전", 접속사이면 "접"이라고 적어보세요.

(1) 먹다　　　　eat
(2) 동물　　　　animal
(3) 어린이　　　child
(4) 묻다　　　　ask
(5) 귀여운　　　cute
(6) ~와　　　　with
(7) ~의　　　　of
(8) 신비스럽게　mysteriously
(9) ~때문에　　because
(10) 깨끗한　　　clean

2. 다음 밑 줄 친 단어의 품사가 명사이면 "명", 형용사이면 "형", 동사이면 "동", 부사이면 "부", 전치사이면 "전", 접속사이면 "접"이라고 적어보세요.

(1) 우리는 매일 감자만을 먹었다.　　　　　　　　eat
(2) 그 동물은 눈이 퇴화되었다.　　　　　　　　　animal
(3) 이곳은 어린이들의 천국이다.　　　　　　　　　child
(4) 그가 나에게 길을 물었다.　　　　　　　　　　ask
(5) 이 귀여운 강아지는 누구의 거니?　　　　　　cute
(6) 나와 내 동생이 먹었다.　　　　　　　　　　　with
(7) 우리는 사랑의 작은 정성을 보탰다.　　　　　of
(8) 이 동굴은 신비스럽게 보인다.　　　　　　　　mysteriously
(9) 내가 너를 만났기 때문에 나는 엄마에게 혼났다.　because
(10) 이 깨끗한 차가 나의 것이다.　　　　　　　　clean

3. 영어로 적을 때 be동사가 필요한 것만 골라 보세요.

(1) 은행이다
(2) 맛있다
(3) 현명하다
(4) 매력적이다
(5) 해변이다
(6) 운전하다
(7) 이해하다
(8) 버스다
(9) 기다리다
(10) 침대다
(11) 못났다
(12) 용감하다
(13) 뚱뚱하다
(14) 씹다
(15) 읽다
(16) 보다

4. be동사가 잘못 쓰인 문의 번호를 적어 보세요.

(1) He is wants an apple.
(2) He had friends.
(3) I have got an umbrella.
(4) I am warm my hands over the fire.
(5) I am reached their house.
(6) We were entered the room.
(7) We were occupied the room.
(8) He is goes to school every day.
(9) He is laughed a scornful laugh.
(10) I was dreamed a nice dream.

5. 영작을 할 때 사용할 동사를 적어 보세요.

(1) 그는 나에게 선물 하나를 주었다.　　　give - gave - given
(2) 나의 선생님은 나에게 책 한 권을 사 주셨다.
(3) 나는 그를 바보라고 생각한다.
(4) Mr. Kim은 나를 선생님이라고 부른다.
(5) Sam은 경찰이다.
(6) Jane은 간호사이다.
(7) 저것은 간장이다.
(8) 나는 매일 걷는다.
(9) 우리는 매일 그것을 본다.
(10) 나는 매일 콜라를 마신다.
(11) 나는 어제 선물 하나를 샀다.　　　buy-bought-bought, present
(12) 나는 매일 콜라를 마신다.　　　drink, Coke
(13) 나는 어제 그를 만났다.　　　meet-met-met
(14) 나의 이름은 Malta이다.
(15) 우리는 그 늙은 남자를 전에 만났다.

6. 영작이 맞는 것을 골라 보세요.

(1)　주 +　　　동사 + 목적어 +　　목적어 +　　보 +　　　　　괄호(부)
　　 나는　　　 이다　　　　　　　　　　　　 학생
　　 ①I　　　　am　　　　　　　　　　　　　a student.
　　 ②I　　　　　　　　　　　　　　　　　　 a student.

(2)　주 +　　　동사 + 목적어 +　　목적어 +　　보 +　　　　　괄호(부)
　　 나는　　　 다　　　　　　　　　　　　　 아프(아픈)
　　 ①I　　　　am　　　　　　　　　　　　　sick.
　　 ②I　　　　　　　　　　　　　　　　　　 sick.

(3)　주 +　　　동사 + 목적어 +　　목적어 +　　보 +　　　　　괄호(부)
　　 그는　　　 가끔 운다
　　 ①He　　　is sometimes cries.
　　 ②He　　　　 sometimes cries.

7. 다음 한글을 보고 문의 동사를 영어로 적어 보세요.

(1) Michael은 (그를 만나는 것)을 좋아한다.
(2) 나는 (빵을 먹는 것)을 좋아한다.　　　　　　bread
(3) (음악을 듣는 것)은 나의 취미이다.　　　　　listen to music
(4) 나는 (Mike가 Sam을 만났다고) 생각한다.　　think
(5) (미국에서 개고기를 먹는 것)은 불법이다.　　in America, illegal
(6) 나는 (네가 누구인지)를 모른다.　　　　　　not know
(7) 나는 (네가 누구를 좋아하는지)를 모른다.
(8) 나의 질문은 (Helen은 어떻게 가수가 되었는가)이다.
(9) 그들은 (그들이 배고프다고) 생각했다.
(10) 우리는 (그가 한국인이라고) 믿었다.
(11) 나는 (그곳에 갈 것)을 결정하였다.
(12) 나는 (내 숙제를 하는 것)을 끝냈다.
(13) 나는 그를 스파이라고 알고 있다.

8. 밑줄 친 단어를 명사는 "명", 동사는 "동", 형용사는 "형", 부사는 "부", 전치사는 "전", 접속사는 "접"이라고 적어 보세요.

(1) Dennis would not <u>allow</u> <u>her</u> to visit him, <u>though</u>.
　　주 +　　　　　　　동 +　　목1 +　　목2 +　　보 +　　　　괄호(부)/부사
　　Dennis would not allow　　her　　(to visit him),　though.
　　Dennis는 허락하지 않을 거야　　그녀가　　(그를 방문하도록),　그렇지만

(2) Contact <u>was</u> <u>exactly</u> what the man wanted.
　　주 +　　　동 +　　목1 +　　목2 +　　보 +　　　　　　　　괄호(부)
　　Contact　　was　　　　　　　　　　exactly (what the man wanted).
　　접촉은　　이었다　　　　　　　　　정확하게 (그 남자가 원한 것)

(3) She <u>ordered</u> meat, fish and vegetables from the local <u>market</u>.
　　주 +　　　동 +　　　　　목1 +　　목2 +　보 +　　　　괄호(부)
　　She　　ordered　　　　　　meat, fish and vegetables (from the local market).
　　그녀는　주문했다　　　　　육 고기, 생선 그리고 채소들을　　(그 지방의 시장으로 부터)

(4) He went upstairs <u>for</u> a bath.

주 +	동 +	목1 +	목2 +	보 +	괄호(부)
He	went				upstairs (for a bath).
그는	갔다				위층으로 (목욕을 위하여)

(5) Peter worked <u>as</u> a salesman.

주 +	동 +	목1 +	목2 +	보 +	괄호(부)
Peter	worked				(as a salesman).
Peter는	일했다				(한 판매원으로)

(6) <u>Glen</u> works <u>at</u> Harold's Club <u>as</u> a disk jockey.

주 +	동 +	목1 +	목2 +	보 +	괄호(부)
Glene	works				(at Harold's Club) (as a disk jockey).
Glen은	일한다				(Harold 클럽에서) (한 디스크자키로)

(7) <u>When</u> he arrived at the apartment, the street was busy <u>with</u> street <u>cops</u>.

괄호(부) +	주 +	동 +목1 + 목2 +	보 +	괄호(부)
(When he arrived (at the apartment)),	the street	was	busy	(with street cops).
(그가 (그 아파트에) 도착했을 때에),	그 거리는	쓰다	바쁜	(거리 경찰로)

(8) He tried to fight off <u>sleep</u>.

주 +	동 +	목1 +	목2 +	보 +	괄호(부)
He	tried		(to fight off sleep).		
그는	시도했다		(잠을 물리치는 것)을		

(9) He had to <u>struggle</u> to stuff his arms in the sleeves.

주 +	동 +	목1 +	목2 +	보 +	괄호(부)
He	had to struggle		(to stuff his arms)		(in the sleeves).
그는	싸워야 했다		(그의 손들을 넣는 것)을		(소매에)

(10) I picked up some bits <u>of</u> magazines he'd torn the night <u>before</u>.

주 +	동 +	목1 +	목2 +	보 +	괄호(부)
I	picked up		some bits (of magazines) (he'd torn the night before).		
나는	집어 들었다	일부를	(잡지들의) (그가 지난밤에 찢었던)		

이것을 알면 끝

괄호(구/절)의 구분

괄호(구/절)는 같은 문법규칙이 적용되는 구/절만을 모은 것이다. 괄호(구/절)는 신기하게도 영어/한글이 똑같이 공통문법이 적용되어 고급 문법/영작/독해법을 단지 몇 분 ~ 몇 시간이면 배울 수 있다.

괄호(구/절)의 구분법

괄호(명)의 구분: 한글 "것/가/지/다고(라고)"
　　　　　　　　영어 "that/wh~/to동사/동사ing"

괄호(형)의 구분: 한글 "ㄴ/ㄹ/의"
　　　　　　　　영어 "that/wh~/to동사/동사ing/동사ed/전치사"

괄호(부)의 구분: 한글 "에/여(서)/러"
　　　　　　　　영어 "that/wh~/to동사/동사ing/동사ed/전치사
　　　　　　　　　　　　　　　　　　　　　/접속사"

B. 괄호(구/절) 구분하기

- 몇 분 ~ 몇 시간 만에 왕초보가 고급 문을 영작/독해하는 비법

1. 괄호(구/절)란 무엇인가?
2. 괄호(구/절)의 종류와 "괄호표현"
3. 괄호(구/절)를 찾고, 종류를 구분하는 법

1 괄호(구/절)란 무엇인가? －고급영작/독해 끝내는 비법

3분비법
괄호(구/절)는 3가지 종류가 있다. 괄호(명)/괄호(형)/괄호(부)
괄호(구/절)는 한글/영어에 공통적으로 적용되는 **공통문법** 몇 개가 있다.
공통문법: 괄호표현/조사와 어미/영문에서의 위치/1가지 순서

괄호(구/절)의 총정리

❶ 공통문법1: 괄호(구/절)를 찾는 법

● 비법: 모든 괄호는 괄호(명)/괄호(형)/괄호(부)에 따라 정해진 "괄호표현"이 있다. 그러므로 한글과 영어의 괄호표현을 서로 맞추어 영작/독해한다.

- 영어/한글의 괄호표현: 영어 7가지/한글 3가지

괄호의 종류	영어의 괄호표현	한글의 괄호표현
괄호(명)	that/wh~/to동사/동사ing	것/가/지,다고/라고
괄호(형)	that/wh~/to동사/동사ing/동사ed/전치사	ㄴ/ㄹ/의
괄호(부)	that/wh~/to동사/동사ing/동사ed/전치사/접속사	에/여(서)/러

예) 정해진 괄호표현   정해진 괄호표현
    주 + ↑   동 +목1 + 목2 + 보↑ +   괄호(부)
영어: (That I eat an apple every day)   is   (to take in vitamin C).
한글: (내가 매일 한 알의 사과를 먹는 것)은   이다   (비타민 C를 섭취하는 것)
              ↓   ↓
        정해진 괄호표현   정해진 괄호표현

❷ 공통문법2: 괄호의 종류를 아는 법: 한글 - 조사/어미/영어 - 위치

한글/영어에서 괄호를 찾고, 종류를 구분해야 고급영작/독해를 할 수 있다.

● 비법: 한글 - 괄호표현 3가지와 조사/어미 ⇒ 괄호를 찾고/종류를 안다.
         영어 - 괄호표현 7개와 괄호의 위치 ⇒ 괄호를 찾고/종류를 안다.

한글/영어에서 괄호(구/절)를 찾고, 종류를 구분하는 법

	괄호(명) 찾기	괄호(형) 찾기	괄호(부) 찾기
한글에서 찾기	괄호표현으로 찾는다. 괄호 뒤에 **조사/어미**가 **있다**. 주격조사/목적격조사/보격조사	괄호표현으로 찾는다. 괄호 뒤에 조사/어미가 **없다**.	괄호표현으로 찾는다. 괄호 뒤에 조사/어미가 **없다**.
영어에서 - 위치로 찾음	주어/목적어/보어의 **맨 처음** 또는 전치사 **뒤**	명사의 **뒤**	문의 **처음/끝** (처음에 오면 콤마가 있다.)
괄호의 종류	"주/목/보/전치사의 목적어" 4가지	1가지	1가지

 공통문법3: 괄호를 적는 순서

● 비법: 1가지 순서이다. 예외의 순서 1가지가 있다.
이순서는 영문의 순서와 같다.

• 괄호의 안은 1가지 순서

                (주 +   동 +   목1 +   목2 +   보 + 괄호(부))
people (who   do not know   the other's score)
(다른 사람의 점수를 알지 못하는) 사람들

• 비교: 영문의 기본순서 - 1가지 순서

주 +   동 +목1 + 목2 +보 +괄호(부)
Each essay will be scored   separately (by two readers) (who won't know the other's score).
각각의 에세이는 점수가 매겨 질 거다   따로따로 (두 명의 읽는 사람에 의하여) (다른 것의 점수를 알지 못할)

• 예외의 순서 - 괄호 중 (전치사 + 명사/괄호(명))만 1가지 순서가 아니다.

예1) (전 + 명)
    (by   two readers)
    (읽는 두 사람에 의하여)

예2) (전 + 괄호(명))
    the hope   (**of** (boost**ing** the nation's economy))
    희망   ((그 국가의 경제를 개선시킨다는 **것**)에 **대한**)

2. 괄호(구/절)의 종류와 "괄호표현"

3분비법
괄호(구/절)의 종류는 3가지이다.
① 괄호(명): 괄호(명)만 다시 4가지 종류가 있다. (주/목/보/전치사의 목적어)
② 괄호(형): 1가지 종류로 영작/해석이 같다.
③ 괄호(부): 1가지 종류로 영작/해석이 같다.

3분비법
같은 괄호의 종류는 같은 "**괄호표현**"이 있어 괄호표현으로 괄호(구/절)를 구분한다.

❶ 한글의 괄호표현 3가지

한글은 괄호의 종류에 따라 다른 3가지 괄호표현을 쓴다.

- **괄호(명)**의 괄호표현
- 비법: "~것/가/지, 다고/라고"

(내가 잠자는 **것**)　　　　　　　　　(휴식을 갖는 **것**)
(어린이들이 매일 무엇을 먹는**지**)　　(어린이들이 우유를 마신**다고**)

예) 괄호(명)　　　　괄호(명)
　　　↓　　　　　　↓
(내가 잠자는 **것**)은 (휴식을 갖는 **것**)이다.

- **괄호(형)**의 괄호표현
- 비법: "~ㄴ/ㄹ/의"

(우유를 마시**는**) 어린이들　　　　　(우유로 부터 만들어**진**) 치즈
(그 상자 안에 있**는**) 선물들　　　　(마**실**) 우유
(어린이들이 마**실**) 우유　　　　　　(그 회사**의**) 우유

예) 괄호(형)
↓
(우유를 마시는) 어린이들은 대체로 건강하다.

- **괄호(부)**의 괄호표현
- 비법: "에/여(서)/러"

(내가 우유를 마시기 전**에**)   (우유를 마시기 위하**여**)
(너를 만나**서**)   (우유를 마시**러**)

예) 괄호(부)
↓
(내가 그 우유를 마시기 전**에**), 그가 그 우유를 먼저 마셨다.

❷ 영어의 괄호표현 7가지

- 비법: 영어에서 괄호(구/절)를 만드는 것은 7개뿐이다.

① that   ② wh~   ③ to동사   ④ 동사ing
⑤ 동사ed   ⑥ 전치사   ⑦ 접속사

▲고질병 치료▲ 구와 절이란? 괄호(구/절)란?
영문법에서 구와 절: 두 단어 이상이 모여 명사/형용사/부사의 역할을 하는 것이다.
예) my book/to read books/ that I read books
구: 주어가 없는 것   my book   나의 책
절: 주어가 있는 것   that I read books   내가 책들을 읽는 것/ 내가 책들을 읽어서

비법: 괄호(구/절)는 구와 절 중 "that/wh~/to 동사/동사ing/동사ed/전치사구/접속사절"만 해당한다.
괄호(구): 괄호 속에 주어가 없는 것: 예) (사과를 먹는 것)
괄호(절): 괄호 속에 주어가 있는 것: 예) (내가 사과를 먹는 것)
다만 영어는 관계사가 있으면 한글에 주어가 없어도 항상 절이다.   예) (내가 먹은)/(나를 사랑한)

▲고질병 치료▲ 한국인들이 고급영작/독해를 잘 못하는 이유
한국인들은 한글/영어의 괄호(구/절)를 구분/해석하지 못하여 고급영작/고급독해를 어려워한다.
- 영문은 7개의 **괄호표현**이 중복되어 "괄호(명)/괄호(형)/괄호(부)"로 쓰여 혼동된다.
예를 들어, "① that ② wh~ ③ to동사 ④ 동사ing"는 "괄호(명)/괄호(형)/괄호(부)"로 다 쓰일 수 있어 혼동된다.
- 영어의 괄호는 문에서의 위치에 따라 괄호의 종류가 달라져 해석이 혼동된다.
예를 들어, 똑 같은 (동사ing...) 표현이라도 문에서의 위치에 따라 괄호의 종류가 달라지며 의미도 달라진다.
비법: 괄호(구/절)에 공통된 문법으로 배우면 바로 영어의 고급 영작과 독해를 할 수 있다.

● 비법응용: 괄호(구/절)의 정해진 규칙 몇 개면 고급영작/독해가 바로 가능하다.

영어의 괄호표현 7개의 예

영어의 괄호표현	괄호표현의 예	괄호의 종류
① that	(**that** I drink milk)	괄호(명)/괄호(부)
	the milk (**that** I drink)	괄호(형)
② wh~	(**wh**at I drink)	괄호(명)
	the water (**wh**ich I drank)	괄호(형)
	(**wh**en I drink water)	괄호(부)
③ to동사	(**to** discuss their work)	괄호(명)/괄호(형)/괄호(부)
④ 동사ing	(drink**ing** milk)	괄호(명)
	the kid (drink**ing** milk)	괄호(형)
	(Drink**ing** milk), ~	괄호(부)
⑤ 동사ed	the family (support**ed**) (by ~)	괄호(형)
	(Supported ...), ~	괄호(부)
⑥ 전치사	(**in** their group)	괄호(형)/괄호(부)
⑦ 접속사	(**before** we met her)	괄호(부)

예)

주 +   동+목1+목2+보+   괄호(부)
                                     (to 동사...)   (전치사...)   (전치사...)
Pupils   should be encouraged   (**to** discuss their work) (**with** others) (**in** their group).
학생들은   격려 받아야 한다   (그들의 일을 토의하기 **위하여**) (다른 사람들**과**) (그들의 그룹**에서**)

 한글/영어의 괄호(구/절)의 괄호표현의 비교

● 비법: 한글/영어의 괄호표현은 서로 맞는 것이 있다.

괄호의 끝
  ↓
(학교에서)   - 한글은 괄호의 끝에 괄호표현이 있다.
   ↙
(at school)   - 영어는 괄호의 처음에 괄호표현이 있다.
 ↑
괄호의 처음

• 괄호(명)

```
              괄호표현                    괄호표현
                ↓                          ↓
(잠자는    것)은      (휴식을 갖는   것)이다.    →    (...... 것)
           ↙                    ↙                        ↙
(Sleeping    )    is    (having    a rest  ).    →    (동사ing ......)
(To sleep    )    is    (to have   a rest).     →    (to 동사 ......)
   ↑                      ↑
 괄호표현                괄호표현
```

• 괄호(형)

```
                    괄호표현
                      ↓
         (우유를 마시는) 아이들은        건강하다.    →    (...ㄴ)
                    ↙                                      ↙
The kids (who    drink milk)     are    healthy.    →    (wh~)
           ↑
         괄호표현
```

• 괄호(부)

```
                        괄호표현     괄호표현
                          ↓            ↓
나는      보통 간다     (학교에)      (8시에)
                          ↙            ↙
I        usually go    (to school)  (at eight o'clock).
                          ↑            ↑
                       괄호표현      괄호표현
                       전치사        전치사
```

예) 주 +   동 +목1 + 목2 +   보 +   괄호(부)
    She   said   (that (upon their return (**to** school)), her kids were excited
    (to learn more (about jazz))).
    그녀는   말했다   (((학교에) 그들의 귀환에 맞추어),   그녀의 아이들은 들떴다
    ((재즈에 대하여) 더 많이 배워서)

▲**고질병 치료**▲ 왜 보통의 영문법으로는 영어/한글의 구/절을 잘 습득/응용하지 못하나?
보통 영문법에서 정의하는 구와 절은 문법으로서 습득/응용하기에는 규칙이 혼동된다.
비법: 구/절에서 괄호(구/절)만을 따로 배우면 여기에 일정한 **공통된 문법규칙**이 있어 쉽게 습득하여 응용할 수 있다.
특히 **공통문법규칙**은 한글/영어가 비슷하여 쉽게 영작/독해에 응용할 수 있다.

3 괄호(구/절)를 찾고, 종류를 구분하는 법

3분비법
괄호(구/절)는 한글/영어에서 찾는 법을 알아야 영작/독해에 응용할 수 있다.

❶ 한글에서 괄호(구/절) 찾기: "괄호표현"을 본다.

🔴 비법: 한글에서 괄호표현은 괄호의 끝에 있다.

```
괄호의 끝이 괄호표현  주격조사
         ↓      ↓
(우리가 좋아하는 것)은    ← 조사가 있다    → 괄호(명)
(내가 매일 요리하는)     ← 조사가 없다    → 괄호(형)
(한번에)              ← 조사가 없다    → 괄호(부사구)
```

가, 한글에서 괄호(명) 찾기

🔴 비법: 괄호표현과 조사/어미를 보고 구분한다.
괄호(명)는 "주/목/보/전치사의 목적어" 4가지로 구분/영작한다.

- 주격조사가 붙으면 주어   (우리가 좋아하는 것)이   ← 주격조사
                          (우리가 좋아하는 것)은

- 목적격조사가 붙으면 목적어   (우리가 좋아하는 것)을   ← 목적격조사
                          (한국인들이 무엇을 매일 마시는가)를
                          (내가 매일 한국음식을 먹는 것)이라고
                          (우리가 한국문화를 좋아한다고)

- 보격조사가 붙으면 보어   (우리가 좋아하는 것)이다   ← 보격조사
                          (한국인들이 언제 차례를 지내는지)이다

- 영어의 전치사가 붙으면 괄호 ((우리가 좋아하는 것)에 대하여) ← 전치사
                          ((우리가 좋아하는 것)에 대한)   ← 전치사

● 비법응용1: <u>주격조사</u>가 있으면 주어로 영작한다.

　　　　괄호(명) 주어　　　주격조사
　　　　　↓　　　　　　　↓
(사람들이 매일 물을 마시는 **것**)<u>은</u> ←... 조사가 있다
(**that** human beings drink water every day)

　　　　괄호(명) 주어
주 +　　　↓　　　　　　　　동 +　　목1 + 목2 +　　　　보 +　　　　　　　괄호(부)
(내가 tv를 보는 것)은　　　　　　　이다　　　　　　　　　　　　　　(영어를 공부하는 것)
(**That** I watch TV)　　　　　　　is　　　　　　　　　　　　　　(to study English).

● 비법응용2: <u>목적격조사</u>가 있으면 목적어로 영작한다.

　　　　괄호(명)가 목적어　　목적격조사
　　　　　↓　　　　　　　　↓
(내가 매일 무엇을 요리하는 **지**)를 ←... 조사가 있다
(**wh**at I cook every day)

(과일을 먹는 **것**)을　　　　　　　　　　(내가 과일을 먹는**다고**)
(**to** eat fruit)/(eat**ing** fruit)　　　　(**that** I eat fruit)

예)　　　　　　　　　　　　　　　　　　괄호(명)
주 +　　　　동 +　　　목1 +　　　목2 +　　↓　　　　보 +　　　　　괄호(부)
나는　　　　좋아한다　　　　　　　　　(과일을 먹는 **것**)을 ←... 조사가 있다
I　　　　　like　　　　　　　　　　(**to** eat fruit).
I　　　　　like　　　　　　　　　　(eat**ing** fruit).

▲고질병 치료▲ 조사/어미는 무엇인가?
<u>한글</u>의 조사는 <u>명사/괄호(**명**)의 뒤</u>에 붙는다. 조사는 주격조사, 목적격조사, 보격조사가 있다.
- 주격조사: 은/는/이/가
- 목적격조사: 에게, 을/를, 다고/라고
- 보격조사: 게/로/도록, 다고/라고/이다

<u>영어</u>는 보격이 없다. 보격은 주격으로 같이 쓴다.
He is Mr. Kim.　　This is <u>he</u>.　　　← he는 주격과 보격이 같다.
주어　　　　　　　　　　　　보어

형용사/동사 뒤에 붙는 것은 어미로 부른다.

● 비법응용3: 보격조사가 있으면 보어로 영작한다.

예) 괄호(명) 보어　　　　　보격조사
　　　↓　　　　　　　　　↓
(어린이들이 우유를 마신다는 **것**)이다 ←--- 조사가 있다
(**that** children drink milk)

● 비법응용4: 전치사가 있으면 (전치사 + 괄호(명))로 영작한다.

예) 괄호(명)　　전치사 표현　　　　괄호(명)　　전치사 표현
　　↓　　　　　↓　　　　　　　　↓　　　　　↓
(내가 먹는 **것**)에 대하여　　　((책들을 읽는 것)에 대한) 나의 충고
(about (**wh**at I eat))　　　　my advice (about (read**ing** books))

나, 한글에서 괄호(형) 찾기

● 비법: 괄호 안에 괄호표현 "ㄴ/ㄹ/의"가 있다.
괄호 뒤에 조사/어미가 <u>없다</u>.
한글은 괄호 <u>뒤에 명사</u>가 온다. 괄호(형) + 명사
영어는 괄호 <u>앞에 명사</u>가 있다. 명사 + 괄호(형)

괄호(형)의 괄호표현　　　명사
　　↓　　　　　　　　　↓
(내가 먹<u>은</u>)　　　　그 피자는 정말 맛있었다.*
(내가 먹<u>을</u>)　　　　이 피자에 대해 말을 하겠습니다.*
(Peter<u>의</u>)　　　　정신적인 평가를 Dr. Fleming이 했습니다.*

* "그 피자", "이 피자", "정신적인 평가"는 두 단어 이상이 무여 있어 보통의 영문법에서는 명사구라고 부른다. 이 책에서는 혼동을 피하기 위하여 정해진 표현이 아닌 것은 괄호(구/절)로 하지 <u>않는다</u>.

　　　　　괄호(형)　+　　명사
(사람들이 매일 마시**는**)　물
　　　　　↙

water　　(**that** human beings drink every day)
명사 +　　　괄호(형)

● **비법응용**: 영어에서 괄호(형) ⇢ 항상 명사의 바로 뒤에 온다.

	괄호(형) + 명사	**괄호(형)** + 명사
한글의 순서	(내가 보는) TV는	(나의 형이 산) TV이다.

	명사 + **괄호(형)**	명사 + **괄호(형)**
영어의 순서	The TV (that I watch) is	the one (that my brother bought)

다, 한글에서 괄호(부) 찾기
  ● **비법**: 괄호 속에 **괄호표현** "에/여(서)/러"가 있다.
  괄호의 뒤에 조사/어미가 <u>없다</u>.

괄호표현 조사/어미가 없다
  ↓   ↓

나는 (아침<u>에</u>) 운동을 한다.
(내가 과일들을 먹을 때(<u>에</u>)), 나의 아빠가 오셨다.
나는 (그 음식을 먹기 위하<u>여</u>) 그곳에 갔다.
(그 음식을 먹어<u>서</u>)
(그 음식을 먹으<u>러</u>)

(아침**에**)
   ↙
(**in** the morning)

● **비법응용**: 영어에서 괄호(부)의 위치가 일정하다. 문의 끝/처음

예) 괄호(부), +	주 +	동 +목1 +목2 +보 +괄호(부)
(내가 과일을 먹고 있을 때(에)),	나의 아빠가	오셨다
(When I was eating fruit),	my dad	came.
	나의 아빠가	오셨다 (내가 과일을 먹고 있을 때(에))
	My dad	came (when I was eating fruit).

 **영어에서 괄호(구/절) 찾기: 괄호표현을 본다.**

가, 영어에서 괄호의 구분
- 비법: **괄호표현** 7개만 본다. ☞ p.18

예1) 주 +　　　　　　　동 + 목1 + 목2 + 보 +
　　　His first request is (**for** those newspapers) (**that** makes him out a hero).
　　　　　　　　　　　　　(전치사 + 명사)　　　　　(that +동 +목적어)

　　　그의 처음 요청은　　이다 (그 신문들을 위한 것)　(그를 영웅으로 믿게 만드**는**)

예2) 주 +　동 + 목1 +　　목2 +　　보 +　　　　　　　　괄호(부)
　　　I　 consider　　my ability (**to** arouse enthusiasm) (**among** people).
　　　　　　　　　　　　　　　　(to 동사 + 목)　　　　　(전치사 + 명사)

　　　나는　생각한다　　　나의 능력을　(사람들 속에 있는) (의욕을 자극시키는 것이라고)

예3) 주 +　　　　　　　동 + 목1 +목2 +　　　　　　　　보 +　　　　괄호(부)
　　　Most people　do not take　the time necessary (**to** repeat names) (**in** their minds).
　　　대부분의 사람들은　갖지 않고 있다　　(그들의 마음에) (이름들을 반복하기 위하여) 필요한 시간을

나, 영어 괄호의 "시작~끝"을 구분하는 법

- 괄호를 하는 법: 괄호표현부터 시작한다.
- 비법: 괄호 속은 **괄호표현부터 시작**하여 1가지 순서로 적혀있다.

　괄호의 시작　　　　　　　　　　　　　　　괄호 속 1가지 순서의 끝
　　↓　　　　　　　　　　　　　　　　　　　　↓
　(괄호표현 +주 +　동 + 목1 + 목2 + 보 + 괄호(부))
　(괄호표현 +　　　동 + 목1 + 목2 + 보 + 괄호(부))

　(**that**　　　I　　eat　　　　an apple)
　(**to**　　　　　　eat　　　　an apple)

● 비법응용: 괄호(구/절)의 시작/끝을 알면 문의 순서가 보인다.

예1)
(괄호표현 + 주 + 동 + 목1 + 목2 + 보)
(**that**   I   eat   an apple)
(것   내가   먹는   한 알의 사과를)

(**to**   eat   an apple)
(것   먹는   한 알의 사과를)

예2) 주 + 동 + 목1 + 목2 + 보 + 괄호(부)
    Carnegie wanted   (**to** praise his assistance) even (**on** his tombstone).
                          (to 동 + 목...)   (전치사 +명)
    Carnegie는   원했다   (그의 도움을 칭찬하는 것)을   (그의 비석**에서도**)

- 괄호를 하는 법: 전치사가 있는 괄호
● 비법: 전치사가 있는 괄호는 1가지 순서가 아니다.
전치사 뒤는 "명사/괄호(명)"만 있다. (전치사 + 명사/괄호(명))

예1)
(전치사 + 명)
(**on**   Sunday)
(에 +   일요일)

예2)
(전치사 + 괄호(명))
(**about**   (**what** I want))
(에 대하여   (내가 원하는 것))

▲WHY?▲ 전치사구/접속사구/관계사절/동사구는 무엇인가?
구/절을 나누는 다른 방법이다.
전치사 구는 전치사로 시작하는 구이다.   - 괄호(구/절)에 들어간다.
접속사 구는 접속사로 시작하는 절이다.   - 괄호(구/절)에 들어간다.
관계사절은 관계사로 시작하는 절이다.   - 괄호(구/절)에 들어간다.
동사구는 동사가 들어 간 구이다.
동사구는 괄호(구/절)와 다른 규칙이 있어서 괄호(구/절)에는 <u>안 들어간다</u>.

비법: 이러한 문법을 각각 배우면 너무 어렵다. 공통문법이 있는 괄호(구/절)로 배우면 바로 응용한다.

 **영어에서 괄호의 종류 구분**

● 비법: 괄호(명)만 4가지 종류로 구분된다. → 4가지 위치가 있다.

괄호(명)는 4가지 종류에 따라 문에서 위치가 **다르다. 다른 조사를 붙여 해석**한다.
괄호(형)는 1가지이다. 문에서 항상 같은 위치다. 정해진 표현을 붙여 해석한다.
괄호(부)는 1가지이다. 문에서 항상 같은 위치다. 정해진 표현을 붙여 해석한다.

가, 영어에서 괄호(명)의 종류 구분

괄호(명)의 공통문법

● 비법

영어 – 괄호(명) 종류는 괄호의 위치로 결정한다. – 4가지 종류
  괄호(명)는 주어/목적어/보어의 **맨 처음**에 나온다. ☞ p.48
  괄호(명)는 전치사의 뒤에 올 수 있다.

한글 – 괄호(명) 종류는 조사로 결정한다. ☞ p.24

● 비법응용1: 괄호(명)가 주어이면 동사 앞에 있다.

주 +	동 +	목1 + 목2 + 보 + 괄호(부)
(Watch**ing** TV)	is	a good way (to kill time).
(TV를 보는 **것**)은	이다	좋은 방법 (시간을 보내는)
 ↑
괄호가 주어의 처음에 나옴 – 괄호(명)

● 비법응용2: 괄호(명)가 목적어이면 동사 뒤에 있다.

주 +	동 +	목1 +	목2 +	보 + 괄호(부)
I	enjoyed		(watch**ing** TV).	
			(TV를 보는 **것**)을	
       ↑
괄호가 목적어의 처음에 나옴 – 괄호(명)

● 비법응용3: 괄호(명)가 보어이면 목적어2의 뒤/be동사의 뒤에 있다.

주 +　　　　　　　　　동 +목1 + 목2 +　　　　보 +　　　　　괄호(부)
The only thing (I do)　　　is　　　　　　　　(watching TV).
　　　↑　　　　　　　　　　　　　　　　　　　　(TV를 보는　것)이다
괄호가 주어의 처음에 안 나옴　　　　　　　　　　　↑
　- 괄호(명)가 아님　　　　　　　　　　　괄호가 보어의 처음에 나옴 - 괄호(명)

● 비법응용4: 괄호(명)는 전치사 뒤에 온다.

주 +　　동 +　　목1 + 목2 +　　　보 +　　괄호(부)
I　　will tell　you　　　　　　　　(about (watching TV)).
　　　　　　　　　　　　　　　　　　　　　　　↑
　　　　　　　　　　　　　　　　　괄호가 전치사 about의 뒤 - 괄호(명)

나, 영어의 괄호(형)의 종류 구분

괄호(형)의 공통문법
● 비법: 영어에서 괄호(형) 앞에는 명사가 있다. - 1가지 종류
괄호(형)는 명사를 수식하는 역할만 한다.
괄호(형)는 보어의 역할이 없다.
비교: 형용사는 보어의 역할도 있다. ☞ p.188

예1) 주 +　　　　　　　　　　　동 +목1 + 목2 +　　보 +　　　괄호(부)
　　　　⤴　　　　　　　　　　　　　　　　　　　　　　⤴
　　The man (watching TV)　　　is　　　　　the man (whom I met).
　　명사 + (TV를 보는)　　　　　　　　　　　　명사 + (내가 만난)

예2) 주 +　　　　　　동 +목1 + 목2 +　보 +　　　　　　　　　　괄호(부)
　　　　　　　　　　　　　　　　　　　⤴
　　Jules Leotard was　a French acrobat (who invented the skintight outfit).
　　　　　　　　　　　　　곡예사 +　(그 몸에 붙는 의상을 발명한)
　　　　　　　　　　　　　명사

다. 영어 괄호(부)의 종류 구분

괄호(부)의 공통문법
🍎 비법: 영어에서 괄호(부)는 문의 처음/끝에 있다. - 1가지 종류
문의 처음에 오는 괄호(부)는 보통 콤마가 있다.

문의 처음에 오는 괄호 → 　　　　　　　　　　　문의 끝에 오는 괄호 →

예1) 괄호(부), +　　　주 +　　동 +　　목1 +　　목2 +보 +　　괄호(부)
　　　(At two o'clock),　　he　　went　　　　　　　　　　(to Seoul).
　　　(2시에)　　　　　　그는　갔다　　　　　　　　　　　(서울에)
　　　　　　　　　　↑
　　　　　　　　　콤마

예2) 괄호(부), +　　　주 +　　동 +　　목1 +　　목2 +보 +　　괄호(부)
　　　　　　　　　　I　　sent　　six roses　　(to my wife) (with a note).
　　　　　　　　　　나는　보냈다　6송이의 장미들을 (나의 아내에게) (한 장의 쪽지와)

문의 처음에 오는 괄호/콤마

예3) 괄호(부), +　　주 +　　　동 +　　목1 +　　목2 +　　보 +　　괄호(부)
　　　(If you tell me (how he got his feeling (of importance))),
　　　　　　　　　　　I　　　will tell　　you　　my opinion.
　　　(당신이 나에게 (어떻게 그가 (중요한 지위의) 그의 감정을 갖게 되었는지를 말한다면)
　　　　　　　　　　　나는　　말할 거다　　당신에게 나의 의견을

문의 처음에 오는 괄호/콤마

예4) 괄호(부), +　　주 +　　　　　　　　　　　동 +목1 +　　목2 +보 +괄호(부)
　　　(Over the past decade), many school districts have removed　vending
　　　machines (that offer snacks).
　　　(지난 10년간에),　　　　많은 학교 담당국은　　　옮겨오고 있다　(스낵들을 제공하는)
　　　자판기들을

- 32 -

 **혼동하는 괄호(부) 찾기**

● 비법: 특별한 문형에만 오는 괄호(부)가 있다. ☞ p.327
주어 + be + 형용사(보어) + <u>(to 동사/전치사/that...)</u>
　　　　　　　　　　　　　　　　　괄호(부)

주 +	동 +목1 + 목2 +	보 +	괄호(부)
I	am	sorry	(to hear (that your father passed away)).
나는	다	슬픈	((너의 아버지가 돌아가셨다고) 들어서)

• 비교: 동사 + (전치사 +...) ☞ p.167
● 비법: 동사 + (전치사 +...)는 괄호(부)로 <u>해석을 않는다.</u>
"을/를"이 붙어 혼동되기도 한다.

look (for...)　　(...을) 찾다　　　look (into...)　(...을) 조사하다
look (after...)　(...을) 돌보다　　ask ~ (for...)　(...을) 요구하다
take (after ...)　(...을) 닮다　　　call ~ (after...)　(...을) ...따서 이름짓다

괄호(부), +	주 +	동 +	목1 +목2 +보 +	괄호(부)
(As winter nears),	we	look		<u>(for</u> ways (to be warm and comfortable)).
(겨울이 다가와서)	우리는	찾는다		((따뜻하고, 편안하게 되는)방법을)

비교:

주 +	동 +	목1 +	목2 +	보 +	괄호(부)
I	talked				(with him)
나는	말했다				(그와)

● 비법: 주어 + <u>동사</u> + 목적어 + <u>(전치사 ...)</u> ☞ p.327
어떤 동사 뒤에는 정해진 전치사만 온다.
전치사가 있는 괄호(부)라도 "을/를"이 붙어 혼동된다. (언어적 차이)
refrain + 목적어 + (from...)　　(...을) 억누르다/자제하다
protect + 목적어 + (from...)　　(...을) 보호하다

주 +	동 +	목1 + 목2 +보 +	괄호(부)
Many firms	are refraining		(from dismissing full time workers).
많은 회사들은	자제하고 있다		(정규직을 해고하는 것)을

❺ 혼동하는 괄호(형)와 괄호(부)의 차이

문의 끝에 오는 괄호가 앞에 명사가 있으면, 괄호(부)인지 괄호(형)인지 혼동된다.
● 비법: 문 전체의 의미를 생각하여 괄호(형)/괄호(부) 둘 중 1개를 고른다.
예) (**at** Lake High)

● 비법응용1: 괄호가 명사를 수식하면 – 괄호(형)이다.

예1) 주 + 동 +   목1 +목2 +   보 +   괄호(부)
　　 He　 is　　　　　　　　 a teacher (**at** Lake High).
　　　　　　　　　　　　　　명사　　 문의 끝
　　　　　　　　　　　　　　 ↑　　　　↵

　　 그는　 이다　　　　　　 선생님 (Lake High에서 근무하**는**)　　O
　　 그는　 이다　　　　　　 선생님 (Lake High에)　　　　　　　　X

예2) 주 +   동 +   목1 +목2 +보 +   괄호(부)
　　 The man (in a red jumper)　 is　　　　　　　　　 Adam.

　　 (한 빨간 점퍼를 입은) 그 남자는　 이다　　　　　 Adam　 O
　　 (한 빨간 점퍼에) 그 남자는　　　　 이다　　　　　 Adam　 X

● 비법응용2: 괄호가 동사를 수식하면 – 괄호(부)이다.

　　 주 +   동 +   목1 +목2 +보 +   괄호(부)
　　 The teacher   works   (**at** Lake High).
　　 동사   문의 끝
　　 ↑   ↵
　　 그 선생님은   일하고 있다   (Lake High**에서**)

연습문제

1. 괄호를 구분하여 보세요.
    Hint: "괄호표현"을 보고 구분해 보세요.

(1) 내가 먹는 이 과자는 정말 맛있다.
(2) 그 약을 먹은 이 강아지는 건강하다.
(3) 당신이 살 그 동물들은 저 방에 있습니다.
(4) 이 사진에 있는 음식이 내가 먹은 것이다.
(5) 나는 그 보석을 가지고 있는 범인을 알고 있다.
(6) 우리는 보통 12시에 점심을 먹는다.
(7) 내가 본 그림은 피카소가 그린 그림이다.
(8) 내가 과일을 먹기 전에 그가 이 방에 들어 왔었다.
(9) 그는 그가 의사가 아니라는 것을 알았다.
(10) 그는 지구가 평평하지 않다는 것을 발견하였다.

2. 괄호(명)가 있는 번호만을 적어 보세요.

(1) 나는 (Mike가 Sam을 만났다고) 생각한다.
(2) 나는 (빵을 먹는 것)을 좋아한다.
(3) 나는 (공부하는 것)을 싫어한다.(hate)
(4) (할머니 댁을 방문하는 것)은 재미있다.
(5) 나의 어머니는 (내가 빵을 매일 먹는 것)을 원하신다.
(6) (공부하는 것)은 재미있다.
(7) 나는 ((공부하는 것)이 재미있다고) 생각한다.
(8) 나는 (무엇이 너를 즐겁게 만들었는지)를 알고 싶다.
(9) 나는 (어떻게 수영하는가)를 배우기를 원한다.
(10) 우리는 (너의 삼촌이 어디에 사는지)를 알기를 원한다.

3. 괄호(명)는 "명", 괄호(형)는 "형", 괄호(부)는 "부"로 구분해 적어보세요.

(1) (내가 매일 먹는 것)은 (내가 좋아하는) 치즈이다.
(2) 그는 (내가 과일을 싫어한다고) 알고 있다.
(3) 그는 (영어를 공부하는 것)을 좋아한다.
(4) 우리는 ((아이들이 좋아하는 것)에 대하여) 이야기를 하였다.
(5) 나는 (커피콩들을 먹는) 그 동물들에 대하여 읽었다.
(6) (그 고양이들에게 먹힌) 커피콩들은 위로 들어간다.
(7) 이것은 (먹을) 빵입니다.
(8) 나는 (내가 먹고 있는) 이 피자가 맛있다고 생각한다.
(9) (그것을 먹는) 그 동물들은 건강하다.
(10) 나의 삼촌이 오셨다 (내가 과일들을 먹을 때(에))
(11) 우리는 (그 음식을 먹어서) 행복했다.
(12) 나는 (그 음식을 먹으러) 그곳에 갔다.
(13) (내가 싫어하는 것)은 (그것을 먹는 것)이다.

4. 괄호(명)만을 찾아 번호를 적어 보세요.
    Hint: 괄호표현을 보고 구분해 보세요.

(1) 그는 그가 영리하다는 것을 알았다.   (know)
(2) 그는 그가 의사가 될 것을 결정하였다.   (decide)
(3) 그는 그가 컴퓨터 게임을 하겠다고 요청했다.   (ask)
(4) 그는 그들이 곧 결혼한다고 알렸다.   (announce)
(5) 그는 그가 범인이라는 것을 확인하였다.   (confirm)
(6) 그는 지구가 둥글다고는 것을 발견하였다.   (discover)
(7) 나는 그가 영리하다고 알고 있다.   (understand)
(8) 그는 내 가 Mr. Kim이라는 것을 기억하였다.   (remember)
(9) Sam은 내가 그의 친구라는 것을 잊었다.   (forget-forgot)
(10) 우리는 그가 열심히 공부한다는 것을 안다.   (know)

5. 괄호를 구분하여 보세요.

   Hint: 7개의 괄호표현과 콤마를 보고 구분해 보세요.

(1) They expected James to win the race.
(2) The Beatles arrived in the States in the early 1960's.
(3) He is studying computer science at Ohio State University.
(4) The Beatles arrived at the airport in the evening.
(5) The picture was on the front page of yesterday's newspaper.
(6) The picture appeared on the front page of yesterday's newspaper.
(7) Clara works as a student tutor of Spanish in the afternoon.
(8) He arrived in the morning on June 6,1995.
(9) Show people from all over New York.
(10) Americans of the 1950's are sometimes referred to as "the Silent Generation."

6. 전치사 + 명사/괄호(명)가 있는 번호만을 적어 보세요.
   문의 동사는 밑줄로 표시해 놓았다.
   Hint: 7개의 괄호표현과 콤마를 보고 구분해 보세요.

(1) The police <u>reported</u> the traffic was heavy.
(2) I once <u>took</u> a course in short-story writing at New York University.
(3) As the day went on, I <u>became</u> overwhelmed with the feeling of loneliness, despair and fear.
(4) Many Thanksgivings have <u>come</u> and gone since I was ten.
(5) Climbers and snow lovers alike will <u>enjoy</u> the challenging features of 11,239 foot Mt. Hood.
(6) Fortunately, just before I went to see this man, I <u>heard</u> that he had drawn a check for a million dollars.
(7) To my surprise, he <u>granted</u> immediately what I asked for.
(8) For months before Roosevelt's campaign for President began, James Farley <u>wrote</u> hundreds of letters a day to people all over the western and northwestern states.
(9) I haven't <u>contacted</u> the family.
(10) In cases like this, where there is no possibility of identifying the patient based on the scan, there <u>is</u> typically no reason to let the family know.

7. 괄호를 구분해 보세요.

(1) I am happy to see you again.
(2) I am delighted to meet you again.
(3) I am different from you.
(4) The animal is covered with fur.
(5) I am involved in fixing this problem.
(6) You should be careful that you do not miss the bus.
(7) Sam is confident that he will finish college in two years and a half.
(8) He is difficult to deal with.
(9) He is hard to deal with.
(10) Mary is jealous of my success.

8. 영작이 맞으면 O, 틀리면 X를 하세요.

(1) (내가 먹고 있는) 이 피자 ⟶ 이 피자 (내가 먹고 있는)
　　　　　　　　　　　　　　　　this pizza (that I eat)

(2) (그것을 먹는) 그 동물들 ⟶ 그 동물들 (그것을 먹는)
　　　　　　　　　　　　　　　　the animals (eating it)

(3) (커피콩들을 먹는) 그 동물들 ⟶ 그 동물들 (커피콩들을 먹는)
　　　　　　　　　　　　　　　　the animals (eating coffee beans)

(4) (그 고양이들에게 먹힌) 커피콩들 ⟶ 커피콩들 (그 고양이들에게 먹힌)
　　　　　　　　　　　　　　　　the coffee beans (eaten)(by the cats)

(5) (내가 먹을) 이 피자 ⟶ 이 피자 (내가 먹을)
　　　　　　　　　　　　　　　　this pizza (that I will eat)

(6) (Peter의) 정신적인 평가 ⟶ 정신적인 평가 (Peter의)
　　　　　　　　　　　　　　　　psychological evaluation (of Peter)

9. 영작이 맞으면 O, 틀리면 X를 하세요.

주 +	동 +	목1 +	목2 +	보 +	괄호(부)

(1) 우리는　　　다　　　　　　　　　　　　　행복했　　(그 음식을 먹어<u>서</u>)
　　We　　　　were　　　　　　　　　　　　happy　　(to eat the food).

(2) 나는　　　　갔다　　　　　　　　　　　　　　　　　(그곳<u>에</u>) (그 음식을 먹으<u>러</u>)
　　I　　　　　went　　　　　　　　　　　　　　　　　(there)　(to eat food).

(3) 나는　　　　말했다　　　　　　　　　　　　　　　　(그녀와)
　　I　　　　　talked　　　　　　　　　　　　　　　　(to her).

(4) Amy는　　　었다　　　　　　　　　　　아주 기쁜　(Mark가 성공하여)
　　Amy　　　　was　　　　　　　　　　　very glad　(that Mark had succeeded).

(5) 정직한 사람들은 다　　　　　　　　　　쉽　　　　　(상대하기에)
　　Honest people　are　　　　　　　　　easy　　　 (to deal with).

(6) 나는　　　　다　　　　　　　　　　　　관심이 있　(당신의 나라의 역사에)
　　I　　　　　am　　　　　　　　　　　　interested　(in the history of your country).

(7) 나는　　　　돌보아야 한다　　　　　　　　　　　　(나의 늙은 부모들)을
　　I　　　　　should look　　　　　　　　　　　　　(after my old parents).

(8) 이것은　　　이다　　　　　　　　　　　그 과목 (내가 좋아하는)
　　This　　　　is　　　　　　　　　　　　the subject (that I like)

(9) (내가 보는) 그 프로그램은
　　　　　　　이다　　　　　　　　　　　"60분"
　　The program (that I watch)
　　　　　　　is　　　　　　　　　　　　"60 Minutes."

(10) 그는　　　왔다　　　　　　　　　　　　　　　　　(나에게)
　　　He　　　came　　　　　　　　　　　　　　　　 (to me).

이것을 알면 끝

영어의 순서

한국인들이 가장 혼동하는 영문을 적는 순서이다.
문의 5형식으로 배우면 고생한다.

- 문의 1가지 기본순서: 주 + 동 + 목1 + 목2 + 보

- 문의 실전순서: 모든 **영문은 이 1가지 순서로 적혀 있다.**
  괄호(부), + 주 + 동 + 목1 + 목2 + 보 + 괄호(부)
  　부사　　　　　　　　　　　　　　　　　부사

- 괄호(구/절)속의 순서: 실전순서와 같다.

- 영문에서 괄호의 위치(순서): 괄호(구/절)는 **공통문법**대로 적혀있다.
  공통문법:
  - 괄호(명)의 위치:　　"주어/목적어/보어"의 처음
  　　　　　　　　　　전치사의 뒤
  - 괄호(형)의 위치:　　명사의 뒤
  - 괄호(부)의 위치:　　문의 처음/끝

C. 영어의 순서
– 문 전체를 적는 순서

- 항상 1가지 순서로만 적는다.

1. 영어의 기본순서와 실전순서 1가지
2. 괄호(구/절) 속의 순서
3. 문에서 괄호의 위치(순서)

1 영어의 기본순서와 실전순서 1가지 - 5형식을 버려라.

3분비법
기본순서   주 + 동 + 목1 + 목2 + 보
실전순서   괄호(부), +주 + 동 +목1 + 목2 + 보 **+ 괄호(부)**
           부사   부사

   **기본순서 1가지**   - 단지 3분이면 배워 응용한다.

한글의 "조사/어미"를 이용하면 영어의 1가지 순서를 바로 구분한다.
한글의 괄호표현을 알면 고급구문도 영어의 1가지 순서로 바로 구분한다.

가. 기본순서의 구성: "주어 + 동사 + 목적어1 + 목적어2 + 보어"
  🔴 비법: 기본순서를 결정하는 것은 명사/동사/형용사이다.

- 괄호(구/절)가 없을 때 1가지 순서의 구성
🔴 비법: 문에 괄호가 없으면 "주/동/목/보"의 **끝 단어**가 명사/동사/형용사이다.

주어 +	동사 +	목적어1 +	목적어2 +	보어 +
××× +**명사**	×× +**동사**	××× +**명사**	××× +**명사**	××× +**명사**
				××× +**형용사**
My **son**	has **bought**	his **wife**	a nice **car**.	
나의 아들은	사주었다	그의 아내에게	한대의 좋은 차를	
The **kids**	are **painting**		the **wall**	**white**.
그 아이들은	칠하고 있다		그 벽을	하얗게

- 괄호(명)가 있을 때 1가지 순서의 구성
🔴 비법: 괄호(구/절) 중 **괄호(명)**만이 문의 1가지 기본순서를 결정한다.
🔴 비법응용: 괄호(명)는 **"주/목1/목2/보"의 맨 처음**에 나온다.
즉 **"주/목/보"의 맨 처음**에 안 오면 괄호(명)가 <u>아니다</u>.

주어 +	동사 +	목적어1 +	목적어2 +	보어 +
(괄호(명)) ( ) ( )	×× + 동사 +	××× +명	(괄호(명)) ( ) ××	(괄호(명)) ( ) ( )

예1) 주 +   동 +   목1 +   목2 +   보
      (Eating apples) will make   your body   healthy.
      (사과들을 먹는 것)은   만들 거다   너의 몸을   건강하게

예2) 주 +   동 +   목1 +   목2 +   보
      I   will tell   you   (what I am thinking about).
      나는   말할 거다   너에게   (내가 생각하고 있는 것)을

예3) 주 +   동 +   목1 +   목2 +   보
      This   is   (what I wanted).
      이것은   이다   (내가 원한 것)

- 괄호(형)가 있을 때 1가지 순서의 구성
- 비법: 괄호(형)는 **"주/목1/목2/보"의 맨 처음**에 안 나온다.
- 비법응용: 항상 명사의 바로 뒤에 나온다. 즉 1가지 순서와는 상관이 없다.
  즉 "주/목1/목2/보"의 2번째 순서부터 나올 수 있다.
  아래의 예에서 괄호는 앞에 명사가 있어 괄호(형)이다.

주어 +   동사 +   목적어1 +   목적어2 +   보어
X 명 + (괄호(형))   X X +동사   X 명 + (괄호(형))   X 명 + (괄호(형))   X 명 + (괄호(형))

주 +   동 +   목1 +   목2 +   보
The man (eating apples) will show the kids (I know) the way (to Seoul).
      명사   명사   명사
그 남자는 (사과들을 먹는)   안내할 거야   그 아이들에게 (내가 아는)   그 길을 (서울에 가는)

- 괄호(부)가 있을 때 1가지 순서의 구성
- 비법: 괄호(부)는 문의 처음/끝에 나온다.
  항상 정해진 위치에 있어서 1가지 순서와는 상관이 없다.

괄호(부), +   주 +   동 +   목1 + 목2 +보 +   괄호(부)
(This week)   it   went   (on display) (in a New York City museum).
(이 주에)   그것은   되었다   (전시가)   (한 New York City 박물관에서)

              I   was glued   (to a position) (next to the phone).
              나는   붙어 있게 되었다   (그 전화기 옆에 있는) (한 위치에)

나. 기본순서 찾기

- 기본순서 찾기1
- 비법: 영어 - 명사/괄호(명)/동사/형용사만 보고 순서를 결정한다.
  한글 - 조사/어미, 괄호표현으로 영어의 순서를 알 수 있다.

기본순서 조사/어미	주어 + 주격조사 은/는/ 이/가	동사 + 동사어미 ㄴ다/be	목적어1 + 목적격조사 에게	목적어2 + 목적격조사 을/를 다고/라고	보어 보격조사 게/로/도록 다고/라고/이다
	He	lent	me	10 dollars.	
	Jim	is			American.
	It	kept		the reading	interesting.

- 기본순서 찾기2 - 한국인들이 어려워하는 기본순서
- "목1 + 목2"가 있는 문   - "목적어 + 보어"가 있는 문
- 해석이 혼동되는 동사: "remain/look... + 보어"
- 괄호(구/절)가 있는 문

주어 +	동사 +	목적어1 +	목적어2 +	보어
I 나는	found 알았다		(that I had been (in a mist)) (내가 (안개 속에) 있었다는 것)을	
She 그녀는	reveals 알린다		(how she writes). (어떻게 그녀가 쓰는지)를	
I 나는	saw 보았다		him 그가	(playing soccer). (축구를 하는 것을)
The Red Book 그 Red Book은	remains 남아있다			incomplete. 미완성인 채로
Tim Lee Tim Lee는	is 이다			a wealthy lawyer

(who lives (in a suburban home) (with his wife and son)).

한 부자 변호사

((도시 근교에서) (그의 부인과 아들과 사는))

다. 주의 할 1가지 기본순서   - 고질병

• "목적어1 + 목적어2"의 순서   ☞ p.173, 320
  🔴 비법: 항상 1가지 순서로 적는다. "목1 + 목2"
  다만 목적어1은 괄호(부)로 위치가 변경될 수 있다. 예) me → (for me)

주 +	동 +	목1 +	목2 +	보 +	괄호(부)	
Sam은	읽어 주었다	나에게	책들을			
Sam	read	**me**	books.			O
Sam	read	books	me.			X
Sam은	읽어 주었다		책들을		(나를 위하여)	
Sam	read		books		**(for me).**	O

• "목적어2 + 보어"의 순서
  🔴 비법: 특정한 몇 개의 동사들은 **목적어 뒤에** 부정사/동명사가 온다. ☞ p.230/244
  부정사/동명사는 **문법적으로 보통** 보어로 설명하지만, 목적어를 부정사/동명사의
  주어로 이해하면 쉽다. 문법적으로도 부정사/동명사의 주어로 해도 설명이 가능하다.
  want, help, make, see ☞ p.87

주 +	동 +	목1 +	목2 +	보 +	괄호(부)	
He	saw		me	(working alone).	→ me가 목2, (working alone)이 보어	
			내가	(홀로 일하는 것)을		
We	made		him	(study English hard).		
			그가	(열심히 영어를 공부하도록)		
I	want		you	(to listen carefully).		
			네가	(주의 깊게 듣는 것)을		

주 +	동 +	목1 +	목2 +	보 +	괄호(부)
He	saw		me (working alone).	→ me를 (working alone)의 주어로 생각	

▲고질병▲ 한국인들이 순서를 혼동하는 주된 이유
① 문의 순서와 괄호의 순서가 같아서 혼동된다.   비법: 같은 1가지 순서이다.
② 예외의 **형용사가 명사의 뒤**에 온다.   비법: 몇 개의 영어 단어만 있다. ☞ p.110
③ **괄호(형)는 명사의 뒤**에 온다.   비법: 영어와 한글이 <u>다른 순서</u>이다. ☞ p.212
비법: 괄호(구/절)와 괄호의 종류를 구분하면, 간단한 순서가 된다.

• 혼동되는 보어의 순서

🔴 비법: 영어에서 보어인 형용사가 한글에서는 부사로 해석된다. - 2가지이다.

- 목적어2 뒤의 보어: 주어 + 동사 + 목적어1 + **목적어2 + 보어**

예1) 주 +   동 +   목1 +   목2 +   보 +   괄호(부)
     This picture makes   me   too **old**.
     이 사진은   만든다   나를   너무 **나이 들게**

예2) 주 +   동 +   목1 +   목2 +   보 +   괄호(부)
     These kids   are driving   me   crazy.
     이 아이들은 만들고 있다   나를   미치**게**

예3) 주 +   동 +   목1 +   목2 +   보 +   괄호(부)
     He   always drives   me   angry.
     그는   항상 만든다   나를   화나**게**

- be동사 뒤의 보어: 주어 + be동사 + **보어**

주로 지각동사의 뒤에 보어인 형용사가 오면 한글은 형용사를 보어로 해석한다.
지각동사라도 뒤에 목적어가 오면 부사로 해석을 <u>안 한다</u>.
한국인들이 많이 틀리는 영작이다. ☞ p.171

지각동사	뒤에 목적어가 <u>있을 때</u> 의미	뒤에 목적어가 <u>없을 때</u> 의미
		영어의 형용사가 한글의 부사로 해석된다.
look	...을 보다	보인다
smell	...을 느끼다	느껴진다
sound		들린다
taste	...을 맛보다	맛이 난다
feel	...을 느끼다	느껴진다

예)

주 +   동 +   목1 +   목2 +   보 +   괄호(부)
나는   느꼈다   슬프게   ...(부사)
I   felt   sad.   ...(형용사 O)
I   felt   sadly.   ...(부사 X)

- 특별한 몇 개의 동사 뒤에는 동사ing가 올 수 있다.
- 비법: 동사ing는 분사구문으로 "~며"로 해석한다. 예) come, go, sit, stand, lie

주 +	동 +	목1 +	목2 +	보 +	괄호(부)
He	came				home (eat**ing** hamburgers)
그는	왔다				집에 (햄버거들을 먹으**며**)

- 영어의 동사 die는 뒤에 보어인 형용사가 온다.
- 비법: die + young

주 +	동 +목1 +목2 +보
The man	became a legendary 19th century romantic figure (who **died young**).
그 남자는	되었다 전설적인 19세기의 낭만적인 인물이 (젊어서 죽은)

- 형용사 뒤에 괄호(부)로 동사ing가 오는 경우가 있다.
- 비법: be + worth/worthwhile + (동사ing...) → "be + 형용사 + 괄호(부)" ☞ p.327

주 +	동 +	목1 +	목2 +	보 +	괄호(부)
This book	is			really **worth**	(read**ing**).
이 책은	다			정말 가치가 있는	(읽기**에**)

▲고질병 치료▲ 한글의 언어적 특성 – 영어를 해석할 때 혼동하는 이유

- 한글에서는 **동사 앞에 오는 명사나 형용사**는 부사처럼 표현된다.

	형 +	동		부 +	동
–	"행복한" +	"살았다"	→	행복하**게**	살았다
	명 +	동		부 +	동
–	"의사" +	"살았다"	→	의사**로** 살았다/의사**처럼** 살았다

- 이러한 언어적 이유로 "놀랐다"처럼 "~다" 앞에 오는 표현 역시 부사처럼 해석하게 된다.

주 +	동 +	목1 +	목2 +	보 +	괄호(부)
I	am			surprised	(that you passed the exam).
나는	다			놀랐	(네가 그 시험을 통과하**여**)
I	am			surprised	(to meet my son again).
나는	다			놀랐	(내 아들을 다시 만나**서**)

 **실전순서 1가지** – 모든 영문은 이 1가지 순서/단지 3분이면 응용한다.

● 비법: 영어의 실전순서는 **"기본순서"**에 **"괄호(부)/부사"**가 붙은 순서이다.
모든 영문은 실전순서에 맞추어 영작/해석할 수 있다. (예외로 도치 된 순서 있음)

괄호(부), + 주 + 동 +　　목1 +　　목2 +　　보 +　　괄호(부)

실제로 대부분의 영어 표현은 기본순서보다는 **1가지 실전순서**로 되어 있다.
문이 길어도 사실은 **1가지 실전순서**이다. 예4) 예5)

예1)　괄호(부), + 주 +　　　　동 +　　목1 +　　목2 +　　　　보 +　　괄호(부)
　　　(At seven),　 I　　　　 met　　　　　　 her　　　　　　　　　　(to teach English).
　　　 (7시에)　　　나는　　　 만났다　　　　　 그녀를　　　　　　　(영어를 가르치기 위하여)

예2)　괄호(부), + 주 +　　　　동 +　　목1 +　　목2 +　　보 +　　　괄호(부)
　　　부사　　　　　　　　　　　　　　　　　　　　　　　　　　　　부사
　　　However,　 we　　have known　　　　each other　　　　　　(for many years).
　　　그러나　　　우리는　　알아 오고 있다　　서로를　　　　　　　(몇 년 동안)

예3)　괄호(부), +　　주 +　　　 동 +　　　목1 +　　목2 +　　보 +　　괄호(부)
　　　(As you skate),　 your weight　 presses down the blades and the ice.
　　　(당신이 스케이트를 할 때),
　　　　　　　　　　　 당신의 몸무게는 아래로 누른다　 그 날들과 그 얼음을

예4)　괄호(부), + 주 + 동 +　　목1 +　　목2 +　　　　　　　　 보 +　　괄호(부)
　　　(In a recent paper in the journal Environmental Science and Technology),
　　　　　　　 she　calculates　　the proportion (of dust) (that's (from indoor sources)).

예5)　괄호(부), + 주 +　　　　　동 + 목1 + 목2 + 보 +　　　　괄호(부)
　　　(Before leaving the bank),
　　　　　　　　　this man not only gave me complete information (about himself)
　　　but　　he　　　　 opened　 a trust account (naming his mother)
　　　(as the beneficiary) (for his account),
　　　and　　he　　　　 had gladly answered all the questions.

- 48 -

가. 실전순서의 구성

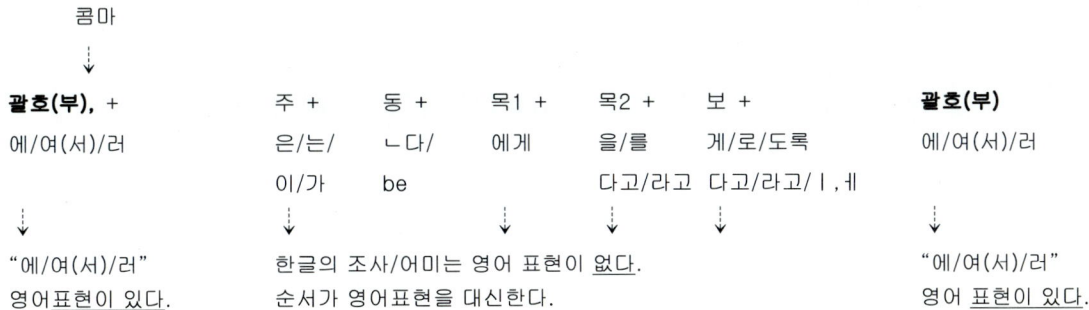

- 한글의 조사는 영어로는 <u>적지 않는다</u>. 영어의 1가지 순서가 조사를 나타낸다.
- 괄호(부)의 영어와 한글표현은 맞는 표현이 들어간다.
- 🍎 비법: 괄호(부)의 한글 "에/여"가 영어로 "in/to"로 적힌 예

괄호(부), +	주 +	동 +	목1 +	목2 +	보 +	괄호(부)
(아침에)						(그를 만나기 위하여)
(**in** the morning)						(**to** meet him)

나. 괄호(부)/부사의 위치

- 괄호(부)의 위치1
- 🍎 비법: 문의 괄호(부)는 문의 처음/끝에 온다.

괄호(부)/부사는 문에 1개도 없거나, 여러 개가 있을 수 있다.

예1) 괄호(부), +   주 +   동 +   목1 + 목2 +   보 +   괄호(부)
　　　(**To** learn English),   I   went   (**to** America).
　　　(영어를 배우러)   나는   갔다   (미국에)

예2) 주 +   동 +   목1 +목2 +   보 +   괄호(부)
　　　The original book   is now   (**on** display)   (**for** the first time)
　　　(**at** the Rubin Museum of Art) (**in** Manhattan).

　　　그 원본 책은   있다 지금   (전시 중에)   (처음으로)
　　　(Rubin Museum of Art에) (Manhattan에 있는)

- 괄호(부)의 위치2
🍎 비법: 형용사 뒤에 오는 (to 동사...)/(전치사...)/(that...)가 괄호(부)이다.
"주어 + be + 보어(형용사) + 괄호(부)" – 괄호(부)는 (to 동사.../전치사.../that...) ☞ p.327

🍎 비법응용: 괄호(부)는 공통문법으로 "에/여(서)러"로 해석한다.
예외로 목적어처럼 "을/를"로 해석되는 예외가 있다.

주 +	동 +	목1 +	목2 +	보 +	괄호(부)
He	was			allergic	(to racial humor).
그는	었다			알레르기가 있	(인종의 유머에)
He	is			proud	(of his job).
그는	다			자랑으로 여긴	(그의 직업)을
I	am			sure	(that he is honest).
나는	다			확신한	(그가 정직하다는 것)을

- 부사의 위치
🍎 비법: 문의 끝/처음에 오는 부사는 거의 정해진 부사들이다. ☞ p.326

– 문의 끝에 오는 부사 – 주로 "ㅔ/ㅣ"이다.
빠르게/빨리 fast   늦게 late   느리게 slow/slowly   쉽게 easily
슬프게 sadly   아름답게 beautifully   천천히 slow/slowly

– 문의 처음에 오는 부사는 보통 2가지이다.
접속부사: moreover, however, additionally, meanwhile, in addition to 등
~게도: surprisingly, sadly ...

괄호(부), + 부사,	주 +	동 +	목1 +	목2 +	보 +	괄호(부) 부사
	I	drank	water			fast.
	나는	마셨다	물을			빨리
Moreover, 더구나,	we 우리는	are 다			hungry. 배가 고프	
Surprisingly, 놀랍게도,	I 나는	found 찾았다	my dog. 나의 개를			

 ## 실전순서로 영작하기

● 비법응용: **영작의 단계**

① 한글의 조사/어미와 괄호표현을 보고 <u>괄호를 구분</u>한다.
  ↓
② 조사/어미를 보고 한글을 <u>영어의 실전순서</u>로 나열한다.

1 단계: ① 괄호를 구분한다.
괄호(명) 찾기   - 괄호표현/"조사/어미"로 찾는다.
괄호(형)/괄호(부) 찾기   - 괄호표현으로 찾는다.

• 괄호(구/절)가 <u>없는 실전순서</u>의 예

주 +	동 +	목1 +	목2 +	보
그분이	이다			Mr. Kim
그가	만들었다		나를	웃게
그분이	주셨다	나에게	그 책을	

• 괄호가 <u>있는 실전순서</u>의 예

주 +	동 +목1 +목2 +	보 +	괄호(부)
그들은	역시 주목한다	(최근에 토지 가격이 내린 **것**)을	
Kim은	열었다	한 개의 작은 식당을	(뉴욕시에), (프랑스의 요리전문학교를 청강한 후에)

2 단계: ② 한글에서 주어/동사/목적어/보어를 찾아 영어의 순서로 나열한다.

예1)
주 +	동 +	목1 +	목2 +	보 +	괄호(부)
주격조사	목적격조사		목적격조사	보격조사/어미	
그분**이** He	이다 is			Mr. Kim Mr. kim.	
그가 He	만들었다 made		나를 me	웃게 laugh.	

- 51 -

|주| +　　　　　　|동| +　　　　　　|목1| +　　　　　|목2| +　　　　　　보 +　　　괄호(부)
그 분이　　　　　주셨다　　　　　나에게　　　　　그 책을
He　　　　　　　gave　　　　　　me　　　　　　the book.

예2) |주| +　　　　　|동| +　　　목1 +　　　|목2| +　　　　　　　보 +　　　괄호(부)
그들은　　　　역시 주목한다　　　　　(최근에 토지 가격이 내린 것)을
They　　　　also note　　　　　(**that** land prices have declined lately).

예3) 괄호(부), + |주| + |동| +　　　목1 +　　　|목2| +　　　　보 +　　　|괄호(부)|
(프랑스의 요리전문학교를 청강한 후에),
　　　　　　　Kim은 열었다　　　　한 개의 작은 식당을　　　　(뉴욕시에)
(**After** attending the French Culinary Institute),
　　　　　　　Kim　opened　　　　a tiny restaurant　　　　(**in** New York City).

가. 한글에서 주어 찾기

- 문에 괄호가 없을 때 문의 주어 찾기
- 🍎 비법: 주격조사가 있으면 주어이다.

아주 귀여운 이 **아이는**　　←--- 주격조사
　　　　주어　　　　　　---→ 주격조사 앞이 전부 주어이다.

- 문에 괄호가 있을 때 문의 주어 찾기
- 🍎 비법: **괄호표현**을 보고 괄호를 구분한다.

(내가 내일 먹는 것)**은**　　←--- 주격조사
　　　주어　　　　　　---→ 주격조사 바로 앞의 괄호가 주어이다. ←--- 괄호(명)

- 🍎 비법응용1: 한글에 주어가 여러 개이면 괄호를 구분한 후 주어를 찾는다.
- 🍎 비법응용2: 괄호(부)/부사는 항상 주어가 아니다.

|괄호(부)|, +　　　　　|주| +　　　　　|동| +　　　　|목1| + |목2| +　보 +　괄호(부)
(만약 당신이 읽을 한권의 좋은 책을 원한다면), ←--- 콤마
　　　　　　　　　　　나는　　　　　추천하겠다　　　당신에게 이 책을
(**If** you want a good book to read),
　　　　　　　　　　　I　　　　　will recommend　　you　　this book.

- 52 -

나. **한글에서** 동사/조동사 찾기

- **한글에서** 문의 동사 찾기
  - 🍎 비법: "~다"에서 문의 동사를 찾는다.

  Adam은 그에게 ((사업을) 처음 시작하는)) (그의 노력에 대하여) 물었**다**. ←⋯
  (중요성에 대한 감정을 위한) 그 욕구는 (인간과 동물들 사이에 있는) (주된 차이들 중의) 하나**이다**. ←⋯

  예1)   주 +   동 +   목1 +   목2 + 보 + 괄호(부)
         Adam은 물었**다**   그에게   (그의 노력에 대하여) (사업을 처음 시작하는)
         Adam questioned   him   (about his struggles) (to get started (in business)).

  예2)   주 +   동 +목1+목2+보 +괄호(부)
         ((중요성에 대한) 감정을 위한) 그 욕구는   **이다**   (인간과 그 동물들 사이에 있는)
         (주된 차이들 중의) 하나
         The desire (for a feeling (of importance))   **is**   one (of the main
         differences) (between mankind and the animals).

- **한글에서** 조동사 찾기
  - 🍎 비법: 한글의 조동사는 동사 안에 있다. ☞ p.180

한글	영어	한글의 예
~ㄹ거/겠	will	먹**을 거**야/먹**겠**다
~야 한	must, should	먹어**야 한**다
~도 된	may	먹어**도 된**다
ㅆㅆ	had + 동사ed	먹**었었**다

  예1)   주 +   동 +   목1 +   목2 +   보 +   괄호(부)
         나는   기울**일 거**다   주의를   (선거에)   (닥아 오는) (이 주에)
         I   **will** pay   attention (to the elections) (coming) (this week).

  예2)   주 +   동 +   목1 +   목2 +   보 +   괄호(부)
         나는   말해**야 한**다   좋은 것을
         I   **must** say   something nice.

  예3)   주 +   동 +   목1 +   목2 +   보 +   괄호(부)
         그는   받**았었**다   짧은 교육을
         He   **had** had   little education.

- 53 -

다. **한글에서** 목적어 찾기
　🍎 비법: 목적격조사가 있으면 목적어이다.
　"에게"　　　　　　　　⇢ 목적어1　　그 사람**에게**
　"을/를", "다고/라고"　⇢ 목적어2　　그 사람**을**/(내가 먹는 것이**라고**)

• 목적어가 1개 있는 경우

예1) 주 +　　동 +　　　　　목1 +　목2 +　　　　　　보 +　　괄호(부)
　　　나는　　만났다.　　　　그녀**를**　　　　　　　　　(7시**에**)
　　　I　　　met　　　　　　her　　　　　　　　　　　(**at** seven).

　　　그는　　말했다　　　　나**에게**　　　　　　　　　(그것에 대하여)
　　　He　　told　　　　　me　　　　　　　　　　　(about it).

　　　Jennifer는 좋아한다　　　　　　　(cake 먹는 것)**을**
　　　Jennifer likes　　　　　　　　　(to eat cake)

예2) 괄호(부), +　　주 +　　동 +　　　　　목1 +　목2 +　　　　보 +　　괄호(부)
　　(내가 대학에 갔을 때),
　　　　　　　　나는　　공부했다　　　　　　　　논법과 논쟁**을**
　　(When I went to college),
　　　　　　　　　　　　I　　studied　　　　　　logic and argumentation.

• 목적어가 2개인 경우: "목적어1 + 목적어2"
　🍎 비법: 2개의 목적어가 오는 동사들의 해석은 거의 "~주다"이다. ☞ p.173, 320
make 만들어**주다**　　　buy 사**주다**　　　read 읽어**주다**　　　give **주다**

예1) 주 +　동 +　　　　　목1 +　　　　목2 +　보 +　　　괄호(부)
　　　나는　만들어 **주었다**　그녀에게　　　한대의 모형차를
　　　I　　made　　　　　her　　　　　a model car.

예2) 주 +　동 +　　　　　목1 +　　　　목2 +　보 +　　　괄호(부)
　　　나는　사 **주었다**　　그에게　　　(그가 원한 것)을
　　　I　　bought　　　　him　　　　　(what he wanted)

라. **한글에서** 보어 찾기 - 한글에서 찾아야 하는 영어의 보어는 2가지이다. ☞ p.189

• 목적어 뒤의 보어: 주 + 동 + 목1 + 목2 + 보
🔴 비법: 보격조사는 "게/로/도록, 다고/라고"이다.
이러한 표현을 하는 문의 동사는 정해져 있다.
make, leave, like, believe, want, wish, consider, find, think, report 등이 있다.

예1) 주 + 동 + 목1 + 목2 + 보 + 괄호(부)
　　　사랑은　만든다　　　　우리의 인생을　　아름답게
　　　Love　　makes　　　　our life　　　　beautiful.

예2) 괄호(부), + 주 + 동 +목1 + 목2 + 보 + 괄호(부)/부사
　　(어떤 마을에서는), 사람들이 놔둔다 그들의 문을　　안 잠근 채로　　(낮이나 밤이나)
　　(In some villages), people leave their doors　　unlocked　　　(day and night).

• be동사 뒤의 보어
🔴 비법:　한글의 "~다"가 동사가 아니면 영어는 be동사를 쓴다.
　　　　 한글이 "~이다/이었다"이면 영어의 동사는 항상 be동사이다. ☞ p.86

주 + 　　　동 + 　목1 + 　목2 + 　보 + 　　　　　　　　　　괄호(부)
Sam은　　이다　　　　　　　　　　　선생님 (그 학교에서 근무하는)
Sam　　　is　　　　　　　　　　　　a teacher (at the school)

 **실전순서로 해석하기**

🔴 비법응용1: 한글로 해석할 때는 "**조사/어미**"표현과 **괄호표현**을 반드시 써야 한다.

실전순서에 쓰는 조사/어미/괄호부사의 괄호표현
괄호(부), + 　주 + 　　동 + 　　목1 + 　목2 + 　보 + 　　　　　괄호(부)
에/여(서)/러　 은/는/　 ㄴ다/be　 에게　　 을/를　 게/로/도록　　에/여(서)/러
　　　　　　 이/가　　　　　　　　　　　　　　 다고/라고　 다고/라고/ㅣ,ㅔ

기본순서에는　　　　　→ "조사/어미"를 쓴다.
괄호(명)에는　　　　　→ "조사/어미"/"괄호표현"을 쓴다.
괄호(형)/괄호(부)에는　→ "조사/어미"를 안 쓴다. 그러나 "**괄호표현**"은 쓴다.

실전순서를 응용한 해석 4단계 - 영문이 복잡할수록 4단계로 해석하면 쉽다.

① 1 단계: 괄호(구/절) 찾기 → 괄호표현 7개만 본다. ☞ p.18
② 2 단계: 문의 동사 찾기 → 괄호 밖에 있다.
③ 3 단계: 주어 찾기 → 동사 앞에 있다.
④ 4 단계: 목적어/보어 찾기 → 동사 뒤에 있다.

예) 괄호가 있는 문을 실전순서대로 나열/해석한 예
My father bought me (**wh**at we wanted).
I slept (**wh**ile he was studying).
(**On** several occasions), they attended the banquet.
I had no job (**during** the summer).

↓

예) 괄호(부), +주+   동 +   목1 +   목2 +   보 +   괄호(부)

My father   bought me   (**wh**at I wanted).
나의 아빠는   사주셨다 나에게   (내가 원한 **것**)**을**

I   slept   (**while** he was studying).
나는   잠을 잤다   (그가 공부하는 동안**에**)

(**On** several occasions),
                 they   attended   the banquet.
(수차에), 그들은   참석했다   그 연회를

I   had   no job   (**during** the summer).
나는   갖지 못했다 아무런 직업을 (그 여름 동안**에**)

가. 1 단계 ⋯ 괄호 찾기
  ● **비법: 괄호표현 7개**만 괄호로 한다. **공통문법** ☞ p.18

You may not be able (**to** learn a foreign language) (**in** your sleep), but you can strengthen certain memories, (**according to** a study) (**in** the journal Science).

나. 2 단계 ⇢ 문의 동사 찾기

● 비법1: 괄호가 <u>없을 때</u> – 동사는 <u>처음 명사의 바로 뒤</u>에 있다.

예1) 주 +　　　　　　　　　　　동 + 목1 + 목2 + 보 + 괄호(부)
　　　　　처음 명사　　　　　　　　동사　　　　　동사의 뒤
　　　The American **president**　　visited　　　Korea.
　　　그 미국의 대통령이　　　　　　방문했다　　　한국을

예2) 주 +　　　　　　　　　　　동 + 목1 + 목2 + 보 + 괄호(부)
　　　　　처음 명사　　　　　　　　**동사**　　　　동사의 뒤
　　　Many **companies**　　　　　train　　　　their operators.
　　　많은 회사들은　　　　　　　　훈련시킨다　　그들의 조작원들을

● 비법2: 괄호가 <u>있을 때</u> – 문의 동사는 **괄호 밖**에 있다.

예1) 주 +　　동 +목1 +목2 + 보 +　　괄호(부)

　　　You must **have**　a good time (meeting people) (if you expect them (to have a good time)).
　　　주어　　문의 동사 ⇢ 괄호 밖에 있는 동사는 1개뿐

예2) 주 +　　　　　동 +　　　　목1 +　　　　목2 +　　　　　　　　　　　　보 +괄호(부)

　　　Andrew　　　**learned** early (in life)　　(that the only way (to influence people) is
　　　(to talk (in terms) (of (what the other person wants)))).

문의 동사　　⇢ learned
문의 목적어　⇢ (that ~)
(**that** the only way (**to** influence people)　　is　(**to** talk (in terms) (**of** (**wh**at the other person wants)))
((단지 한 가지 길은 (사람들을 강화시키는)　　이다 (말하는 것 (관점에서) 다른 사람들이 원하는 것)의)
= (사람들을 강화시키는) (단지 한 가지 길은) ((다른 사람들이 원하는 것의) (관점에서) 말하는 것)이라고

● 비법3: 영어의 동사는 조동사 뒤에 있다. ☞ p.180

　　　　조동사
주 + ↓　　동 +　　목1 +　목2 +　보 +　괄호(부)
I　 **could** get　　　　an answer　　　　(**by** return mail).
나는　얻을 수 있었다　　답을　　　　　　　(회신에 의하**여**)

다. 3 단계 → 주어 찾기

● **비법1**: 동사의 앞 전체가 주어이다. ☞ p.86

예1)

동사 앞 전체가 주어
↓

주 +	동 +	목1 +	목2 +	보 +	괄호(부)
The old man	built		his first house.		
그 늙은 남자**는**	지었다		그의 첫 번째 집을		

예2)

동사 앞 전체가 주어
↓

주 +　　　　　　　　　　　　　　동 +목1 +목2 + 보 + 괄호(부)
The strictly vegetarian natural diet consisted mostly (of uncooked fruits and vegetables).

주어의 분석:

The	strictly	vegetarian	natural	**diet**
정관사	부사	형용사	형용사	**명사** → 괄호가 없으니 명사가 끝
그	완전하게	채식주의자**의**	자연 그대로**의**	**다이어트는**

예3)　주 +　　　　　　　　　　　동 +목1 +목2 + 보 +　　괄호(부)
　　　(**Wh**at I am trying (to say))　is　　　(that I can not make time (for this)).

설명: 주어 = (**Wh**at I am trying (to say)) = (내가 (말하기)를 시도하고 있는 것)**은** ← 주격조사

예4) 주 +　　　　　　　　동 +　　목1 +　목2 +　　　　　　　　보 +　괄호(부)
Lucas (of Birmingham)　told　　　　(**how** he handled the situation).
Lucas는 (버밍햄의)　말했다　　(그가 어떻게 그 입장을 처리했는지)를

● 비법2: "괄호(부)/부사"는 문의 처음에 와도 항상 주어가 아니다.
괄호(부)/부사는 문의 처음에 올 때는 보통 콤마가 있다.

                        괄호(부)   콤마
                         ↓   ↓

(**According to** the Centers for Disease Control and Prevention),
the national average rate (**for** accidental death) (**among** the general population) is 39.6 (**per** 100,000).
                주어   동사

설명: 주어 – the national average rate (**for** accidental death)   (**among** the general population)
              그 국가의 평균율은   (사고로 인한 죽음에 대한) (총 인구 중의)

              rate (**for** accidental death)   → 앞에 명사 rate가 있어서 괄호는 괄호(형)
              death (**among** the general population) → 앞에 명사 death가 있어서 괄호는 괄호(형)

라. 4 단계 → 목적어/보어 찾기

● 목적어 찾기 – 동사 뒤에 목적어가 있다.
● 비법1: 목적어1은 동사 뒤 명사를 보면 찾을 수 있다 – "~에게"

예1)
                          명사   명사
주 +   동 +   목1 + ↓   목2 + ↓ 보 +   괄호(부)
We   gave   the poor **man**   a **fish**
우리는   주었다   그 불쌍한 남자**에게**   한 마리의 생선을

예2)
                        명사   괄호(명)
주 +   동 +   목1 + ↓   목2 + ↓ 보 +   괄호(부)
I   bought the **man** (I met)   (**wh**at he wanted).
나는   사주었다 (내가 만난) 그 **분에게**   (그분이 원한 것)을

● 비법2: 목적어2는 "동사 뒤의 명사"를 보고 찾는다 – "을/를", "다고/라고"

예1)
                                      명사
주 +   동 +   목1 +   목2 + ↓   보 +   부사
They   see   these same **things**   today.
그들은   본다   이 같은 **것들을**   오늘날에

예2)　　　　　　　　　　　괄호(명) - 괄호가 목2에서 처음 나옴

주 +　　　　동 +　　　목1 +　　목2 + ↓　　　　　　　　　　　　보 +　　　괄호(부)
I　　　　　　decided　　　　　　(**to stick** (with the programme)).
나는　　　　결정했다　　　　　((그 프로그램으로) 계속할 **것**)을
　　　　　　　　　　　　　　　　↑　　↑
　　　　　　　　　　　　　　　괄호(명) 목적격조사

예3)　　　　　　　　　　　괄호(명) - 목2에서 처음 나오는 괄호

주 +　　　　동 +　　　목1 + 목2 ↓　　+　　　　　　　　　　　　보 +　　　괄호(부)
I　　　　　　regret　　　　(**to say** (**that** there is no clean water (**in** this area))).
나는　　　　유감으로 생각한다 ((깨끗한 물이 없**다고**) 말하는 **것**)을　　　(이 지역**에**)

- 보어 찾기 - 영어의 보어는 2가지이다.
- 🍎 비법1: 목2 뒤에 있는 보어는 "**명사/형용사**"이다.

주 +　　　　　동 +　　　목1 +　　　　목2 +　　　　　　　　보 +　　　　　　　　괄호(부)
Americans　 call　　　 the government　　　　　 "Uncle Sam."
미국인들은　 부른다　 그 정부를　　　　　　　　"엉클 샘."으**로**

It　　　　　 made　　　 me　　　　　　　　　　　　uneasy.
그것은　　　 만들었다　 나를　　　　　　　　　　　불편하**게**

주 +　　　　　　　　　　　　　　　　　　　　　　　동 +　　목1 +　　　목2 +　　　　보
The time (I spent) (with my family)　　　　　　 made　　　　　 my holiday　　perfect.
그 시간은　 (내가 보낸) (내 가족과)　　　　　　 만들었다　　　 나의 휴가**를**　완벽하**게**

- 🍎 비법2: be동사 뒤는 항상 보어이다. 보어는 "**명사/형용사**"이다.

예1)　주 +　　　　　　　동 +　　　 목1 +　　　목2 +　　　　보 +　　　　　　괄호(부)
　　　Her mother　　　 **was**　　　　　　　　　　　　　　a **teacher**.　 ←… 명사
　　　그녀의 엄마는　　 이었다　　　　　　　　　　　　　 한명의 **선생님**

예2)　주 +　　　　　　　동 +　　　 목1 +　　　목2 +　　　　보 +　　　　　　괄호(부)
　　　Her behavior　　 **is**　　　　　　　　　　　　　　 **unacceptable**. ←… 형용사
　　　그녀의 행동은　　 다　　　　　　　　　　　　　　　 받아들일 수 없는

예3)
One (of the first people) (in American business) (to be paid a salary (of over a million dollars a year)) was **Charles Schwab**.
　　　　　　　　　　　　　　　　　　동사　보어

- 주의할 보어 – 부사/괄호(부)도 보어가 될 수 있다.
- 비법1: 부사가 보어인 경우: "home/there/here" – 이러한 단어는 몇 개 없다.

주 +	동 +	목1 +	목2 +	보 +	부사
Patrick	was			**home**	all day.
Patrick은	있었다			**집에**	온 종일

- 비법2: 괄호(부)가 보어인 경우: 주로 (전치사 +...)/드물게 (접속사 +...)

괄호(부) +	주 +	동 +	목1 +	목2 +	보 +	괄호(부)
	Anne	is			**(in the kitchen)**.	
	Anne은	있다			**(부엌에)**	
	It	was			**(because I was sick)**.	
	그것은	이었다			**(내가 아팠기 때문)**	
(After dinner),	Sam	put	his computer			(on the desk)*.
(저녁 후에)	Sam은	놓았다	그의 컴퓨터를			(그 책상 위에)

* (on the desk)는 보어나 괄호(부)로 해도 의미에 차이가 없다.

▲WHY? ▲영어의 괄호(구/절)는 왜 종류를 구분하나?
영어는 괄호(명)/괄호(형)/괄호(부)에 따라 괄호표현/문에서의 위치/해석이 달라지기 때문에 구분해야 한다.

괄호(명):　(To eat an apple a day) is a good habit,　← 괄호가 주어의 맨 처음에 나옴
　　　　　(하루에 한 알의 사과를 먹는 **것**)은

　　　　　I started (to eat an apple a day).　← 괄호가 목적어의 맨 처음에 나옴
　　　　　(하루에 한 알의 사과를 먹는 **것**)을

괄호(형):　This is a good way (to eat an apple a day).　← 괄호의 앞에 명사가 있음
　　　　　(하루에 한 알의 사과를 먹기 위**한**)

괄호(부):　I always go there (to eat an apple a day).　← 괄호가 문의 끝에 나옴
　　　　　(하루에 한 알의 사과를 먹기 위하**여**)

2 괄호(구/절) 속의 순서

3분비법
영어의 괄호 속의 순서는 1가지 순서이다. 1가지 예외가 있다.
- 괄호 속의 1가지 순서: 주어가 **있는** 괄호 속의 순서: (주+동+ 목1+목2+ 보)
  　　　　　　　　　　주어가 **없는** 괄호 속의 순서: (　 동+ 목1+목2+ 보)
- 예외의 괄호 속의 순서: (전치사 + 명사/괄호(명))

 **괄호(구/절) 속의 영작법**: 1가지 순서로 적는다.

가. 괄호(구/절) 속에 <u>주어가 있을 때</u> 순서
　● **비법**: 괄호는 (괄호표현 +주 + 동 + 목1 + 목2 +보 + 괄호(부))이다.

예1)　　　　　　　(내가 TV를 보는　　것)

영어의 순서:　　(괄호표현+　　주+　　동+　　목1+　　목2+　　보)
영어의 순서:　　(것+　　　　내가+　　보다+　　　　　　TV를)
영어:　　　　　(**that**+　　I +　　watch+　　　　　TV)

예2) (내가 (또 다른 브로커**와**) 나의 사무실을 공유한**다고**)

(괄호표현+　주 +　동 +　목1 +　목2 +　　　　보 +　　괄호(부)　)
(**다고** +　　내가　공유하다　나의 사무실을　　　　　　(또 다른 브로커**와**)　)
(**that**　　　I　　share　　my office　　　　　(**with** another broker))

예3) (내가 5살이었을 **때**)

(괄호표현+　주 +　동 +　목1 +　목2 +　보 +　　　　　　괄호(부))
(**때에**　　내가　이었다　　　　　　5살　　　　　　　　　　　　)
(**when**　　I　　was　　　　　　five years old　　　　　　　　)

예4) (무엇이 일어났는지)

(괄호표현+   주   +   동   +   목1   +   목2   +   보   +   괄호(부))
(지   무엇이   일어났다   )
(What * happened   )
* "무엇이"는 "무엇 +이"로 **wh**at이 주어이다.

예5) (그녀가 발견한 것)이 (내가 찾고 있던 것)이다.

주 +   동 +목1 + 목2 +   보 +   괄호(부)
(괄호표현+주 + 동+...)   (괄호표현+주 + 동 + ...)
(**Wh**at she found)   is   (**wh**at   I was looking for)

나. 괄호(구/절) 속에 <u>주어가 없을 때</u> 순서
  🔴 비법: 괄호 속의 순서는 동사부터 시작한다.
  괄호는 (괄호표현 +   X + **동** + 목1 + 목2 +보 + 괄호(부))이다.

예1)
한글: (TV를 보는 것)
                          ↙
영어: (괄호표현+ 주 +   동 +   목1 +   목2 +   보 +   괄호(부))
영어의 순서: (것+   보다+   TV를   )
영어: (**to**   watch   TV   )
       =   (watch**ing**   TV   )

예2)
한글: (물을 마실) 그 장소
영어: (괄호표현+주 +   동 +   목1 +   목2 +   보 +   괄호(부))
       the place (**to**   drink   water

예3)
한글: (TV를 보기 위하여)
                  (괄호표현+주 +   동 +   목1 +   목2 +   보 +   괄호(부))
영어: (**to**   watch   TV   )

- 63 -

다. 예외의 순서
  🍎 비법: 괄호표현 "전치사"만 예외의 순서이다.
  전치사의 뒤에는 명사/괄호(명)만 있다.

  • (전치사+명사)   • (전치사+괄호(명))
  한글   (명사   +   **전치사**)   (괄호(명) +   **전치사**)
                        ↙   ↙
  영어   (**전치사** +   명사)   (**전치사** +   괄호(명))

  (12시   에)
               ↙
  (**전치사** + 명사)
  (**at**   12 o'clock)

  ((내가 말하는 것)에 **대하여**)
                  ↙
  (**전치사** +   괄호(명))
  (**about**   (what I said))

  주 +   동 +   목1 +   목2 +   보 +   괄호(부)
  그는   생각했다   ((내가 말했었던 것)에 **대하여**)
  He   thought   (**about** (**wh**at I had said))

❷ **괄호(구/절) 속의 해석법**: 1가지 순서로 해석한다.

가. 괄호 속이 1가지 순서이므로 1가지 순서로 해석한다.
  🍎 비법: 1가지 순서에 맞추어 조사/어미를 붙이면 해석이 된다.

  • 괄호 속에 주어가 있는 예

  예1) 주 +   동 +목1 + 목2 +   보 +   괄호(부)
       It   is   nice   (that   you   are   here   ).
                                       (괄호표현+주 +   동 +목1 + 목2 +   보 +   괄호(부)
       좋다   (네가   여기에 있어서   )

예2) 주 +   동 +목1 + 목2 + 보 +   괄호(부)
      Government   is   a process (that involves many people).
                                          (괄호표현+... +동 +목1 +목2 +보   )
                                          (주어 +   관여하다 많은 사람들이)

      정부는   이다   하나의 공정   (많은 사람들이 관여하는)

예3) 주 +   동 +   목1 + 목2 +   보 + 괄호(부)
      You   will also learn   (how   congressional power has evolved).
                                   (괄호표현+주 +   동 +...)
                                   (어떻게 국회의 권력이   발전해 오다)

      너는 역시 배울 거야   (어떻게 국회의 권력이   발전해 오고 있는지)를

• 괄호 속에 주어가 없는 예

예1) 주 +   동 +   목1 +   목2 +   보 + 괄호(부)
      Every government   needs   revenues (to   carry out its programs).
                                                 (괄호표현+동 + 목1+ 목2 +보)
                                                 (= 실행하다   그것의 프로그램을)

      모든 정부는   필요로 한다   세입을   (그것의 프로그램들을 실행할)

예2) 주 + 동 +목1 + 목2 + 보 +   괄호(부)
      I   am   appalled (to   see   the animal there).
                                   (괄호표현+... +동 + 목1+ 목2 +보+ 괄호(부))
                                   (보다 + 그 동물을 그곳에서)

      나는   다   놀랐   (그곳에서 그 동물을 보아서)

예3)   동 +   주 +   목1 + 목2 + 보 + 괄호(부)
      There are now over 5 billion people (living) (in our world).
                                           괄호(형) (전 + 명)
                                           (사는)   (이 세상에)

            있다 + 지금 50억이 넘는 인구가   (사는)   (이 세상에)

나. 괄호가 1가지 순서가 아닌 경우 – 전치사가 있을 때의 해석
- 🍎 비법: 한글은 (명사 + 전치사)로 해석한다.

예1) 주 + 동 +   목1 +   목2 +   보 +   괄호(부)
      Sam was   delighted   (**with** the news).
                                                  (전 + 명)
      Sam은 쓰다   놀랐   (그 뉴스에)

예2) 주 + 동 +   목1 +   목2 +   보 +   괄호(부)
      This is   a book (**about** Korean local governments).
                                              (전 + 명)
      이것은 이다   한권의 책 (한국의 지방정부에 대한)

예3) 가주어 + 동 + 목1 +   목2 + 보어   진주어   (전 + 괄호(명))
      It   is   possible   (to learn something (**about** (what your government does))).

다. 콤마가 있는 괄호의 해석

- 콤마 2개가 있는 괄호표현
- 🍎 비법: 콤마 2개 사이에 괄호 표현이 없는 경우도 있다. 예2)
- 🍎 비법응용: 콤마의 해석은 주로 "~데/ㄴ/기타"이다. ☞ p.308

예1) 주 +   동 +목1 + 목2 +   보 +   괄호(부)
      These debates (about science and religion), (**if anything**),
                    have increased   (in the last 10 years)).
      이러한 논쟁들은   (과학과 종교에 대한),   (**만약 있다면**),
                    증가해 오고 있다   (과거 10년간에))

예2) 주 +   동 +목1 + 목2 +   보 +   괄호(부)
      Pena   sent   her 9-year-old son, **Christopher**, (to live with her mother).
      Pena는 보냈다 그녀의 9살 된 아들인,   Christopher를, (그녀의 어머니와 살도록)

- 관계사 앞에 콤마 1개가 있을 때 – 관계사의 계속적 용법이다.
- 🍎 비법: 콤마의 해석은 "~데"이다.

주 +	동 +목1 +목2 +보 +	괄호(부)
Two (of Lee's essays)	focus	(on her brother), (who died (in 2009)).
두개의 (Lee의 에세이)는	초점을 맞추는데,	(그녀의 오빠에 대하여), (그는 (2009년에) 죽었다).

라. 예외의 괄호 해석1 - 수/양의 표현 "of~"
   🍎 비법: 해석은 수/양을 먼저 해석한다.

lots (of people)	많은 (사람들)	O
	(사람들의) 많은	X
plenty (of water)	많은 (물)	O
	(물의) 많은	X

예) 동 +   주 +   목1 +   목2 +   보
There are   **lots (of tidbits)**   (for followers) (of Hank Lee).
       있다   많은 (재미있는 화제들)이 (추종자들을 위한)   (Hank Lee의)

마. 예외의 괄호 해석2 - kind of~, sort of~, type of ~
   🍎 비법: "종류의/타입의"로 해석한다.

this **kind**	(of policy change)	이 종류의	(정책 변경)
these **kinds**	(of questions)	이러한 종류의	(질문들)
this **sort**	(of community)	이 종류의	(공동체)

예1) 주 +   동 +   목1 +   목2 + 보 + 괄호(부)
     The kind (of fraud) affects   everyday people.
     그 종류의 사기가   영향을 준다   평범한 사람들에게

예2) 괄호(부) +   동 +   주 +   목1 + 목2 + 보 + 괄호(부)
     Generally,   there   is   a type (of arm wrestling competition).
     일반적으로   있다   한 타입의 (팔씨름 대회)가

바. 동격의 괄호 해석: 명사 + (that   ) - 명사와 that절이 동격이라도 "ㄴ"으로 해석한다.
    동격의 (that ~)절이 오는 명사는 대부분 정해져 있다. ☞ p.229, p.323
    We shouldn't give up the idea (**that** we should try to balance our budget),
    우리는 포기해서는 안 된다   그 아이디어를 (우리가 우리의 예산을 맞추기를 노력해야 하**는**)

3 문에서 괄호의 위치(순서)

3분비법 – 공통문법

괄호(명)의 위치: **영어**의 괄호(명)는 주/목/보의 맨 **처음**에 있다.
　　　　　　　　예외 – 괄호(명)가 전치사 **뒤**에 있다.
　　　　　　　　한글의 괄호(명)는 조사/어미가 있다.
괄호(형)의 위치: **영어**의 괄호(형)는 명사의 **뒤**에 있다.
　　　　　　　　한글의 괄호(형)는 명사의 **앞**에 있고, 조사/어미가 없다.
괄호(부)의 위치: **영어**는 문의 **처음/끝**에 있다.
　　　　　　　　한글의 괄호(부)는 조사/어미가 없다.

❶ 괄호(명)의 위치 ☞ p.30

- 괄호(명)의 위치 1
-  비법1: 영어의 괄호(명): 주/목/보의 맨 **처음**에 있다.
　　　　　　　　　　　예외의 위치 – 전치사의 **뒤**에 있다.
- 비법2: 한글의 괄호(명): 조사/어미가 있다.

예1) 괄호(명) – 괄호가 주어의 맨 처음

주 + ↓		동 + 목1 + 목2 +	보 + 괄호(부)
(Traveling) (in Africa)		is always	an adventure.
(여행을 하는 것)은 (아프리카에서)		이다 항상	하나의 모험

예2) 괄호(명) – 괄호가 주어의 맨 처음

주 + ↓　　　　　　　　　　　　　　　　　　　　동 +목1 +목2 +보
(Classifying the non-living things) (found) (on Earth)　was　another task.
(무생물들을 분류한다는 것)은　　　　　　　(발견된) (지구에서)　이었다　또 다른 임무

예3)　　　　　　　　　　　　　　　괄호(명) – 괄호가 목2의 맨 처음

주 +	동 +	목1 +	목2 + ↓	보 +	괄호(부)
Pam	noticed		**(that he did a good work)**.		
Pam은	알아챘다		(그가 멋진 일을 한 것)을		

- 괄호(명)의 위치 2 - 예외 ☞ p.260
- 비법: 영어의 괄호(명): 전치사의 뒤에 온다. ⋯→ (전치사 + 명사/괄호(명))

예1) 괄호(부) +   주 +   동 +   목1 +   목2 +   보 +   괄호(부)
     (To eat food),   I   went   (in there).
     (그 음식을 먹기 위해), 나는   갔다   (그곳에)

예2) 주 +   동 +   목1 + 목2 +   보 +   괄호(부)
                                                                        부사
     A friend (in need) is   a friend   indeed.
     (필요할 때 있는) 친구는 이다   친구   정말로

예3) 주 +   동 +   목1 + 목2 +   보 +   괄호(부)
     We   talked   (about (what kids like).
     우리는   이야기를 하였다   (아이들이 좋아하는 것에 대하여)

❷ 괄호(형)의 위치 ☞ p.31

- 비법: 영어의 괄호(형): 명사의 뒤에 있다.
         한글의 괄호(형): 명사의 앞에 있다.
한글의 모든 형용사/괄호(형용사)/한정사는 명사의 앞에 온다.

예1)
주 +   동 +   목1 +   목2 +   보 + 괄호(부)

Students (drinking Coke) have   many decayed teeth.
(콜라를 마시는) 학생들은   가진다   많은 썩은 치아들을

예2)
주 +   동 +   목1 +   목2 +   보 + 괄호(부)

I   met   a man (in a black jacket).
나는   만났다   (검정 재킷을 입은) 한 남자를

예3)

주 + 동 + 목1 + 목2 +   보 + 괄호(부)

Make   your forecast (bas**ed**) (on the direction) (**of** the trend) (**that** you have identified).

(네가 확인한) (경향의) (방향에) (근거가 된) 전망

❸ 괄호(부)의 위치 ☞ p.32

- 비법: 영어의 괄호(부): 문의 처음/끝에 있다.
  한글의 괄호(부): 괄호표현이 있다.

예1) 주 +   동 +   목1 +목2 + 보 +   괄호(부)
      Everything   was moving   (in different directions) (at once).
      모든 것이   움직이고 있었다   (다른 방향으로) (한번에)

예2) 주 +   동 +목1 +목2 +   보 +   괄호(부)
      Fritz   was   angry   (about his truck) (when he awoke)
      Fritz는   쓰다   화난   (그의 트럭에 대하여) (그가 깨어났을 때)

예3) 괄호(부) +   주 +   동 +목1 +목2 +   보 +   괄호(부)
      (When he awoke), Fritz   was   angry   (about his truck).
      (그가 깨어났을 때), Fritz는   났었다   화난   (그의 트럭에 대하여)

예4) 괄호(부) +   가주 +   동 +목1 +목2 +   보 + 괄호(부)   진주어
      (Although the powers (of Congress) are great),
                         it   is   important   (that you keep
      (in mind) (that they are not unlimited)).
      ((국회의) 그 권력이 막대할지라도),
                                                    다
                                                    중요한   (당신은 (그것들이
      제한이 없는 것이 아니라는 것)을 (마음에) 간직하는 것)이

연습문제

1. 괄호를 영작한다면 실전순서의 어디에 들어가는 지를 표시해 보세요.
   주어는 "주", 동사는 "동", 목적어1은 "목1", 목적어2는 "목2", 보어는 "보", 전치사의 목적어는 "전"으로 적어보세요.

   Hint: 밑줄을 보면 알 수 있다.

   괄호(부) +   주 +   동 +   목1 +   목2 +   보 +   괄호(부)
   부사   부사

(1) (내가 영어를 공부하는 것)은
(2) (내가 영어를 공부하는 것)을
(3) (내가 영어를 공부하는 것)이다
(4) (내가 영어를 공부하는 것)에 대하여   about, on
(5) (내가 영어를 공부한다고)
(6) (영어를 공부하는 것)은
(7) (영어를 공부하는 것)을
(8) (영어를 공부하는 것)이다
(9) (영어를 공부하는 것)에 대하여   about, on
(10) (영어를 공부하는 것)보다   than

2. 영작할 때 영어로서 불완전한 문을 찾아보세요.
   Hint: 영문의 1가지 기본순서 "주 + 동 + 목1 + 목2 + 보"

(1) 그는 용감하다.
(2) 그녀는 예쁘다.
(3) Jane은 귀엽다.
(4) 그것은 재미있다.
(5) 나는 되었다.
(6) 나는 먹는다.
(7) 우리는 만났다.
(8) 나는 그것을 알고 있다.
(9) 우리는 매일 달린다.
(10) 우리는 마신다.

3. 영작할 때 괄호에서 맨 먼저 나올 한글 단어를 적어 보세요.

(1) (책을 읽는 것)
(2) (차를 운전하는 것)
(3) (다른 사람을 평하는 것)
(4) (전화로) (다른 사람과 말하는 것)
(5) (e-mail을 보내는 것)
(6) (모르는 사람을 만나는 것)
(7) (대학에서) (공부하는 것)
(8) (PC방에서) (컴퓨터 게임을 하는 것)
(9) (모르는 사람과) (말하는 것)
(10) (방을 청소하는 것)
(11) (물을 마시는 것)
(12) (약을 먹는 것)
(13) (머리를 감는 것)
(14) (얼굴을 씻는 것)
(15) (돈을 빌리는 것)
(16) (Mark와 date하는 것)
(17) (그 여자와 결혼하는 것)
(18) (라디오를 듣는 것)
(19) (동물을 사냥하는 것)

4. 영작할 때 괄호에서 맨 먼저 나올 한글 단어를 적어 보세요.

(1) (콜라를 마시는)   학생들
(2) (콜라를 마실)   학생들
(3) (한 동전의)   다른 면   of를 사용할 것
(4) (그 동굴 속에 있는)   학생들   in을 사용할 것
(5) (커피를 마시는)   사람들
(6) (커피를 마신)   사람들
(7) (커피를 마실)   사람들
(8) (원숭이들을 쫓는)   나의 개
(9) (그 대통령을 지지하는)   사람들
(10) (우리가 지지한)   그 국회의원

5. 영작해 보세요.

(1) (아침에)
(2) (5월에)
(3) (2015년에)
(4) (화요일에)
(5) (학교로)
(6) (학교로 부터)
(7) 책상
(8) (책상 위에서)
(9) (책상 위에는)
(10) (은행 옆에)
(11) (은행과 학교 사이에)
(12) (길을 따라)
(13) 12시
(14) (12시에)
(15) 오후
(16) (오후에)

6. 영작할 때 괄호에서 맨 먼저 나올 한글 단어를 적어 보세요.

(1) 어머니는 (내가 집에 오자마자) 나에게 말씀하셨다.
(2) (내가 집에 돌아오자) 어머니는 병원에 가셨다.
(3) (나는 숙제를 끝낸 후에) 잠자리에 들었다.
(4) (내가 숙제를 마치자) 어머니는 잠자리에 드셨다.
(5) (그가 커피를 마시는 동안에) 나는 그 일을 끝냈다.
(6) (나는 커피를 마시면서) 신문을 읽었다.
(7) (나는 커피를 마시기 전에) 신문을 읽었다.
(8) (나는 커피를 마신 후에) 신문을 읽을 것이다.
(9) (나는 그 책을 사기 전에) 돈이 충분이 있나 내 지갑을 보았다.
(10) (나는 그 책을 산 후에) 다른 책들도 읽어 보았다.
(11) (나는 그 책을 읽기 전에) 내 선생님과 상의하였다.
(12) (그가 나에게 10만원을 주었기 때문에) 그 바지를 살 수 있었다.

7. 영작할 때 문의 동사를 적어 보세요.
    Hint: "~다"를 보면 문의 동사를 찾을 수 있다.

(1) 그것은 내 인생을 변화시켰다.
(2) (책들을 사는 것)이 내 인생을 변화시켰다
(3) 나는 오늘 나의 할머니에게 편지를 쓸 것이다.
(4) 나는 그 사람에게 날마다 수학을 가르친다.
(5) 나는 그녀의 행운이 부럽습니다. envy는 동사
(6) 나는 비용이 5불 들었다. cost
(7) 우리를 그를 회장으로 선출하였다.
(8) 우리는 그를 정직하다고 믿었다.
(9) 지금은 12시 5분전이다.
(10) 저 굴에는 곰 세 마리가 있다.
(11) 여기에 남자 셋, 여자 둘이 있다.
(12) 나는 그 사람 뒤에 앉아 있다.
(13) 나는 그것을 규칙으로 만들었다.

8. 문의 동사를 적어 보세요.
    Hint: 괄호를 하면, 동사는 괄호의 밖에 있다.

(1) Some people call them hoaxers.
(2) The English made Darwin a hero in England.
(3) They had this name 'Frisbie.'
(4) Hennard shot one woman dead.
(5) We liked to think of ourselves as particular.
(6) Alex calls Kim's reflections interesting.
(7) Black suits me very well.
(8) I don't see myself chasing after his ghost.
(9) In around 15% of cases there was insufficient information to draw any firm conclusions.
(10) Journalist Charles Sabine watched his father die from the degenerative illness Huntington's disease.

9. 영어의 1가지 실전순서로 적은 순서가 맞으면 O, 틀리면 X를 하세요.

	주 +	동 +	목1 +	목2 +	보 +	괄호(부)
(1)	그것은 It	변화시켰다 changed		내 인생을 my life.		
(2)	(책들을 사는 **것**)이 (Buying books)	변화시켰다 changed		내 인생을 my life.		
(3)	Pam은 Pam	알아챘다 noticed		나의 새 셔츠를 my new shirt.		
(4)	Andy Andy는	bought 사주었다	me 나에게	a book. 한권의 책을		
(5)	Andy는 Andy	사주었다 bought	나에게 me	(내가 원한 것)을 (what I wanted).		
(6)	그것은 It	만든다 makes		내 인생을 my life	쉽게 easy.	
(7)	이것이 This	이다 is			그 개 the dog.	
(8)	이것은 This	다 is			더럽 dirty.	
(9)	이것이 This	이다 is			(내가 원한 것) (what I wanted).	
(10)	(콜라를 마시는 것)은 (Drinking Coke)	다 is			나쁜 bad.	

10. 맞는 영작순서를 골라보세요.

(1)

		우리는	만났다	그 선생님을		
괄호(부), +	주 +	동 +	목1 +	목2 +	보 +	괄호(부)
①		We	are met	the teacher.		
②		We	met	the teacher.		

(2)

		나는	생각한다	(그녀가 귀엽다고)		
괄호(부), +	주 +	동 +	목1 +	목2 +	보 +	괄호(부)
①		I	think	(that she cute).		
②		I	think	(that she is cute).		

(3)

		나는	알고 있다	(그녀가 은행원이라고)		
괄호(부), +	주 +	동 +	목1 +	목2 +	보 +	괄호(부)
①		I	know	(that she a banker).		
②		I	know	(that she is a banker).		

(4)

		나는	부를 것이다	그 두 경기자들을	Tall Guy와 Buddy라고	
괄호(부), +	주 +	동 +	목1 +	목2 +	보 +	괄호(부)
①		I	will call	the two players	Tall Guy and Buddy.	
②		I	will am call	the two players	Tall Guy and Buddy.	

(5)

		이분이	이다		그분	
괄호(부), +	주 +	동 +	목1+	목2 +	보 +	괄호(부)
①		This	is		he.	
②		This			he.	

(6)

		그 분이	주셨다	나에게	그 책을	
괄호(부), +	주 +	동 +	목1+	목2 +	보 +	괄호(부)
①		He	gave	me	the book.	
②		He	gave	the book	me.	

11. 실전순서에 맞으면 O, 틀리면 X를 해 보세요.

	주 +	동 +	목1+	목2 +	보 +	괄호(부)
(1)	The animal	moves				slowly.
	그 동물은	움직인다				느리게

(2) I　　　　　can finish　　　　　　　　it　　　　　　　　　　easily.
　　나는　　　　끝낼 수 있다　　　　　　　그것을　　　　　　　　쉽게

(3) I　　　　　slept　　　　　　　　　　　　　　　　　　　　　(when he played).
　　나는　　　　잠잤다　　　　　　　　　　　　　　　　　　　　(그가 놀 때(에))

(4) He　　　　was awaiting　　　　　　　a ruling　　　　　　　(from the court).
　　그는　　　　기다리고 있는 중이었다　　　판결을　　　　　　　　(법원으로 부터)

(5) They　　　put out　　　　　　　　　poison　　　　　　　　(around the building)
　　　　　　　　　　　　　　　　　　　　　　　　　　　(to stop an explosion (in the rat population)).
　　그들은　　　밖에 놓았다　　　　　　　독약을　　　　　　　　　　(그 건물 주위에)
　　　　　　　　　　　　　　　　　　　　　　　　　　　(폭발을 막기 위해(쥐의 수에서 발생하는))

　　　주 +　　　동 +　　목1+　　목2 +　　보 +　　　　　　　　괄호(부)
(6) He　　　　told　　　　(how he had worked)　　　　　　　(in an office) all day.
　　그는　　　　말했다　　　(어떻게 그가 일했었는지)를　　　　　(사무실에서) 온종일

(7) Sam　　　worked　　　　　　　　　　　　　　　　　　　　(at the school).
　　Sam은　　 일했다　　　　　　　　　　　　　　　　　　　　 (그 학교에서)

(8) Many people spend　　　a lifetime　　　　　　　　　　　(in selling) (without seeing things)
　　　　　　　　　　　　　　　　　　　　　　　　　　　　　　(from the customer's angle).
　　많은 판매인들은　 보낸다　　평생을　　　　　　　　　　　　(파는 것에) (물건들을 보는 것 없이)
　　　　　　　　　　　　　　　　　　　　　　　　　　　　　　(고객들의 관점으로 부터)

　　괄호(부), +　　주 +　　동 +　　목1+　　목2 +　　　　　보 +　　　괄호(부)
　　부　　　　　　　　　　　　　　　　　　　　　　　　　　　　　　　부
(9) Finally,　　　I　　　decided　　　(to go back).
　　결국에,　　　나는　　　결정했다　　　(돌아가는 것)을

12. 영어의 순서대로 한글로 해석한 것이다.
　　한글의 해석이 맞으면 O, 틀리면 X를 해 보세요.

| 괄호(부) + 주 + | 동 | 목1 + 목2 + 보 + | 괄호(부) |

(1)　　　　　The dog　　　sits　　　　　　　　　　　　there　　　sadly.
　　　　　　그 개는　　　앉아있다　　　　　　　　　　그곳에　　　슬프게

(2)　　　　　　I　　　　went　　　　　　　　　　　(to America) (to learn English).
　　　　　　나는　　　　갔다　　　　　　　　　　　(미국에)　　　(영어를 배우러)

(3) (With plenty of free time)
　　　　　　Ron　　　　developed　　　an active correspondence.
(많은 빈 시간으로)
　　　　　　Ron은　　　개발했다　　　적극적인 서신왕래를

(4)　　　　　we　　　　knew　　　　(what we wanted (to use)).
　　　　　　우리는　　　알았다　　　(우리가 (사용하기)를 원한 것)을

(5) (If our neighbor kept a dog (in a small cage)),
　　　　　　we　　would call　　　　the police.
　　(우리의 이웃이 한 마리의 개를 (작은 우리에서) 키운다면,
　　　　　우리는　부를 거다.　　　　　경찰을

(6)　　　　　The ramen　　is　　　　　　totally different (than (what most
Americans think (that ramen should be))).
　　　　　　그 라면은　　　다　　　　　　완전히 다른 ((대부분의 미국인들이
라면이라면 이래야 한다고 생각하는 것) 보다)

(7) (When I was a boy),
　　　　　　my father　　bought　　　a little pup　　(for 5 dollars).
(내가 소년이었을 때에), 나의 아버지는 샀다　　작은 강아지 한 마리를 (5달러에)

(8) If we want (to make friends)),
　　　　　　we　　have to greet　　　people　　　　(with enthusiasm).
　　(우리가 (친구들을 만들기)를 원한다면),
　　　　　　우리는　맞이해야 한다　　　사람들을　　　　(열의로서)

(9) (When Adam arrived), the banker said, ("I know (that you want (to get this)))."
(Adam이 도착했을 때) 그 은행원은 말했다 ("나는 알아 (네가 (이것을 갖는 것)을 원한다고))."

(10) My dad read me a book.
나의 아빠는 읽어주었다 나에게 한권의 책을

(11) My dad read it (to me).
나의 아빠는 읽어주었다 그것을 (나에게)

(12) Sam read them (for me).
Sam은 읽어주었다 그것들을 (나를 위하여)

13. 한국인들이 혼동하는 특별한 동사들이 들어간 영어의 해석을 적은 것이다. 적절한 해석이면 O, 아니면 X를 해 보세요.

주 +   동 +   목1+   목2 +   보 +   괄호(부)

(1) It made him (look more real).
그것은 만들었다 그가 (더 실제처럼 보이도록)

(2) We found the bag (**to** contain a watch).
우리는 발견했다 그 가방**이** (1개의 시계를 담고 있는 것)을

(3) We found him (sleep**ing**).
우리는 발견했다 그**가** (잠자는 것)을

(4) My dad got me (**to** wash my hands).
나의 아빠는 만들었다 내**가** (나의 손을 씻도록)

(5) I got them (work**ing**)
나는 만들었다 그것들**이** (작동하도록)

	주 +	동 +	목1+	목2 +	보 +	괄호(부)
(6)		Leave	me		alone.	
		놓아두세요	나를		혼자 있도록	
(7)	Kate	declared	ginger candy		her favorite.	
	Kate는	밝혔다	생강 과자를		그녀가 좋아하는 것이라고	
(8)	You	make	me		curious.	
	너는	만든다	나를		흥미 있도록	
(9)	We	named	the ship		Sealord.	
	우리는	이름 붙였다	그 배를		Sealord라고	

14. 밑줄 부분의 괄호(부)가 적당하면 O, 아니면 X를 해 보세요.

	주 +	동 +목1+ 목2 +	보 +	괄호(부)
	주	be동사	형용사	괄호(부)

(1)	I	am	willing	<u>to do anything for my dad</u>.
(2)	I	am	confident	<u>to meet her gain</u>.
(3)	I	am	reluctant	<u>to meet her</u>.
(4)	I	am	unwilling	<u>to meet her</u>.
(5)	I	am	willing	<u>to meet her again</u>.
(6)	I	am	eager	<u>to meet her</u>.
(7)	He	is	sure	<u>to come</u>.
(8)	He	is	certain	<u>to need help</u>.
(9)	I	am	convinced	<u>to meet her gain</u>.
(10)	I	am	sorry	<u>that I am late</u>.

15. 문의 동사를 적어 보세요.

(1) He started moaning.
(2) I am tired of working with you.
(3) He is capable of doing the difficult work.
(4) I want to paint my house white.
(5) My roommate drives me crazy.
(6) Michael Martin is curious about many things.
(7) I borrowed 100 dollars from John.
(8) I am amazed to see the animal again.
(9) I am shocked to see the animal.
(10) I am sick and tired of listening to the same old song.

16. 괄호(부)가 있는 문을 골라 번호를 적어 보세요.

(1) (To preserve evidence), Dr. Jordan scraped off a sample (of the catsup).
(2) (To understand this book), you usually have to go back (to the beginning).
(3) (At a dinner party), (in New York), a rich woman was eager (to make a pleasing impression) (on everyone).
(4) They are so glad (to see us (that they almost jump out (of their skins))).
(5) I employed an interior decorator (to make some draperies) (for my house).

17. 주어진 문을 읽고 지시에 따르세요.
The chairman (**of** the board) (**of** directors) (**of** one) (**of** the largest rubber companies) (**in** the United States) told me (**that** people rarely succeed (**at** anything) (**unless** they have fun (do**ing** it))).

(1) 동사 찾기:

(2) 주어를 찾기:

(3) 목1 찾기:

(4) 목2 찾기:

이것을 알면 끝

혼동되는 영어의 순서

1. 주의 할 주어의 순서
- 영어 - 주어 앞에 오는 것들/주어가 여러 개인 문
- 한글 - 주어가 여러 개인 문

2. 주의 할 동사의 순서
- 영어에서 동사 찾기 - 괄호(구/절)를 구분하면 문의 동사가 보인다.
- 동사와 동사가 변한 괄호(구/절)가 혼동된다.
- want/help/like/make/let/see/watch/hear의 주어

3. 주의 할 목적어의 순서
"목적어1 + 목적어2"는 항상 같은 순서로 적는다.

4. 주의 할 보어의 순서
사역동사/지각동사이면 영어의 보어(형)는 한글의 부사이다.

D. 혼동되는 순서 찾기

- 문의 기본순서가 혼동되는 경우

1. 주의 할 주어 찾기
2. 주의 할 동사 찾기
3. 주의 할 목적어 찾기
4. 주의 할 보어 찾기

1 주의 할 주어 찾기

3분비법
주어가 여러 개로 보이는 영어/한글은 괄호를 하면, 주어가 1개가 남는다.

❶ 주의 할 주어 찾기 - 주어가 처음에 안 나오는 순서

- 괄호(부)/부사가 주어 앞에 나온다. 실전순서 ☞ p.48
- 조동사가 주어 앞에 나온다. 의문문/도치문/가정법
- 기타 부정 표현이 주어 앞에 나온다. ☞ p.134
- 도치문은 주어가 문의 처음에 안 나온다. there +be/here +be 등 ☞ p.136

❷ 주의 할 주어 찾기 - 주어가 여러 개로 보일 때

가. 영어/한글의 주어가 여러 개로 보일 때 문의 주어 찾기
   🍓 비법: 괄호(구/절)를 구분하면 주어/동사는 1개가 된다. ☞ p.86

영어의 예)

주 + 동 +목1 + 목2 + 보 + 괄호(부)
The number (**of** crimes) (against religious groups) (in the country)
  <u>jumped</u>   more (than 8 percent) (during 2009), (according to the data) (released (by the FBI).
(그 나라에서) 종교적인 단체에 대하여 일어나는 많은 범죄들은
  <u>뛰어올랐다</u>   (8% 이상) (2009년에), ((FBI에 의해) 발표된) (그 자료에 의하면)

한글의 예)

주 +   동 +목1 + 목2 +   보 +   괄호(부)
저널리스트인 Charles Sabine은   안다   (그의 아버지가 죽었다는 것)을 (헌팅턴의 병으로)
Journalist Charles Sabine knows (that his father died) (from Huntington's disease).

나. <u>한글</u>이 언어적 특성으로 주어가 여러 개로 보일 때

- 주어가 2개
- 🔴 비법: 목적어에 주격조사가 붙는 동사가 있다.
동사 "필요하다/좋다/싫다/느껴진다..."는 주어가 2개로 보인다.

예) 혼동된 한글　　　　　　　　　영어로 생각하는 법
나**는** 컴퓨터**가** 필요하다.　→　나는 컴퓨터**를** 필요로 한다.
　　　　　　　　　　　　　　　= I need a computer.
　　　　　　　　　　　　　　　= (To me), computers are necessary.

그**는** 봄**이** 좋다.　　　　→　그는 봄**을** 좋아한다. He likes spring.

나**는** 진동**이** 느껴진다.　→　나는 진동**을** 느낀다. I feel vibration.

- 주어가 2개 – be동사와 지각동사가 있는 한글 표현 – 영어식으로 생각한다.
- 🔴 비법: "되다" → "이다"로 생각한다.
- 🔴 비법: 지각동사 "보인다/느껴진다/맛이 난다/들리다/냄새가 난다"는
영작에서는 1개의 주어는 <u>안 쓴다</u>. ☞ p.46

그**는** 은행원**이** 되었다.　→　나는 은행원이다.　　I became a banker.
나**는** 그것**이** 더럽게 보인다 →　그것이 더럽게 보인다. It looks dirty.

- 주어가 2개 이상일 때
- 🔴 비법: 문에 등위접속사가 있다. and/but/for/or/so

	주 +	동 +	목1 +	목2 +	보 +	괄호(부)
그리고	나는 그녀는	좋아하**고** 좋아한다		봄을 가을을		
and	I she	like likes		the spring the fall.		

- 85 -

❷ 주의 할 동사 찾기

3분비법
동사가 여러 개로 보이는 영어/한글은 괄호를 하면 문의 동사는 1개가 된다.
문의 동사가 혼동될 때 괄호(구/절)의 공통문법으로 해결한다.

❶ 영문에서 동사 찾기

가. 복잡한 영문에서 문의 동사 찾기
  🔴 비법: 괄호를 구분하면 해결된다. 문의 동사는 괄호의 밖에 있다.

괄호(부) + 주 + 동 +목1 + 목2 +보 + 괄호(부)

(According to numerous sources (on the Internet)),   a planet (called Nibiru)   will collide   (with Earth), (resulting (in the extinction) (of the human race)).

((인터넷에 있는) 수많은 출처들에 의하면), (Nibiru라고 불리는) 한 행성이   충돌할 것이다   (지구와), (이것은 (인류의) (멸망을) 초래할 것이다.)

나. 한글에서 be동사 찾기
  한국인들은 영작 할 때 be를 빼거나, 불필요한 be를 넣는 경우가 있다.
  그 이유는 한글에 be의 역할을 하는 동사가 없기 때문이다.
  🔴 비법: 한글의 "~다"에서 be동사를 찾는다. ☞ p.4

나는 매일 김치를 먹는다.
I <u>am</u> eat 김치 every day.   X
I   eat 김치 every day.   O

너는 매일 김치를 먹니?
<u>Are</u> you eat 김치 every day?   X
Do you eat 김치 every day?   O

다. 동사와 동사가 변한 괄호(구/절)의 혼동
  🍎 비법: 괄호(구/절)를 구분하면 혼동이 해결된다.

괄호(구/절)와 동사의 차이
괄호(구/절)는 **괄호표현**이 붙어 있다.

예1) 나는 매일 우유를 **마신다**.	I **drink** milk every day.	O
예2) (우유를 매일 **마시는**) 사람들	people **drink** milk every day	X
	people (**drinking** milk every day)	O
	people (**who drink** milk every day)	O
예3) (우유를 매일 **마신**) 사람들	people **drank** milk every day	X
	people (**who drank** milk every day)	O

라. 특정한 동사가 있는 문도 2개의 동사가 보일 수 있다.

일반동사: want, help, like, hate, find, discover, leave, keep, catch
사역동사: make, have, let, get – "~가 ~도록" ~<u>시키다</u>의 의미를 가진 동사 모음
지각동사: see, watch, notice, witness, hear, listen to, smell, feel – 오감 동사

  🍎 비법1: 이 동사의 뒤에 부정사/동사ing가 올 때 ☞ p.45
부정사/동사ing의 바로 앞의 목적어를 **괄호의 주어**로 해석하면 쉽다. ☞ p.230/p.244
목적어지만 주격조사를 붙여 해석한다.

주어 + 동사 +   **목적어** +(to 동사)/(...동사)/(동사ing)/(...동사ed*)
                    ~가   + (...것)을/(...도록)

* (...동사ed)는 수동태 (to be +동사ed)이다.

• 주어 + want/help +   목적어 (to 동사...)
        원하다/~돕다   ~가   (...것)을/(...도록)
                          ↓
                (to 동사) 앞의 명사를 <u>주어</u>로 해석한다.

예1)   "to 부정사" 앞에 부정사의 주어가 없다.
주 +   동 +   목1 +   목2 +   보 + 괄호(부)
I   want   (**to** eat pork).
나는   원한다   (돼지고기를 먹는 것)을

예2)   "to 부정사" 앞에 부정사의 주어가 있다.
주 +   동 +   목1 +   목2 +   보 + 괄호(부)
I   want   **him**   (**to** eat pork).
나는   원한다   그가   (돼지고기를 먹는 것)을

예3)   "to 부정사" 앞에 부정사의 주어가 있다.
주 +   동 +   목1 +   목2 +   보 + 괄호(부)
We   helped   **him**   (to find a job).
We   helped*   **him**   (find a job).
우리는   도왔다   그가   (직업을 찾도록)

*help는 2가지가 가능하다. help +목적격 (to 동사)
                        help +목적격 (...동사)

- 주어 + like/hate/get/find/leave +   목적격(to 동사...)
  주어 + like/hate/get/find/leave +   목적격(동사ing):
        좋아하다/싫어하다/시키다/발견하다/놓아두다 ~가   (...것)을/(...도록)
                                    ↓
                목적어는 (to 동사)/(동사ing)의 주어로 해석한다.

예1)   "to 부정사"/ "동사ing" 앞에 부정사의 주어가 있다.
주 +   동 +   목1 +   목2 +   보 + 괄호(부)
I   like   **him**   (**to** study English)
I   like   **him**   (study**ing** English)
나는   좋아한다   그가   (영어를 공부하는 것)을

예2)   "동사ing" 앞에 부정사의 주어가 있다.
주 +   동 +   목1 +   목2 +   보 + 괄호(부)
I   left   **the gas**   (leak**ing**)
나는   놔두었다   그 가스가   (새도록)

• 주어 + <u>make/have/let</u>   +   목적격(...동사)   ···→ 사역동사 뒤는 "to"가 생략된다.
            시키다/시키다/허락하다   ~가   (...도록)
                    ↓   ↓
                 사역동사   명사는 (...동사)의 주어로 해석한다.

예1)   "to 부정사" 앞에 부정사의 주어가 <u>있다</u>. "to"가 생략된 부정사이다.
|주| + |동| +   목1 + |목2| + |보| + 괄호(부)
 I   make   him   (eat a little cereal).
 나는   시킨다   그가   (소량의 시리얼을 먹**도록**)

예2)   "to 부정사" 앞에 부정사의 주어가 <u>있다</u>. "to"가 생략된 부정사이다.
 주 + |동| +   목1 + |목2| + |보| + 괄호(부)
            Let   me   (know(what you want))
            해 주세요   내가   ((네가 원하는 것)을 알도록))

• 주어 + <u>see/watch/hear</u> + 목적격(...동사) → 지각동사의 뒤는 "to"가 생략된다.
  주어 + <u>see/watch/hear</u> + 목적격(동사ing) ☞ p.46
                                     ~가   (...것)을
         ↓   ↓
      지각동사   명사는 (...동사)/(동사ing)의 주어로 해석한다.

예1)   "to 부정사" 앞에 부정사의 주어가 <u>있다</u>. "to"가 생략된 부정사이다.
|주| + |동| +   목1 + |목2| + |보| + 괄호(부)
 I   saw   him   (cry)*.
 나는   보았다   그가   (운 것)을

예2)   "동사ing" 앞에 부정사의 주어가 <u>있다</u>.
|주| + |동| +   목1 + |목2| + |보| + 괄호(부)
 I   saw   him   (crying)*.
 나는   보았다   그가   (울고 있는 것)을

*지각동사 see, watch, look 등...뒤에 나오는 (...동사)는 (...ㄴ것)으로 해석한다. 예) 운 것
 ···→ 끝난 상황을 표시: 한글을 생각해 보면 알 수 있다.

 지각동사 see, watch, look 등...뒤에 나오는 (동사ing)는 (...는 것)으로 해석한다. 예) 울고 있는 것
 ···→ 진행 중인 상황을 표시: 한글을 생각해 보면 알 수 있다.

● **비법2**: 이 동사 뒤에 목적어 +"형용사/명사"가 올 때

- 목적어 뒤의 "형용사"를 (to be + 형용사)로 생각한다. 동사 like
이때 목적어는 (to be + 형용사)의 주어로 해석한다.

주어 +	like +	목적격 +(형용사)
	바라다	~가 ~게/로/도록

주 +	동 +	목1 +	목2 +	보 +	괄호(부)
I	like		my tea	warm	
나는	바라다		나의 홍차**가**	따뜻하게 되**도록**	

- 목적어를 보어의 주어로 해석하지 않는다. 동사 make/leave

주어 +	make/leave +	목적어 +"형용사/명사"
	만들다/놔두다	~를 ~게/로/도록

예1)
주 +	동 +	목1 +	목2 +	보(형용사) +	괄호(부)
			~를	~게/로/도록	
I	left		the box	open.	
나는	놔두었다		그 상자**를**	열린 **대로**	
	Leave		me	alone.	
	놔두세요		나**를**	혼자 **있**게	

예2)
주 +	동 +	목1 +	목2 +	보(형용사) +	괄호(부)
			~를	~게/로/도록	
They	made		him	their assistant.	
그들은	만들었다		그**를**	그들의 조수가 되**도록**	
I	made		the box	small.	
나는	만들었다		그 상자**를**	작**게**	

한글에서 동사 찾기 - 복잡한 한글에서 문의 동사 찾기

● 비법: 한글의 문의 동사는 항상 "~다"에 있다. ☞ p.5
한글에서 문의 동사는 "문의 주어"와 함께 연결하면 의미가 통한다.
예) 그는 ~죽었다 / 그 강아지는 다쳤다 / 우리가 공부한 내용은 ~ 6과였다

예1)
주어
(365백만 불을 기부한) Andrew는 ((사람들을 움직이는) 단 한 가지 방법은 ((타인이 원하는 것)에 관하여) 말하는 것)이다고 체득했다. ◀--- 문의 동사

문의 동사: 체득했다
문의 주어 찾기: 문의 동사와 맞는 주어를 찾는다.
(365백만 불을 기부한) Andrew는   ...체득했다   O
(사람들을 움직이는) 단 한 가지 방법은   ...체득했다   X

예2)
(겨울이 다가올 때), 우리는 (따뜻하고 쾌적하게 될) 방법을 <u>찾는다</u>. ◀--- 문의 동사
(As winter nears), we <u>look for</u> ways (to be warm and comfortable).
문의 동사: 찾는다
문의 주어 찾기: 우리는   ... 찾는다 O

예3)
(영국에 사는) 한 이태리 친구는 (그녀가 (그녀의 고향에) 갈 때마다) (그녀의 이태리 친구들이 그녀에게 그들에게 약간의 체다 치즈를 가져다주도록) 나에게 <u>말했다</u>. ◀--- 문의 동사
An Italian friend (in Britain) <u>told</u> me (that (every time she goes (to her home country)), her Italian friends ask her (to bring them some cheddar)).

문의 동사: 말했다
문의 주어 찾기: (영국에 사는) 한 이태리 친구는   ...말했다   O
        그녀의 이태리 친구들이   ...말했다   X

▲WHY?▲ hear 뒤에 of가 오는 경우의 해석: 목적어가 주어로 해석된다.

주 +	동 +목1 + 목2 +	보 +	괄호(보)
We	have all heard	(of babysitters)	(abusing small children).
우리는 모두	들었다	(아기 도우미들이)	(작은 아이들을 학대한다고)
We	have heard	(of a stranger)	(abusing a child) (before the parent's very eyes).
우리는	들었다	(이방인이)	(한 아이를 학대한다고) (그 부모의 바로 눈앞에서)

3 주의 할 목적어 찾기

3분비법

"목1 + 목2"의 순서: 두개의 순서를 바꾸면 안 된다.
목1은 괄호(부)로 쓸 수 있다. 예) "나에게 컴퓨터를" → "컴퓨터를 + 나에게"

 **혼동되는 목적어 찾기**: "목1 + 목2" 항상 순서로만 쓴다. ☞ p.173,

주 +	동 +	목1(간접목적어) +	목2(직접목적어) +	보 +	괄호(부)
		에게	을/를/다고/라고		
He	has taught	me	English		(for one year). O
He	has taught	English	me		(for one year). X

 **혼동되는 목적어 찾기**: "목1 + 목2"

● 비법: 목2에 that/wh~절이 오는 문의 동사
inform, show, tell, teach, assure, advise

목적어2가 that절이라서 영작/독해에서 혼동한다.

주 +	동 +	목1 +	목2 +	보 +	괄호(부)
He	told	me	(that he would marry my sister).		
He	taught	me	(how (to meet pretty girls)).		

● 비법: "목1 + 목2"와 "목2 + 괄호(부)" 차이 ☞ p.173/312

주 +	동 +	목1 +	목2 +	보 +	괄호(부)
I	gave	him	my computer.		
He	offered		a cup of coffee		(**to** me).
He	brought		the book		(**for** me).

 **혼동되는 목적어2 찾기**: 한글에 "에/와..."가 있지만 영어는 전치사가 없이 목적어가 바로 오는 동사가 몇 개 있다. <u>전치사가 불필요</u>하다.

| reach 에 도달하다 | marry 와 결혼하다 | discuss 대하여 토론하다 |
| mention 대하여 언급하다 | enter 에 들어가다 | attend/face 에 참석하다/직면하다 |

주 +	동 +	목1 +	목2 +	보 +	괄호(부)
The feud	**reached**		a climax		last week.
그 싸움은	도달했다		최고조에		지난주에

 **혼동되는 목적어2 찾기**: 목2가 부정사/동명사의 주어가 된다.

🔴 비법: 몇 개의 특별한 동사는 목적어가 주어로 해석되어 혼동된다.

특별한 동사 + 목적어2+(to 동사/동사ing/동사ed)
　　　　　　은/는/이/가 + (...것)을/(...도록)

주 +	동 +	목1 +	목2 +	보 +	괄호(부)
I	asked		him		(**to** meet his brother).
나는	요청했다		그가		(그의 형을 만나도록)

| He | wanted | | me | | (**to** come). |
| 그는 | 원했다 | | 내가 | | (오도록) |

비교:
| He | wanted | | | | (**to** come). |
| He | went | | | | (to Paris). |

• 목적어가 가목적어/진목적어가 있어서 혼동되는 경우 ☞ p.158

　　　　　　　　　　　가목적어　　　진목적어
All employees considered　it　their job　(to clean the floor).
모든 종업원들은　　　　생각했다　　　　그들의 일이라고　(마루를 청소하는 것)을

4 주의 할 보어 찾기

3분비법
부사/괄호(부)가 보어로 쓰이는 경우가 있다.
영어의 형용사를 한글로는 부사로 해석하는 보어가 있다. 사역동사/지각동사 등

 혼동되는 보어 찾기 – 부사/괄호(부)가 보어가 된다. ☞ p.61

 혼동되는 보어 찾기

가. 영어는 형용사이지만 한글은 부사로 해석하는 <u>보어</u>가 있다. "주 + 동 + 목 + **보**"
 ● 비법: 몇 개의 영어의 동사만 해당한다. 사역동사와 기타 동사 ☞ p.86

  make 시키다   have 시키다   let 놔두다   find 발견하다

```
주 +        동 +목1 +목2 +            보어(형)           목2 +      부사
I      will have    my house      clean.             내 집을   깨끗하게
You    should have  your room     clean and tidy.    너의 방을  깨끗하게
You    should not let your animals loose here.       너의 동물들을 여기에 돌아다니도록
You    should let   my belongings alone.             나의 소지품을 홀로 있게
I             made  the doll      small.             그 인형을  작게
```

```
주 +     동 +     목1 +     목2 +    보 +        괄호(부)
우리는    만들었다            그것을   부드럽게    …부사(한글)
We       made              it      softly      …부사        X
We       made              it      soft        …형용사(영어) O
```

나. 영어는 형용사이지만 한글은 부사로 해석하는 <u>보어</u>: "주 + 지각동사 + <u>보어</u>"
 ● 비법: 지각동사만 이 경우에 해당된다. look, smell, sound, taste, feel

```
주 +         동 +    목1 +  목2 +   보 +           괄호(부)
그 집은       보인다                 아름답게       …부사(한글)
The house   looks                 beautifully.   …부사        X
The house   looks                 beautiful.     …형용사(영어) O
```

연습문제

1. 단어의 의미를 읽고 뒤에 "을/를" 이 올 수 있는 것만을 골라 보세요.

(1) believe   믿다
(2) blame   비난하다
(3) buy   사다
(4) carry   옮기다
(5) catch   잡다
(6) complete   완성하다
(7) consider   간주하다
(8) control   조정하다
(9) create   창조하다
(10) cut   자르다
(11) demand   요구하다
(12) describe   적다, 기술하다
(13) desire   바라다
(14) discuss   토론하다

2. 단어의 의미를 읽고 뒤에 "을/를" 이 올 수 있는 것만을 골라 보세요.

(1) run   운영하다
(2) call   부르다
(3) drive   운전하다
(4) fly   날려주다
(5) borrow   빌리다
(6) change   교환하다
(7) clean   깨끗하게 하다
(8) learn   배우다
(9) lend   빌려주다
(10) discover   발견하다

3. 단어의 의미를 보고, 뒤에 "목2 + 보어" = "을/를" + "게/로/도록/라고(다고)"가 올 수 있는 동사들을 골라 보세요.

(1) ask…for   요구하다
(2) appoint   지명하다
(3) believe   믿다
(4) call   부르다
(5) consider 간주하다
(6) declare   선포하다
(7) elect   선출하다
(8) think   생각하다

4. 다음 단어의 뒤에 "~가 + (… 게/로/도록/라고(다고))"가 올 수 있는 동사를 골라 보세요.

(1) find   알다
(2) watch   보다
(3) make   시키다
(4) have   시키다
(5) get   시키다
(6) help   돕다
(7) let   놔두다

5. 괄호 속의 영작 순서가 1가지 실전순서가 아닌 것만 골라 번호를 적어 보세요.
   1가지 실전순서 = 괄호(부)+ 주+동+목1+목2+보+괄호(부)

(1) (내가 먹고 있는) 이 피자
(2) (내가 그것을 먹고 있을 때),
(3) (커피콩들을 먹는) 그 동물들
(4) (그 고양이들에게 먹힌) 커피콩들
(5) (그 개가 매일 라면을 먹는 것)
(6) (내 방에서)
(7) (그녀가 이곳에서 살던) 때
(8) (내가 너를 만났던) 날
(9) (그녀가 말한) 이유

6. 영어의 실전순서로 적을 때 필요한 문의 동사를 영어로 적어 보세요.

    괄호(부) + 주 + 동 + 목1 + 목2 + 보 + 괄호(부)

(1) David는 돈이 필요했다.
(2) 나는 수학이 재미있다.
(3) Matthew는 가을이 좋다.
(4) 나는 물이 필요하다.
(5) 나는 축구가 좋다.
(6) 나는 이 인형이 좋다.
(7) 나는 교과서들이 필요하다.
(8) 한국인들은 그를 대통령으로 선출했다.
(9) 우리들은 그것을 부드럽게 만들었다.
(10) 나는 축구를 하는 것이 싫다.
(11) 나의 삼촌은 어제 나에게 책 다섯 권을 사주셨다.

7. 괄호(명)만을 찾아보세요.
    Hint: 한글의 괄호(명)는 조사 앞에 있다.

(1) Sam이
(2) 이 책들은
(3) (물을 마시는) 이 동물들은
(4) (내가 매일 마시는) 이 물은
(5) (내가 매일 운동을 하는 것)은
(6) (내가 어제 마신 것)은
(7) (내가 어제 먹은 것)에 대하여
(8) (어제 잡은) 그 새는
(9) (기름진 음식을 매일 먹는) 사람들은
(10) (공부를 열심히 하지 않는) 학생들은

8. 한글을 영작할 때 필요한 문의 동사를 영어로 적어 보세요.

   Hint: 영어의 1가지 실전순서

   괄호(부) +   주 +   동 +   목1 +   목2 +   보 +   괄호(부)

(1) 수철이는 학생이다.
(2) 나는 책을 읽는다.
(3) 나는 그것이 작게 보인다.
(4) 수철이는 멍청하게 보인다.
(5) 우리는 동물원에 있다.
(6) 지금 7시입니다.
(7) 우리는 그녀를 선생님이라고 불렀다.
(8) 너는 나를 미치게 만드는구나.
(9) 나는 그 열쇠를 탁자 위에 놓았다.
(10) 우리는 그를 대표로 선출했다.

9. 동사의 해석이 "되다"의 표현이 들어가지 않는 것만 골라 보세요.

(1) His eyes grow darker.
(2) It grew cold.
(3) They helped him get ready.
(4) It goes bad quick.
(5) I would go mad.
(6) It came clean.
(7) They turned out all right.
(8) I end up angry.
(9) He appeared to be out last Monday.
(10) It remains open.
(11) He stays sober.
(12) He keeps awake.

10. 목적어가 있는 문의 번호를 적어보세요.

   Hint: 영어의 1가지 실전순서

   괄호(부) + 주 + 동 + 목1 + 목2 + 보 + 괄호(부)

(1) It tastes nice.
(2) It tastes like a fish.
(3) What does it sound like?
(4) He looks different in his new tie.
(5) It feels soft.
(6) He felt his body go limp.
(7) It feels warm.
(8) It tastes delicious.
(9) He looks differently at the matter.
(10) He hastily tasted it.

11. 주어진 단어를 이용하여 영작할 때 목적어가 있는 문의 번호를 적어보세요.

	주어진 단어
(1) 그는 영리하게 보인다.	look
(2) 그 빵은 맛있는 냄새가 난다.	smell
(3) 그는 피곤하게 되었다.	grow
(4) Mark는 선생님이 되었다.	become-became
(5) Sam은 경찰이 되었다.	become-became
(6) Sam은 피곤하게 되었다.	grow, tired
(7) Sam은 당황하게 되었다.	get, upset
(8) 그는 경찰이 되었다.	become-became
(9) 그녀는 늙게 되었다.	get, old
(10) 그녀는 더 늙게 되었다.	older
(11) 그는 아프게 되었다.	sick
(12) 그는 피곤하게 되었다.	tired
(13) 그는 당황하게 되었다.	upset
(14) 그의 노래는 아름답게 들렸다.	sound
(15) 그것은 달콤하게 맛이 났다.	taste
(16) 그것은 더럽게 냄새가 났다.	smell

12. 영작한 것이 맞으면 O, 틀리면 X를 해 보세요.

(1) 한 개의 작은 상자　　　　　a small box
(2) 그 강아지　　　　　　　　　the puppy
(3) 키 작은 사람들　　　　　　short people
(4) 한 개의 큰 상자　　　　　　a big box
(5) 이 (내가 사랑하는) 강아지　 this puppy (that I love)
(6) 네가 원하는 것　　　　　　what you want
(7) 그녀가 사는 것(buy)　　　　what she buys
(8) 그녀가 원하는 것　　　　　what she wants
(9) 그녀가 갖기를 원하는 것　　what she wants to have
(10) 그가 의사가 아니라는 것　 that he is not a doctor

13. 문의 동사를 적어 보세요.

(1) They live in Seoul.
(2) When I was there, it was summer.
(3) Lipstick contains antiseptics; thus, it may help to prevent transference of germs during a kiss.
(4) Why is talking so important?
(5) Bad things don't seem so bad when you share them.
(6) You have probably noticed that bad things don't seem so bad when you share them.
(7) You can tell a family member about them.
(8) It is how we share feelings.
(9) It is how we really learn to understand each other.
(10) If you do not believe talking is important, think of hearing those three little words, "I love you!"

14. 문의 주어를 적어 보세요.

(1) There are some animals.
(2) We went to New Zealand to study English.
(3) She cried (because she did not get it).
(4) When you sit down with a friend, what matters is that you have a real friend who will listen.
(5) Why does talking help so much? People need people. It is simple.
(6) Talking is how we get in touch with the people around us.
(7) When her favorite teacher called on her, she did not know the question.
(8) Then, she realized that she had left her new sweater in the lunchroom.
(9) When she went back to look for it, she discovered it was gone.
(10) By the time she got home, she was in tears.

15. 문의 동사를 적어 보세요.
    Hint: 문의 동사는 괄호의 밖에 있다.

(1) I met her (at seven o'clock).
(2) It tastes awful.
(3) (In a bizarre case), Judge Judy called a hearing the following day.
(4) (With perfect timing), Peter blurted, ("I did not kill Debbie)."
(5) (In less than two hours), they were back (with a sentence) (of death).
(6) Here is a good example (of (how talking helps)).
(7) Jennifer is a teenager. She thought (it was the worst day).
(8) She had found out (that her boy friend was giving a party and had not invited her).
(9) She was upset about it. She was not listening (in class).
(10) Kalief Rollins took home a $10,000 grand prize (from the National Youth Entrepreneurship Competition) (for his business) (selling custom T-shirts) (with inspirational designs).

16. 영어의 1가지 순서와 해석이 맞으면 O표, 아니면 X표를 해 보세요.

	주 +	동 +	목1 +	목2 +	보 +	괄호(부)
(1)	He	brought	me	a book.		
	그는	가져다주었다	나에게	한권의 책을		
(2)	He	brought		the book		(for me).
	그는	가져다주었다		한권의 책을		(나를 위하여)
(3)	He	brought		it		(to me).
	그는	가져다주었다		그것을		(나에게)
(4)	He	brought		it		(for me).
	그는	가져다주었다		그것을		(나를 위하여)
(5)	I	made		it	small.	
	나는	만들었다		그것을	작게	

17. 맞는 영작을 찾아보세요.

(1) 그는 슬프게 보인다.
   ① He looks sad.
   ② He looks sadly.

(2) 그의 얼굴은 어리게 보인다.
   ① His face looks youngly.
   ② His face looks young.

(3) 그것은 다르게 보인다.
   ① It looks differently.
   ② It looks different.

(4) 나는 (네가 만났던) 그 아이를 어제 만났다.
   ① I met the kid (you had met) yesterday.
   ② I met the kid yesterday (you had met).

(5) 나는 2년 전에 미국에 갔었다.
　　① I went to America two years ago.
　　② Went to America two years ago.

(6) 이 피자는 좋게 냄새가 난다.
　　① This pizza smells good.
　　② This pizza smells goodly.

(7) 나는 그 음식을 냄새를 맡았다.
　　① I smelt the food.
　　② I smelt the smell food.

(8) 그분은 (축구를 하는 것)을 좋아 하신다
　　① He likes (to play soccer).
　　② He likes play soccer.

(9) (내가 만난) 그 분이 나에게 과일을 (7시에) 사주셨다.
　　① The man (I met) bought me fruit (at seven).
　　② (I met) the man bought me fruit (at seven).

(10) 우리는 그곳에 7시에 도착했다.
　　① We there (at seven o'clock) arrive.
　　② We arrived there (at seven o'clock).

(11) 무슨 책들을 너는 좋아하니?
　　① What books do you like?
　　② What do you like books?

(12) 너는 이 하얀 작은 집에서 사니?
　　① Do you live in this white small house?
　　② Do you live this in a white small house?

18. 문의 동사로 be동사를 쓰는 문에 O표, 아니면 X를 해 보세요.

(1) 그것은 초콜릿이다.
(2) 그녀는 리포터이다.
(3) 그 분이 나의 영어 선생님이었다.
(4) 내가 본 그림은 피카소가 그린 그림이다.
(5) 그는 내 손목을 잡았다.
(6) 나는 나의 눈을 뜬 채로 유지했다.
(7) 나는 내 입술들을 열었다. ("말을 시작했다"는 의미)
(8) 그가 (나의 방에) 들어왔다.
(9) Matthew가 사고 싶어 하는 인형이 저것이다.
(10) 그것이 내가 먹을 것이다.
(11) 그것이 내가 먹은 것이다. 그녀는 그녀가 본 것을 좋아했다.
(12) Sam 은 그가 나에게 전화할 것을 약속하였다.
(13) Sam 은 그가 집에 가야만 한다고 나에게 설명하였다.
(14) 우리들은 전쟁을 피할 수 있을 것이라고 믿었다.

19. 사역동사만을 골라보세요.

(1) I need textbooks.
(2) I left it open.
(3) They kept me awake.
(4) I painted the wall white.
(5) The man bought me fruit.
(6) There are three computers.
(7) Do let him decide for himself.
(8) Let him decide for himself.
(9) Let me help you.
(10) (In the autumn of 1993), he ridiculed a politician (by the name (of James Park)).

20. 맞는 영어표현은 O표, 아니면 X를 해 보세요.

(1) (내가 매일 우유를 마시는 것)
    (that I drink milk every day)

(2) (내가 마시는 것)
    (what I drink)

(3) (내가 매일 과일을 먹는 것)
    (that I eat fruit every day)

(4) (내가 매일 먹는 것)
    (what I eat every day)

(5) (과일을 먹는 것)
    (eating fruit)

(6) (과일을 먹는 것)
    (to eat fruit)

(7) (내가 먹는) 과일
    fruit (that I eat)

(8) (내가 과일을 먹는) 때
    time (when I eat fruit)

(9) (내가 과일을 먹을 때)
    (when I eating fruit),

(10) (내가 과일을 먹을 때)
     (when eating fruit),

이것을 알면 끝
수식어/한정어를 적는 영어의 순서가 끝난다.

1. 명사를 수식/한정하는 순서
- **영어** – 단어는 명사의 앞/괄호(형)는 명사의 뒤

한정사 + 강조부사 + 형용사 + **명사** + 괄호(형)

- **한글** – 명사를 수식하는 것은 100% 명사 앞에만 온다.

2. 형용사를 수식하는 강조부사 – 형용사의 앞
- **영어** – 부사 + 형용사/ 비교– be + 형용사 + 괄호(부)
- **한글** – 부사 + 형용사

3. 부사를 수식하는 부사 – 부사의 앞
- **영어** – 부사 + 부사
- **한글** – 부사 + 부사

4. 동사를 수식하는 부사, 괄호(부) – 문의 끝/처음/중간

5. 주의 할 보어의 순서
    영어의 보어(형)가 한글의 부사로 해석 될 때

E. 한정어/수식어의 위치

- 한정어/수식어는 항상 정해진 위치에 쓴다.

1. 명사를 한정/수식하는 순서
2. 형용사를 수식하는 부사/괄호(부)의 위치
3. 부사를 수식하는 부사의 위치
4. 동사를 수식하는 부사/괄호(부)의 위치

1 명사를 한정/수식하는 한정사/형용사/괄호(형)의 위치

3분비법
영어의 명사를 수식/한정하는 단어는 항상 명사와 붙여 쓴다.
영어의 단어는 명사의 앞/ 괄호(형)는 명사의 뒤에 쓴다.

한정사 + 형용사 + **명사** + 괄호(형)

❶ 명사 앞의 한정/수식어의 순서

● 비법: 영어　명사를 수식/한정하는 <u>단어</u>는 명사의 <u>앞</u>에 온다.
　　　　　　　명사를 수식하는 <u>괄호((형)</u>는 명사의 <u>뒤</u>에 온다.
　　　　　한글　모든 수식어/한정어는 <u>항상 명사의 앞</u>에만 온다.

예) a very small **house** (where I live)　(내가 사는) 한 채의 아주 작은 **집**

전 한정사 +	중 한정사 +	후한정사 +	강조부사 + 형용사 +	**명사**	+ 괄호(형)
All	a(an)	숫자	very　small	house	(관계사절)
both	the				(to 동사)
half	this(that)				(동사ing)
	these(those)				(동사ed)
	소유격(my... Sam's)				(전치사 + 명사)
All	my			**brothers**	
	a		very　small	**house**	(where I lived)
		three	different	**tools**	(to buy)

● 비법응용1: 한정사는 항상 100% <u>명사의 앞</u>에 온다. 한글과 순서가 거의 같다.
한글 - 두 잔의 커피　　　　　영어　- coffee two　　　　X
　　　　　　　　　　　　　　　　　　- two coffees　　　　 O

● 비법응용2: 같은 종류의 한정사는 <u>절대 한 번에 같이 쓸 수 없다</u>.
그 하나의 집　　　　　a the house　　　　X
나의 그 집　　　　　　the my book　　　　X
모든 두 사람　　　　　I like <u>all both people</u>.　X

 **명사 앞에 오는 형용사의 순서**: 여러 개의 형용사가 있을 때의 순서

● 비법: 형용사의 종류에 따라 정해진 순서로 쓴다.

크기 +	신/구 +	색 +	재료 +	**명사**
small	old	white	wood	house
big	new	black	plastic	box

 예외의 순서: 형용사가 명사의 뒤에 오는 순서

- 영어의 형용사가 명사의 뒤에 온다. - 특별한 명사

● 비법1: 항상 <u>명사 뒤</u>에 형용사/괄호(형)가 오는 명사가 있다.
명사 + 형용사/괄호(형)

명사 ~thing/~body/~one의 예

~thing:	everything	something	anything	nothing
~body:	everybody	somebody	anybody	nobody
~one:	everyone	someone	anyone	no one

　　　　　　　　　　　　명사　　+　형/괄호(형)
아름다운 것　　　　　　<u>something</u> **beautiful**　　O　　beautiful something X
(내가 아는) 모든 사람들　<u>everybody</u> **(I know)**　　O　　I know everybody　X

주 +　　동 +　　목1 +　　목2 +　　보 +　　　　　　　　　　　　　괄호(부)
This　　is　　　　　　　　　　　<u>something</u> **(that I do not like)**.
이것이　이다　　　　　　　　　　것　　　　　(내가 좋아하지 않는)

▲**고질병 치료** ▲한국인들이 가장 많이 혼동하는 영어의 순서
한국인들이 가장 많이 혼동하는 영어의 순서 중 하나는 명사 뒤에 오는 형/괄호(형)의 순서이다.
한글 → 명사를 한정/수식하는 모든 것이 <u>명사 앞</u>에 온다. 또 명사 앞에서 한정/수식어의 위치가 비교적 자유롭다.
영어 → 정해진 1가지 순서대로만 써야 한다. 많은 한국인들은 <u>명사의 뒤</u>에 오는 형용사/괄호(형)를 어려워한다.
한글　　　　　　(내가 살았던) + 그 작고 하얀 + 집
영어의 순서　　그 작고 하얀 + 집 + (내가 살았던)
영어　　　　　the small white **house** (where I lived)

- 영어의 형용사가 명사의 뒤에 온다. - 특별한 형용사
- 비법2: 보통 형용사는 명사의 앞에 오지만, 몇 개의 형용사는 명사의 뒤에 온다.

- 명사의 **뒤**에 올 수 있는 특별한 형용사

old 나이든	tall 큰	thick 두꺼운	wide 넓은	deep 깊은
high 높은	long 긴	galore 푸짐한	elect 선출된	involved 연루된

예) 명사 + 형
17 <u>years</u> **old**   17살
<u>president</u> **elect**   선출된 대통령

- 명사의 **앞/뒤**에 올 수 있는 형용사 - 위치가 달라도 **같은 의미**이다.
available 이용할 수 있는/유용한   following 뒤에 오는/다음의   possible 가능한   enough 충분한

예)   형 + 명
the most recently **available** <u>data</u>   가장 최근에 유용한 data
       명 + 형
the Beatles <u>catalog</u> **available** (on the Internet)   (인터넷에서) 이용할 수 있는 비틀즈 카탈로그

- 명사의 **앞/뒤**에 올 수 있는 형용사 - 위치에 따라 **의미**가 다르다.

	명사의 **앞**에 올 때의 의미	명사의 **뒤**에 올 때의 의미
present	현재의	참석한
concerned	염려하는	관계하고 있는
certain	어떤	확실한
late	전/사망한	늦은
ill	나쁜	아픈
responsible	책임이 있는	책임지는

예)
   형 + 명
my **present** <u>boss</u>   나의 **현재의** 상사

  명 + 형
<u>people</u> **present** (at this meeting)   (이 모임에) **참석한** 사람들

- 예외의 순서 – 특별한 형용사/부사는 순서를 바꾼다.
- 비법3: "quite, rather, so/as, such"와 "a/an"이 같이 오면 예외의 순서가 된다.

- "quite/rather/such/what" + a/an + 명사
- "so/as" + 형용사 + a/an + 명사
- too+ 형용사 + a/an + 명사

- many + a + 명사
Many a boy has showed up at the meeting.

주의: rather만은 정상과 예외의 두 가지 순서가 가능하다.
a + rather + big + house
rather a big house

정상 순서:	한정사 +		부사 +	형용사 +	명사
예외 순서:	부사(quite/rather) +		한정사(a/an) +	형용사 +	명사
	부사(so/as) +		형용사 +	한정사(a/an) +	명사
		형용사(such) +		한정사(a/an) +	명사

He is too clever a boy to do such a stupid thing.   한 너무 영리한 아이
He is as important a political figure as I.   한 아주 정치적으로 중요한 인물

예1) rather (부사) +   a +   형용사 +   명사
      rather   an   easy   question
      꽤   한 개의   쉬운   질문

예2) so/as (부사) +   형용사 +   a   +   명사
      so   small   a   camera
      그렇게(아주)   작은   한대의   카메라

예3)   such (형용사) + a +   명사
                    such   a   fool
                    그러한   한명의   바보

- 111 -

2. 형용사를 수식하는 부사/괄호(부)의 위치

3분비법
영어 – 형용사를 수식하는 <u>부사</u>는 형용사의 앞에 온다.
영어 – 형용사를 수식하는 <u>괄호(부)</u>는 형용사의 뒤에 온다. → "문의 끝"

- <u>부사</u>의 위치: 영어 – 형용사를 수식하는 부사는 항상 형용사의 앞에 온다.
  한글 – 한글의 모든 수식어는 앞에만 온다.
- 비법: 이 규칙은 영어와 한글이 똑 같아서 한글을 생각한대로 영어로 쓴다.

수식하는 부사 + 수식받는 형용사
very   strange   아주 이상한
absolutely   beautiful   매우 아름다운

예1) 주 +   동 +   목1 + 목2 +   보 +   괄호(부)
     It   is   very strange.
     그것은   다   아주 이상한

예2) 주 + 동 +목1 + 목2 + 보 +   괄호(부)
     They have a bouquet (of red roses) (that are absolutely beautiful).
     그들은 가지고 있다 한 송이의 (빨간 장미)를   (매우 아름다운)

예3) 괄호(부), +   주 +   동 +목1 +목2 +   보 + 괄호(부)
     Here (in this restaurant), roast duck   is   simply delicious.
     여기에서 (이 식당에서),   구운 오리는 다   아주 맛있는

- 괄호(부)의 위치: 영어 – 형용사를 수식하는 괄호(부)는 형용사의 뒤 – "문의 끝"
  한글 – 한글의 모든 수식어는 앞에 온다.

주 +   동 +   목1 + 목2 +   보 +   괄호(부)
I   am   satisfied   (with the results).
나는   다   만족한   (그 결과들에)

3 부사를 수식하는 부사의 위치

3분비법
영어의 부사를 수식하는 <u>강조부사</u>는 항상 부사의 앞에 쓴다. 강조부사 + 부사 한글도 같다.

- 부사의 위치: 영어 – 부사를 수식하는 부사는 항상 <u>부사의 앞</u>에 온다.
  한글 – 한글의 모든 수식어는 앞에만 온다.
- 비법: 이 규칙은 영어와 한글이 똑 같아서 한글을 생각한대로 영어로 쓴다.

수식하는 부사 + 수식받는 부사
very   +   much
아주   많이

예1) 주 + 동 + 목1 + 목2 + 보 +   괄호(부)
     Thanks   <u>very much</u> (for your time today).
     감사합니다.   아주 많이 (오늘 당신이 시간을 내 주셔서)

예2) 주 + 동 +목1 +목2 + 보 +   괄호(부)
     He   is   <u>very much</u> prepared (to do this kind of work).
     그는 다   아주 잘 준비되어 있는   (이러한 종류의 일을 하기에)

▲고질병 치료▲ 부사는 도대체 문의 어디에 오나?
부사의 종류에 따라 다르다. 또 여러 곳에 오는 부사들도 있다.

- 문의 끝: 동사를 수식하는 부사   "에/에서"로 끝난다.
- 문의 처음: 접속부사와 문 전체를 수식하는 부사
- 문의 중간: 빈도를 나타내는 부사는 동사의 앞/be동사의 뒤.   often meet/ was often
- 형용사의 앞: 강조하는 부사는 문의 위치에 관계없이 형용사/부사의 앞에 온다. a <u>very</u> fat girl

4 동사를 수식하는 부사/괄호(부)의 위치

3분비법
영어의 동사를 수식하는 단어는 부사/괄호(부)이다.
동사 수식 괄호(부) - 문의 끝, 동사 수식 부사 - 문의 끝/중간

- 영어에서 동사를 수식하는 부사의 위치
- 비법

- 문의 끝	- 동사를 수식하는 영어의 부사/괄호(부)는 주로 문의 끝에 온다.
- 문의 중간	- 동사의 앞/be동사의 뒤
- 문의 처음	- 주로 문의 전체를 수식한다.

예1) 주 +   동 + 목1 + 목2 + 보 +   괄호(부)/부사

I   have worked   hard (for three years) (in a research office) (in Kenya).
I   always work   10 hours a day.

예2) 괄호(부), +   주 +   동 + 목1 + 목2 + 보 +   괄호(부)

Surprisingly, we   had lived   (in a small house) (for 10 years).
놀랍게도,   우리는 살아오고 있었다   (한 조그만 집에서) (10년 동안)

- 한글에서 수식어의 위치
- 비법: 한글의 모든 수식어는 100% 수식되는 것의 앞에만 온다.

한글	영어
부사 + 동사	동사 ... 부사
열심히 일했다	worked hard
괄호(부) + 동사	동사 ... 괄호(부)
(그 집에서) 산다.	live (in the house)

연습문제

1. 영어의 순서로 나열해 보세요.

(1) 상자 하나
(2) 그 상자
(3) 아름다운 상자 하나
(4) 5개의 아름다운 상자들
(5) 나의 아름다운 신부
(6) 모든 사과
(7) 나의 모든 사과
(8) 나의 사과 두개
(9) 예쁜 아이 한명
(10) 큰 빌딩 하나

2. 영작의 순서로 나열한 것이 맞으면 O표, 아니면 X를 해 보세요.

	영작의 순서
(1) 나의 가족	나의 가족
(2) 아름다운 꽃들	아름다운 꽃들
(3) 그 늙은 남자	그 늙은 남자
(4) 그 작은 강아지	그 작은 강아지
(5) (신문을 읽는) 그 노인	(신문을 읽는) 그 노인
(6) (내가 아는) 그 신사	(내가 아는) 그 신사
(7) 나의 사랑스러운 가족	나의 사랑스러운 가족
(8) 나의 두 동생들	나의 두 동생들
(9) (내가 먹을) 감자	감자 (내가 먹을)
(10) (내가 머물) 집	(내가 머물) 집
(11) (내가 공부하는) 학교	(내가 공부하는) 학교
(12) (내 아빠가 일하시는) 사무실	(내 아빠가 일하시는) 사무실
(13) (내가 사는) 아파트	(내가 사는) 아파트
(14) (내가 그를 만난) 곳	(내가 그를 만난) 곳

3. 밑줄 친 부분의 문에서의 위치가 맞으면 O표, 아니면 X를 해 보세요.

(1) Not surprisingly, his circle (of friends) was shrinking.

(2) Occasionally, I would lure friends (to my room).

(3) The kid is young too for school.

(4) He is terrified of crossing the bridge illegally.

(5) He later attended the Tokyo Auction School.

(6) It is impossible to learn everything about it all at once.

(7) Without work, I have no way to support myself.

(8) I meet friends at a local health club about three or four times a week.

(9) Nearly a million migrant children in the United States with their families from job to job every year.

(10) The amount actual of money needed to finance the operation of national government is staggering.

4. 밑줄 친 한글의 영작이 맞으면 O표, 아니면 X를 해 보세요.

(1) 그것은 <u>나의 집</u>이다.
　　my house

(2) 그것은 <u>나의 작은 집</u>이다.
　　my small house

(3) 그것은 <u>나의 아주 작은 집</u>이다.
　　my very small house

(4) 그것은 <u>(서울에 있는) 나의 아주 작은 집</u>이다.
　　my very small in Soul house

(5) <u>아침에</u> 나는 찐 달걀 한 개와 베이컨을 먹었다.
　　in the morning

(6) <u>놀랍게도,</u> 나는 아침 5시에 깼다.
　　surprisingly,

(7) 나의 책이 어제 <u>그 책상 위에</u> 있었다.
　　the table on

(8) <u>내가 어제 읽은 나의 재미있는 책</u>이 그 책상 위에 있다.
　　I yesterday read my interesting book

이것을 알면 끝

문의 종류와 순서

모든 영문은 1가지 순서이다.
다르게 보여도 간단한 변형이다.

1. 평서문과 명령문 – 명령문은 동사부터 나오는 1가지 순서
2. 의문문 – 조동사나 동사가 주어 앞에 나오는 1가지 순서
3. 부정문 – 부정 표현이 있는 1가지 순서
4. 도치문 – 주로 "주어와 be동사"/"주어와 조동사"가 바뀐 순서
5. 감탄문 – 도치된 1가지 순서

F. 문의 종류와 순서

- 1가지 순서이다.

1. 평서문과 명령문
2. 의문문
3. 부정문
4. 도치문
5. 감탄문

1 평서문과 명령문   - 1가지 순서

●**3분비법**●

평서문과 명령문은 1가지 실전순서로 쓰는 대표적인 문이다.
평서문: 괄호(부) + 주 +   동 +   목1 + 목2 +   보 +   괄호(부)
명령문: 동 +   목1 + 목2 +   보 +   괄호(부)

 **평서문**

평서문은 마침표로 끝나는 문이다.

● **비법**: 영어는 아무리 긴 평서문이라도 1가지 실전순서이다. 예4) ☞ p.48

예1) 주 +   동 +   목1 + 목2 +   보 +   괄호(부)
      Kim   was   furious.
      Kim은   쓰다   성난

예2) 주 +   동 +   목1 +   목2 +   보 +   괄호(부)
      I   will bet   (that that person went out)   (to lunch).
      나는   확신할거다   (그 사람이 나간 것)을   (점심에)

예3) 주 +   동 +   목1 + 목2 +   보 +   괄호(부)
      I   arrived   (at the park).
      나는   도착하였다   (공원에)

예4) 주 +   동 +   목1 +   목2 +   보
      He   told   the boys and girls (in the neighbourhood)   (that (if they
      would go out and pull enough clover and dandelions (to feed the rabbits)), he
      would name the bunnies (in their honor)).
      그는   말했다   (인근에 사**는**) 그 소년과 소녀들에게   ((만약 그들이 나가서
(토끼들을 먹일) 충분한 클로버와 민들레들을 따면, 그는 (그들을 축하하여) 그 토끼들을 이름붙일 거**라고**)

 **명령문**

명령문은 "명령/제안/요청"에 사용한다.
● 비법: 명령문은 동사부터 시작하는 1가지 순서이다.

가. 명령문의 특징

• 명령문은 보통 주어 you가 생략된다.
부정을 사용하는 경우는 동사 앞에 not, never가 있다.

동 +	목1 +	목2 +	보 +	괄호(부)
Be			quiet!	

조용히 해!

Shut up!
입 닥쳐!

Ask me (where her mother is).
물어봐라 나에게 (그 여자 애 엄마가 어디 있는가)를

Close   the door, please.

Have   a cookie!

Don't teach   your grandmother (to suck eggs).
가르치지 마라   너의 할머니가 (달걀 속을 꺼내는 것)을
= 번데기 앞에서 주름잡지 마라.

• 명령문이라도 강조를 하는 경우는 주어인 you/do를 넣기도 한다.
You be quiet.   너(너희들) 조용히 해!

You stop talking.   너(너희들) 말하는 것을 멈춰!

Do stop.   I can't bear it!   그만둬! 그것을 견딜 수 없어!
Do stop.   I can't stand it!   그만둬! 그것을 견딜 수가 없어!

- 명령문은 조동사부터 시작하지 않는다.

조동사 +	동사	X
Must	read this.	X

- 명령문은 수동태로는 <u>안 쓴다</u>.

| Be surprised. | 놀라게 되세요. | X |

그러나 예외적으로 수동태를 사용하는 경우가 있다.
이 경우 수동태로 보여도 <u>수동으로 해석하지 않는다</u>.

Please be seated.	(교회, 법정에서) 앉으십시오.	O
Be prepared.	준비하십시오.	O
Get dressed.	옷을 입어라.	O

나. 주의 할 명령문: "~자"는 Let's로 표현한다.

- (Let + us + 동사 원형)

| Let's (= let us) prey. | 우리 기도합시다. |
| Let's just see (how it goes), shall we? | 그저 어떻게 되는지 두고 보자, 그렇게 할까? |

- 주의: 부정은 "let's not + 동사"이다.

Let's not talk (about it) now.
우리 말하지 말자 (그것에 대하여) 지금

다. 명령문이 서술문과 and/or로 연결되면, 해석은 (...면)으로 해석한다.
  🔴 비법: 명령문 + and/or + 서술문 = ...면, ...

| Study hard, | **and** | you will pass the exam. |
| 공부를 열심히 해라, | **그러면** | 너는 시험을 통과 할 거다. |

| Study hard, | **or** | you will not pass the exam. |
| 공부를 열심히 해라, | **아니면** | 너는 시험을 통과 못 할 거다. |

라. 명령문의 실제 응용의 예

- 상대에게 지시하는 글은 명령문으로 적는다.

예1) 주 +   동 +목1 +목2 +보 +   괄호(부)

   (You) Look   (at the letters) (on your desk) tomorrow.
         보세요   (그 편지들을) (당신의 책상 위에 있는) 내일

        Check up   each week (on the progress) (you are making).
        조사해라   매주에   (진행에 대하여) (네가 하고 있는)

예2) 주 +   동 +   목1 +   목2 +   보 +   괄호(부)

        Apply   these principles   (at every opportunity).
        적용해라   이러한 원칙들을   (모든 기회에)

- 실험/요리의 과정을 위해 지시하는 글은 보통 명령문으로 적는다.

예) 실험의 예

주 +   동 +   목1 +   목2 +   보 +   괄호(부)

        Pour   the peas   (into the beaker).
        부어라   그 콩들을   (그 비커에)

Carefully place   the sand   (on top) (of the peas).
조심스럽게 놓아라   그 모래를   (꼭대기에) (그 콩들의)

예) 요리의 예

주 +   동 +   목1 +   목2 +   보 +   괄호(부)

        Cut   the cabbage   (in half).
        잘라라   그 캐비지를   (반으로)

        Toss   the cabbage   (with 2 tablespoons (of the sugar)) (in a bowl).
        넣어라   그 캐비지를   (2개의 차 숟갈의 (설탕)과)   (사발에)

2 의문문 — 1가지 순서

3분비법

의문문은 물음표가 있다. (~까?)
비법1: 의문문 역시 1가지 순서이다.
비법2: 의문문에서는 조동사/be동사가 주어 앞에 있어서 도치의 순서이다.

의문문은 시작하는 단어에 따라 3가지로 구분한다.
● 비법: ①/②와 ③은 wh~만 빼면 같은 순서가 있다.

① 조동사로 시작하는 문   **조동사** + <u>1가지 순서</u> ?
② be동사로 시작하는 문   **be**   + <u>1가지 순서</u> ?
③ wh~(의문사)로 시작하는 문
   • wh~ +**조동사** + <u>1가지 순서</u> ?
   • wh~ +**be동사** + <u>1가지 순서</u> ?
   • wh~ +<u>1가지 순서</u> ?

④ 양자택일 의문문   <u>1가지 순서</u>... , **or** ...?
⑤ 부가 의문문

조동사를 쓰는 의문문

• **조동사가 있으면** 항상 조동사를 <u>문의 처음</u>에 써서 의문문을 만든다.

do/be/have/need/used to는 **조동사**이다.
비교: do/be/have/need/used는 동사로도 쓰인다.
will/would, can/could, shall/should, may/might는 **항상 조동사**이다.
"be going to"는 전체가 한 개의 **조동사**이다.

• 비교: be**동사**는 <u>문의 처음</u>에 오면 의문문을 만들 수 있다.

가, **조동사 "do"**를 쓰는 의문문과 **"be동사"**를 쓰는 의문문의 차이
   ● 비법: 조동사 do와 동사be의 선택 비법
한글의 "~니/~까"를 보고 동사를 구분한다.
   - do를 사용하는 표현   계획하니 plan   아니 know   원하니 want
                                  마시니?   잠자니?   말하니?

- be동사를 사용하는 표현   깨끗하니 clean   물이니 water   동물이니 animal
                          어둡니?   덥니?   게임이니?

● 비법: 한글에 동사가 있으면   → do로 의문문을 만든다.
       한글에 동사가 없으면   → be동사로 의문문을 만든다.

조동사 +	문의 1가지 순서					
조동사 +	주+	동+	목1+	목2+	보+	괄호(부)/부
Do	you	drink		coffee		every day?
	너는	마시니		커피를		매일

조동사 +	주 +	동 +	목1 +	목2 +	보 +	괄호(부)
	너는	계획하니		(한권의 책을 적을 것)을		
Do	you	plan		(to write a book)?		
	너는	아니?		(우리가 더 많은 휴일을 가질 거라는 것)을		(내년에)
Do	you	know		(that we will have more holidays)		(next year)?
	그녀는	원하니?		(정치가가 되는 것)을	→ 원하다 → 동사 – do(did/does) 사용	
Does	she	want		(to be a politician)?		
	너는	도대체 갖고나 있었니?	빨래 바구니를			(크리스마스를 위하여)
Did	you	ever get	a laundry basket			(for Christmas)?

나, 조동사(will/would...)를 쓰는 의문문

● 문의 순서
조동사가 있는 의문문은 조동사를 항상 문의 처음에 쓴다.

조동사 +	문의 1가지 순서					
조동사 +	주+	동+	목1+	목2+	보+	괄호(부)/부
Will	you	talk				(to her)?
거니	너는	말하다				(그녀에게)

- 조동사 will/can...을 사용하는 의문문 찾기
- 비법: 많이 쓰는 조동사와 의미는 정해진 한글표현이 있다.

~ㄹ거니?	미래	will(would)/shall(should) /must/be going to
~겠	의지	will(would)
	추측	will/would/shall(should)/may/might/must
~수 있니?	가능	can(could)
~도 되니?	허락	may
~주세요	요청	will(would)/could/might
~곤 했다	과거습관	would/used to

조동사 +	주 +	동 +	목1 +	목2 +	보 +	괄호(부)
ㄹ까	손님들이	도대체 보다		너를		(목장에서)
Will	guests	ever see		you		(on the ranch)?
시겠습니까?	당신은	두다		당신의 아기를		(로봇과)
Would	you	leave		your baby		(with a robot)?
수 있니	당신은	말하다		나에게		(그것에 대하여)
Can	you	tell		me		(about it)?

다, 기타 조동사를 쓰는 의문문: 진행/완료/수동태는 항상 조동사가 있다.
- 비법: 조동사가 있으면 항상 조동사를 써서 의문문을 만든다.

		조동사	동사
진행	–	**be** +	동사**ing**
완료	–	have(has)/had +	동사**ed** (과거분사)
		should have/would have +	동사**ed** (과거분사)
수동태	–	**be** +	동사**ed** (과거분사)
기타	–	be going to	동사

예1)   1가지 순서

조동사 +	주 +	동 +	목1 +	목2 +	보 +	괄호(부)
<u>Are</u>	you	**work<u>ing</u>**?				
있니	너는	일하고				

Isn't	that	**putting**	a lot (of responsibility)	(on the customer)?
하지 않니?	저것은	지우다	많은 (책임)을	(그 고객에게)
Are	governments	covering up	the truth	(about UFOs)?
니	정부들은	완전히 덮어 씌우	그 진실을	(UFO들에 대하여)

예2)   1가지 순서

조동사 +	주 +	동 +	목1 +	목2 + 보 +	괄호(부)
Have	you	**lived**			(in New York) before?
적이 있니	너는	산			(뉴욕에서) 전에
Has	environmentalism	**diminished**	your passion		(for hunting)?
쓰니?	환경주의가	약하게 하다	당신의 열정을		(사냥에 대한)

예3)   1가지 순서

조동사 +	주 +	동 +	목1 +	목2 + 보 +	괄호(부)
Is	Kim	**going to make**		any new friends	(besides Rowley)?
	Kim은	만들까?		다른 새로운 친구들을	(Rowley외)

 be동사를 쓰는 의문문

● 비법: 한글에 동사가 없으면 영어는 be동사를 쓴다. "be동사+ 주어…"의 순서
한글의 "~이니/이었니"는 무조건 be동사를 쓴다.   ☞ p.3
be동사가 처음에 나오면 주어 뒤에 동사는 없다.

액체니?   두껍니?   (네가 좋아하는 것)이었니?
물이니?   동물이니?

  1가지 순서

be 동사 +	주 +	(동*) +목1 +목2 +	보?	* be가 동사이므로 주어 뒤에 동사는 없다.
Are	you		Mr. Lee?	
Are	you		happy?	
Are	you	always	so late?	

 **wh~를 이용한 의문문**

예 ①, ②: wh~를 이용한 의문문   - be동사의 유무에 따라 달라진다.
예 ③: wh~가 주어인 예외의 순서
예 ④: wh~가 문의 중간에 있으면   - 간접의문문이 된다. 예외가 있다. ⑤

    wh~ + 조동사 +   문의 1가지 순서
① Wh~ + 조동사 +   주+   동+   목1+목2+보+   괄호(부)
   How often **must**   Congress   meet?
   얼마나 자주 ~야하니   국회는   만나

② Wh~ + be동사 +   주+   동+목1+목2+   보+   괄호(부)
   What   **is**   the capital   (of Korea)?
   무엇   이니   그 수도는   (한국의)

③ Wh~가 주어인 경우
   Wh~주 +   동+   목1+   목2+   보+   괄호(부)
   What movie   makes   you   sad?
   무슨 영화가   만드니   너를   슬프게

④ **Do** +   주 +   동 +   (wh~   주+   동+목1+목2+보+괄호(부))
   Do   you   know   (who   she   is)?
             너는   아니   (그녀가 누구인지)를

⑤ ④의 예외: wh~ + "do you think/suppose"의 순서
Wh~ +   **do** +   주어 +   동사+   (주+   동+목1+목2+   보+   괄호(부))
Why   **do**   you   think   (it   is   correct)?
왜   너는   생각하니 (그것이 맞는다고)

가, wh~ + 조동사 + **문의 1가지 순서**?

wh~ +   조동사 +   주 +   동 + 목1 + 목2 + 보 +   괄호(부)
Why   did   so many banks   fail   (in the 2000s)?
왜   쓰니   그렇게 많은 은행들이 망하다   (2000년도에)

- 128 -

Why	did	you		leave	the UFO project?	
왜	쓰니	너는		떠나다	그 UFO 프로젝트를	
wh~ +	조동사 +	주 +		동 +	목1 +목2 + 보 +	괄호(부)
What	does	the acronym AIDS		stand		(for...)?
무엇을	니	그 약어 AIDS는		뜻하		
What	are	you		talking		(about...)?
무엇에 대하여	있니	너는		말하고		
What	are	you		hiding?		
무엇을	있니	너는		숨기고		

나, wh~ + be동사 + 문의 1가지 순서?

- be동사 뒤의 주어 명사/괄호(명)는 항상 주어이다.
- 비법: be동사 뒤의 명사/괄호(명)는 항상 주어이다.

wh~ +	be동사 +	주 +	(동) +목1 +목2 + 보 +	괄호(부)
What	is	the overseas shipping rate?		
얼마	니	그 해외의 선박 운송 가격은		
What	are	your views (on crop circles)?		
무엇	이니	너의 견해는 (농작물 원에 대한)		
wh~	be동사 +	주 +	(동) +목1 +목2 + 보 +	괄호(부)
Who	was	the politician (who received a box)	(stuffed)	(with money)?
누구	였니	그 정치가는 (한 상자를 받은)	(채워진)	(돈으로)

▲고질병▲ 주어가 어떤 것인가?
비법: wh~의문문에서 be동사 뒤의 명사/괄호(명)가 주어이다.

한글로는 의미가 같아도 영어의 해석이 문법적으로 정확하지 않는 경우:
When is it?   그것은 언제니?   O   언제가 그날이니?   X
When is your birthday? 너의 생일은 언제니? O   언제가 너의 생일이니?   X
Where are you?   너는 어디에 있니?   O   어디에 너는 있니?   X

wh~의문문에서도 be동사 뒤의 형용사는 항상 보어이다.
Which one is pretty? 어떤 것이 예쁘니?   O   예쁜 것이 어떤 것이니?   X
비교: This one is pretty. 이것은 예쁘다.

• 주의 할 wh~의문문
🔴 비법: be 동사 뒤의 형용사는 항상 보어이다.

wh~주 +	be동사 +	(동) +목1 +목2 +	보 +	괄호(부)
What	is		wrong	(with your computer)?
What	is		funny?	
Which one	is		small	(between the two)?
어떤 것이	니		작은	(2개 중에서)

• 주의 할 wh~의문문
전치사 뒤에 의문대명사가 올 수 있다.

예1) 괄호(부) +   주(wh~)+ 동+ 목1+ 목2+   보+   괄호(부)
     (From whom) did   he   receive the check? (누구로 부터) O (누구를 부터) X
     (누구로부터)   그는   받았니 그 수표를?

예2) 괄호(부) +   주(wh~)+ 동+ 목1+ 목2+   보+   괄호(부)
     (At what time) should   I   go   there?
     (몇 시에) 야하니   나는   가   그곳에

다, Wh~가 주어인 의문문

• wh~가 주어인 영어의 특징
🔴 비법: wh~부터 1가지 순서이며, 조동사가 있으면 조동사와 동사가 붙어 있다.

예1) 주(wh~)+   동+   목1+   목2+   보+   괄호(부)
     Who   stole   the money?
     누가   훔쳤니   그 돈을

예2) 주(wh~)+   동+   목1+   목2+   보+   괄호(부)
     What   will happen? ← 조동사와 동사가 붙어 있다.
     무엇이   일어날까?

- **wh가 주어인** 한글의 특징
- 🍎 비법: wh~에 주격조사가 있다. 누<u>가</u> 어떤 것<u>이</u> 어떤 책<u>이</u> 무엇<u>이</u> 무슨 영화<u>가</u>

예1) 주(wh~)+   동+   목1+   목2+   보+   괄호(부)
      어떤 책**이**   기술했니?   그 발명을
      <u>Which book</u>   <u>described</u>   the invention?

예2) 주(wh~)+   동+   목1+   목2+   보+   괄호(부)
      어떤 정치적인 당**이**   통제하니   각 (상하)원을   (미국 국회의)
      <u>Which political party</u> <u>controls</u>   each house (of the U.S. Congress)?

예3) 주(wh~)+   동+목1+목2+보+   괄호(부)
      (정부의) 어떤 여성 우두머리**가**   알려져 있니   ("철의 여인"으로)
      <u>Which female head (of government)</u> is <u>known</u>   (as the "Iron Lady")?

라, 간접의문문

- 간접의문문의 영작 – Do ...(wh~...)?   (wh~)는 괄호(명)이다.

- 🍎 비법: (wh~)의 질문이 <u>문의 중간</u>에 나오면 간접의문문이다.

의문문: What happened?   무엇이 일어났니?
간접의문문: Do you know (**wh**at happened)? 너는 아니 (무엇이 일어난 **지**)를

예) 괄호(부) + 주 +   동 +   목1 +   목2 +   보 +   괄호(부)
              너는   아니   (그녀가 누구인**지**)를
                                        (주+ 동+목1+목2+보)
    Do   you   know   (who she is)?

              너는   아니   (이것이 누구의 책인**지**)를
    Do   you   know   (whose book this is)?

              그녀는   좋아했니   (그녀가 본 **것**)을
    Did   she   like   (what she saw)?

• 주의 할 간접의문문의 순서

🔴 비법응용: (wh~...)가 문의 처음에 오는 간접의문문
- 동사 think/suppose/guess/believe/say는 특별한 순서이다. wh~ + do + ( )?
- say는 두 가지 문형이 가능하다. do + (wh~)? /wh~ + do + ( )?

예1)   주+   동+   목
           당신은   생각하십니까?   (내가 누구라고)
What do   you   think   (I am)?

예2)   주+   동+   목
           너는   생각하니   (J. Edgar Thomson이 철 레일을 어디에서 샀다고)?
Where do   you   suppose   (J. Edgar Thomson bought steel rails)?

예3)   주+   동+   목
           당신은   말했나요   (어떤 것을 그 사람들이 택해야 한다고)?
Which did   you   say   (they should take)?
=   Did   you   say   (which one they should take)?

 **양자택일 의문문**

질문에 콤마와 or를 사용하여 질문을 하며, 대답은 yes/no로 할 수 없다.

예1) 조동사 + 주 + 동 +   목1 +   목2 +   보 + 괄호(부)
      Would you   like   chocolate, vanilla, or strawberry ?
             당신은 원하세요? 초콜릿 (향), 바닐라(향), 또는 딸기(향)를

예2)   조동사 + 주 + 동 +목1 + 목2 +   보 + 괄호(부)
      Which ice cream would   you   like?   Chocolate, vanilla, or strawberry ?
      어떤 아이스크림을   당신은 원하세요? 초콜릿(향), 바닐라(향), 또는 딸기(향)을

예3)   조동사 + 주 + 동 +   목1 +   목2 +   보 + 괄호(부)
      Which ice cream would   you   like?
      어떤 아이스크림을   당신은 원하세요?

 **부가의문문 (Tag question)**

문의 끝에 본문과 반대되는 꼬리(tag)를 붙여 의문문을 만든다.

가. 일반동사의 부가의문문: 콤마+ don't/do, didn't/did +주어?

예1)   콤마+   do/don't +주어
You love me,   **don't you?**
너는 나를 사랑하지,   그렇지 않아?

예2)
You don't love me, **do you ?**
너는 나를 사랑하지 않지, 그렇지?

나. be동사/조동사가 있는 부가의문문

                                            콤마+ be +주어
It's his job. → It's his job, **isn't it?**
He isn't your cousin. → He isn't your cousin, **is he?**

                                          콤마 + 조동사 +주어
You have met my daughter. → You have met my daughter, **haven't you?**
You haven't met my daughter. → You haven't met my daughter, **have you?**
You won't leave them alone. → You won't leave them alone, **will you?**

다. 주의: have가 있는 부가의문문
● 비법: have가 소유의 의미이면 2가지 의문문이 가능하다.

주+   동+   목1 +   목2 +   보 + 괄호(부)
You   **have**n't   any money,   **have you?**
You   don't **have**   any money,   **do you?**

라. 명령문의 부가의문문: 항상 will, shall만을 쓴다.
Do it now, **will you?**
Do it now, **won't you?**
Let's have lunch together, **shall we?**

3 부정문 - 1가지 순서

3분비법
부정문 - 문에 부정의 표현이 있다.
부분부정: all ~ not/no , not ~ always → 전부/항상 ~것은 아니다.

❶ 부정의 표현이 들어간 부정문

• 영어의 부정의 표현: no, not, never, hardly, scarcely, seldom, barely
부정표현의 해석: "않다/아니다/못 한다/없다"

예1) 주 +   동 +   목1 +   목2 +   보 +   괄호(부)
      No strings   attached.
      아무런 줄이 붙어 있지 <u>않다</u>.

예2) 주 +   동 +   목1 +   목2 +   보 +   괄호(부)
      Our tree didn't produce   the kind (of big, sweet, peachy mangoes).
      우리들의 나무는 생산하지 <u>않았다</u>   그 종류의 (크고, 달고, 복숭아 같은 망고들)을

예3) 주 +   동 +   목1 + 목2 + 보 +   괄호(부)
      I had **never** heard   (of Samuel Kang).
      나는 결코 들은 적이 <u>없었다</u>   (Samuel Kang에 대하여)

예4) 주 +   동 +   목1 +   목2 +   보 +   괄호(부)
      I   can't wait.
      나는   기다릴 수 없어

예5) 괄호(부) +   주 +   동 +목1 +목2 + 보 +   괄호(부)
      (As a result),   drivers **seldom** know   (what they are going to do).
      (결과로),   운전자들은 거의 알지 <u>못 한다</u> (그들이 하려고 하는 것)을

- 주의: 혼동하는 부정문
- 비법: scarcely와 hardly를 "가까스로"로 해석하면 혼동하지 않는다.
"가까스로 ㅆㅆ다"가 괄호(부)보다 빠른 순서이므로 과거완료이다.

가까스로 ㅆㅆ다	(~때/~전에)
scarcely ~	(when/before ...)
hardly ~	(when/before ...)

예1) 주 +   동 +   목1 +   목2 +   보 +   괄호(부)
     I   had scarcely done   it   (when he came home).
     나는   가까스로 했었다   그것을   (그가 집에 왔을 때)

예2) 주 +   동 +   목1 +   목2 +   보 +   괄호(부)
     I   had hardly swallowed   it   (when he saw me).
     나는   가까스로 삼킬 수 있었다   그것을   (그가 나를 보았을 때)

 부분부정

- 비법: no/not과 같은 부정이 "all /always"와 같이 있다.

가. all ~ not   전부가 ~것은 아니다. O   전부가 ~지 않는다.   X

주 +   동 +   목1 +목2 + 보 +   괄호(부)
All the people (living) (in this village)   are **not**   (from Korea).
모든 사람들이   (사는)   (이 마을에)   아니다   (한국에서 온 것은)

나. always ~ not   항상 ~것은 아니다 O   항상 ~이 아니다.   X

주 +   동 +   목1 +   목2 + 보 +   괄호(부)
I   do **not always** drink   water   (whenever I am thirsty).
나는   항상 마시는 것은 아니다   물을   (내가 목이 마를 때마다)

4 도치문 - 1가지 순서

3분비법
문의 1가지 순서가 아닌 것은 도치문이다.
- be동사가 주어 앞에 나온 문   be + 주어 ...
- 조동사가 주어 앞에 나온 문   조동사 + 주어 ...

❶ 도치문1: 의문문은 도치문이다.

● 비법: 주어 앞에 조동사/be동사가 오는 의문문은 도치문이다.

조동사 + **주어** + 동 + 목1 + 목2 + 보 + 괄호(부)
be동사 + **주어** + X + 목1 + 목2 + 보 + 괄호(부)

예1)   조동사 + 주 +   동+   목1+   목2+   보+   부사
        How   do   ants   get   home?
        어떻게 니   개미들은 도착하   집에

예2)   조동사 + 주 +   동+목1+   목2+   보+   괄호(부)
        Are   you   going to write   any more non-fiction books?
        너는   쓸 거니   어떤 더 많은 넌 픽션 책들을

❷ 도치문2: "there is/are/here is/are~"는 "동사 + 주어..."로 도치이다.

● 비법: be동사 대신 "seem, appear, come, go, remain, live"를 쓰기도 한다.
there is/are/seems...   + 주어 →   ~이 있다/보인다
here is/are   + 주어 →   여기에 ~이 있다

예1)   동사 + 주어+   목1+   목2+   보+   괄호(부)
        There are   three people   (in this room).
        있다   세 사람이   (이 방에)

예2)　　　　동사 +　　주어+　　　　　목1+　　목2+　　　보+　　　괄호(부)
There　　　seems　(to be a big party)　　　　　　　　　(over there).
　　　　　　보인다　(큰 파티가 있는 것)으로　　　　　　　　(그곳에)

예3)　괄호(부) +　　　　　　　　동사 +　　주어+　　목1+목2+ 보+　　괄호(부)
　　　(Once upon a time) **there**　**lived**　a very poor man (whose surname was Gong).
　　　(옛날 한 때에)　　　　　　　살았다 +　(성이 Gong인) 아주 가난한 한 남자가

❸ 도치문3: "so/부정표현" + "조동사/be동사 + 주어"로 도치이다.

부정 표현 → no, no sooner...than, not, not only ... but also, neither, nor, never, hardly, scarcely, seldom, rarely, barely

예1) 주 +　　동+　　　목1 +　　목2 +　　　　　　　보 +　　괄호(부)
　　 You　　have　　a little less hair　　　　　　　　(than the last time (I saw you)).
　　 너는　　가지고 있다　약간 적은 머리를　　　　　　(지난번 보다 (내가 너를 본))

　　 So　　do　　　　　　you.
　　 so +　　조동사 +　　　　주어
　　 그렇게　가지고 있다　　　너도

예2) 주 +　　　　동+　　목1 +　　목2 +　　　　　　보 +　　괄호(부)
　　 Rex　did not like　the muzzle,
　　 Rex는　좋아하지 않았다　그 재갈을

and **neither**　　did　　　　　　　I.
　　 neither +　　조동사 +　　　　주어
　　 않았다　　　좋아하지　　　　나도

예3) 주 +　　　　　　　　　　　　　　　동+　　목1 +목2 +보 +　　괄호(부)
　　 Neither Groening **nor** Brooks　　cooperated　　(with the book), and
　　 Groening이나 Brooks는 ~않았다　　　협력하다　　(그 책으로) 그리고

　　 neither　　did　　　writer-producer Sam Simon.
　　 neither +　　조동사 +　　주어
　　 않았다　　　협력하다　　저자-프로듀서인 Sam Simon도

예4)   be조동사 + 주어 +   동사
There were no educational programs, (**nor** were the inmates allowed (to work)).
아무런 교육적인 프로그램이 없었고,   (또한 피수용자들은 허락되지 **않았다** (일하는 것)이

예5)   be동사 + 주어+ (동사) + 목1 + 목2 + 보 +   괄호(부)
Not only   were   they   certain (that the trial had been unconstitutional);
뿐 아니라   그들은   확신했을 (그 재판이 비헌법적이었다고);
            they also believed (Sam might be innocent).
            그들은 역시 믿었다   (Sam이 무죄일거라고)

예6)   be동사 + 주어+   (동사) + 목1 + 목2 +   보 +   괄호(부)
Not only   was   the company's bid   short-sighted,
but   it   was also opening up security vulnerabilities (in computers).

예7)   조동사 +주어 +   동사 + 목1 + 목2 + 보 +괄호(부)
No sooner had he   seen   his son (than his son touched the monkey).
더 빨리 못   그는   **보았었**다   그의 아들을 (그의 아들이 그 원숭이를 만지는 것보다)
= 그는 (그의 아들이 그 원숭이를 만지는 것보다) 그 아들을 더 빨리 보지 못했었다.

예8)   조동사 +주어 + 동사 + 목1 + 목2 + 보 +   괄호(부)
Never had she   seen   a man (age)   as rapidly (as Eugene).
결코 ~않았었다 그녀는 보지   한 사람이 (나이가 든 것)을   그렇게 빨리 (Eugene처럼)

예9)   조동사 +주+   동 + 목1 +   목2 + 보 +   괄호(부)
Hardly   had Charles   eaten   his meal   (**before** he went to school).
가까스로   Charles는   먹었**었**다   그의 식사를   (그가 학교를 가기 전에).

* hardly - "가까스로"

 **도치문4**: 주어 앞에 있는 괄호(부)/부사는 도치이다.

괄호(부)가 주어 앞에 나오면 동사와 주어가 바뀌기도 한다. - 많지 않음
● 비법: 주어 앞의 "괄호(부)/부사"는 보통 콤마로 구분한다.
괄호(부)/부사, + 주 + 동 + 목1 + 목2 + 보 + 괄호(부)   예1)/예2)
괄호(부)/부사, + 동 + 주 + 목1 + 목2 + 보 + 괄호(부)   예3)

가. 콤마가 있는 "부사/괄호(부)"

예1) 괄호(부), + 주 + 동+목1 +목2 +보+ 괄호(부)
부사, 부사
Fortunately, I went (to see this man) there.
운이 좋게도, 나는 갔다 (이 사람을 보기 위하여) 그곳에

예2) 괄호(부), + 주 + 동+목1 +목2 + 보 + 괄호(부)
(After leaving the paper (in 2005)),
　　　　　Peter　　　was　　　a chief investigator (**for** an Education Department-sponsored study) (**of** human trafficking (in Japan)).
(그 신문을 떠난 후에 (2005년에),
　　　　　Peter는　　　이었다　　　조사장 (한 교육부 지원의 ((일본에서 일어나는) 인신매매에 대한) 연구를 위한)

예3) 괄호(부), + 동+ 주 + 목1 + 목2 + 보
(On the roof) stood a man.
(지붕 위에) 서 있었다 한 남자가

나. 콤마가 없는 "괄호(부)/부사"
　　빈번히 주어 앞에 쓰이는 "괄호(부)/부사"는 콤마를 생략하기도 한다.

괄호(부), + 주 + 동+목1+목2+보+ 괄호(부)
(**Last year**) he flew (to Seoul, Korea), (using money (he had been saving) (to buy a piano).
(지난해) 그는 날아갔다 (한국의 서울로), (돈을 사용하였다(그가 저축하여 왔던) (한대의 피아노를 사기 위하여)
=(지난 해) 그는 한국의 서울로 날아가서, (그가 (한대의 피아노를 사기 위하여) 저축하여왔던) 돈을 사용하였다.

  도치문5: 주어 앞에 보어가 오면 도치이다.

이러한 도치문은 문학작품에서나 보는 예로 빈번하지 않다.

보 + 동 + 주
Great was her spirit (to leave her country).
대단한 쓰다 그의 정신은 (그녀의 국가를 떠나는)

5 감탄문

3분비법
감탄문은 3가지 형식으로 쓸 수 있다. 의문문/what ~/how ~

 의문문과 같은 순서의 감탄문: 감탄문으로 yes/no 답이 없고, 끝을 내린다.
Wasn't it beautiful!   그것은 얼마나 아름다웠는지?

 **What를 사용한 감탄문**: 문의 1가지 순서와 같다. 다만 보어가 도치된다.

			주 +	동
가. What +	a(an) 형용사 +	명사 +	it +	be
What	a beautiful	flower	it	was!
얼마나	아름다운	꽃	그것은	이었는지!
What	a lovely	day!		
얼마나	아름다운	날인지!		
나. What +	형용사 +	명사		
What	beautiful	roses!		
얼마나	아름다운	장미들인지!		

 **How를 사용한 감탄문**: 문의 1가지 순서와 같다. 다만 보어가 도치된 형태

		주 +	동 +	괄호(부)!
How +	형용사/부사+	it +	be !	
How	beautiful	it	was!	
얼마나	아름다운	그것은	썼는지	
How	kind	it	was	(of you) (to say so)!
얼마나	친절한		썼는지	(당신이) (그렇게 말하다니)
How	marvelous	those flowers	look!	
얼마나	훌륭하게	저 꽃들은	보이는지	

연습문제

1. 영작이 적당하면 O, 틀리면 X를 해 보세요.

(1) "spacecraft"는 무엇이니?　　　What is "spacecraft?"

(2) 너를 위한 그 책들에서 가장 재미있는 부분은 무엇이니?
　　What is the funniest part (in the books (for you))?

(3) 너는 누구니?　　Who are you?

(4) 어떤 가수 스타가 Thriller를 녹음했니?
　　Which singing star recorded Thriller?

(5) 나는 (그녀가 무엇을 원했는지)를 알지 못했어.
　　I didn't know (what she wanted).

(6) 너는 (왜 그가 불평을 하고 있는지)를 아니?
　　Do you know (why he is complaining)?

(7) 너는 나에게 (왜 그것이 일어났는지)를 말할 수 있지.
You can tell me (why it happened).

(8) 너는 매일 운동하니?
　　Do you work out every day?

(9) 다른 사람에게 상처를 주어서는 안 된다, 그렇지?
　　You mustn't hurt people,　must you?

(10) 얼마나 멍청이들인지!
　　　What idiots!

(11) 얼마나 너는 (키가) 큰지!
　　　How tall you are!

2. 문의 동사를 찾아 적어 보세요.

(1) What are the other criteria?
(2) What is government?
(3) What causes such diversity in the way world neighbors live?
(4) What other phenomena did you investigate in addition to UFO sightings?
(5) What were the results of your investigations?
(6) What sort of cases got into this 5% category?
(7) What do you think about this 5%? Could they be extraterrestrial spacecraft?
(8) What is really novel about this study is showing that they can actually produce these patterns in their cries?
(9) What is the number of the present Congressional term?
(10) What advantages do incumbent legislators have in elections?
(11) From what type of arrests are members of Congress protected while they are performing their legislative duties.
(12) How are you able to write about your government work?
(13) How often must Congress meet?
(14) How the toxins in dust get into your body depends on the size of the dust particle.
(15) Why have congressional staffs grown in recent years?
(16) Where does dust come from?
(17) Do you know that in soccer, when a player kicks at the ball, misses, and falls down, it's now called a Frasier?
(18) Have you never broken your heart over the holiest mysteries of our Christian religion?
(19) Haven't you signed the Official Secrets Act?

3. 주어와 동사를 적어 보세요.

(1) I don't know how to answer those questions.
(2) They consistently do not follow the rules (of the road).
(3) I noticed that he spoke English with an Australian accent.
(4) My assumption is that interest rates will soon fall.
(5) These stories teach us that we need to plant many seeds in order to grow one plant.

4. 동사를 적어 보세요.

(1) Never come again.
(2) Don't go away.
(3) Get out.
(4) Watch out.
(5) Stick around!
(6) Drain the cabbage and add it to the brine.
(7) Let's see how many of us are artists, shall we?
(8) Now tap the beaker (until the different materials are distributed evenly (throughout the beaker)).
(9) Check the height (of the mixture) now.
(10) Combine the garlic, ginger, kochukaru, fish sauce, soy sauce, shrimp, and remaining 1/2 cup sugar in a large bowl.
(11) Gather data on topic.
(12) Use historical information.
(13) Group information by characteristics.
(14) Look for directions.
(15) Read to discover why we have government and what they do.
(16) Make your forecast based on the direction of the trend you have identified.
(17) Hear what they have discovered in this controversial field
(18) What did you go that for?
(19) In whose name the reservation made?
(20) Which train should I take?
(21) What train should I take?

5. 해석이 적당하면 O, 틀리면 X를 해 보세요.

(1) I hardly know her. 나는 그녀를 거의 알지 못한다.

(2) You could hardly see her little arms.
    신은 그녀의 작은 팔들을 거의 볼 수가 없었을 거다.

(3) A polystyrene tile feels warm (because it hardly conducts any heat (at all)).
    폴리에틸렌 타일은 따뜻하게 느껴진다 (그것은 거의 어떠한 열도 전달하지 않기 때문에)

(4) Hardly had I got into the building, when it began to rain.
    나는 가까스로 그 건물에 들어갔었다 (비가 내리는 것을 시작했을 때)

(5) He seldom goes out. 그는 좀처럼 외출하지 않는다.

(6) The parents seldom took her out.
    그 부모는 좀처럼 그녀를 밖에 데리고 나가지 않았다.

(7) I scarcely know him. 난 그 사람을 거의 알지 못한다.

(8) I can scarcely see. 난 거의 볼 수가 없다.

(9) His voice was barely audible. 그 사람의 목소리는 거의 들리지 않았다.

(10) Scarcely had I said the word before she entered.
     나는 가까스로 그 말을 했었다 (그녀가 들어오기 전에)

6. 다음 영어의 밑줄 친 부분을 해석해 보세요.
(1) Do you know who Mr. Kim is?
(2) Let's see how many of us are artists, shall we?
(3) Why do you think this has become important in the organization of Congress?
(4) What describes the writing style (of author Gabriel Garcia Marques), Nobel Prize winner (for literature) (in 1982)?
(5) Take one (of these cards) (with you overseas) and keep it (on you) (wherever you go).

7. 밑줄 친 부분을 해석해 보세요.

(1) <u>Can</u> I get my shoes?
(2) <u>What</u> is government?
(3) <u>What do you think of</u> this painting?
(4) <u>What</u> do you suppose this is?
(5) <u>Who</u> would be most likely to use a "golden parachute"?
(6) <u>Which</u> of the following Supreme Court justices was appointed in 2006?
(7) <u>What</u> is the number of the present Congressional term?
(8) <u>What</u> of the following was not one of the Soviet political reforms introduced under Gorbachev?
(9) <u>What</u> is thought to be the primary cause of acid rain?

8. 해석이 적당하면 O, 아니면 X를 해 보세요.

(1) Let's not go to the theater.   우리 극장(영화관)에 가지 말자.

(2) Let's not be careless.   부주의하지 않도록 합시다.

(3) How kind she is!   그 여자는 얼마나 친절한지!

(4) How nice of him!   그는 얼마나 친절한지!

(5) How well she speaks!   그녀는 얼마나 말을 잘하는지!

(6) What a silly thing to do!   그것을 하는 것은 얼마나 어리석은지!

(7) What a wonderful birthday I am having!   내가 가지고 있는 생일은 얼마나 멋진지!

(8) What a man!   사람이라고!

이것을 알면 끝

품사의 특징을 배우는 이유: 영작과 독해에 응용

1. 명사/대명사/한정사 - 명사를 수식하는 것들의 순서는 일정하다.

2. 대명사 - 명사로 생각한다.

3. 한정사 - 영어/한글 - 한정사는 항상 명사의 앞

4. 동사/조동사 - 조동사는 항상 동사 앞에 온다.
   "겠"의 의미
   "ㄹ거"의 의미

5. 형용사/부사 - 형용사와 부사의 구별법

6. 전치사/접속사 - 전치사와 접속사의 구별법

G. 품사의 문법적 특성 총정리

- 응용하는 지식을 비법으로 배운다.

1. 명사/대명사/한정사
2. 동사/조동사
3. 형용사/부사
4. 전치사/접속사

1 명사/대명사/한정사

3분비법
명사: "을/를"이 붙을 수 있는 단어이다. 가산명사/불가산명사로 구분된다.
대명사: 명사와 거의 같은 문법적 특성이 있다. 인칭대명사/의문대명사…가 있다.
한정사: 몇 개의 정해진 단어만 있고, **꼭 정해진 순서**로 명사 **앞**에서만 쓴다.

 명사

가. 명사의 종류: 가산명사/불가산명사 ← 명사의 분류 중 문법적으로 가장 중요하다.

- 가산명사와 불가산명사의 문법적 차이

	가산명사		불가산명사	
수 붙이기	one car, two cars	O	one water	X
a/an 붙이기	a car	O	a water	X
s 붙이기(복수)	cars	O	waters	X
the 붙이기	the car, the cars	O	the water	O

- 불가산명사 찾기: 1개, 2개…로 <u>셀 수 없는 명사</u>

액체	water 물	coffee 커피	tea 홍차
	oil 기름	milk 우유	
셀 수 없이 많은 것	hair 머리	rice 쌀	powder 분말
	sand 모래	bean 콩	
덩어리	cheese 치즈	chocolate 초콜릿	
음식물/건축자재	bread 빵	wood 목재	cement 시멘트
	breakfast 아침	lunch 점심	dinner 저녁

자연의 물질	water 물	wind 바람	sunshine 햇살
언어	English 영어	Korean 한국어	Chinese 중국어
추상적인 관념명사	love 사랑 homework 숙제	hate 미움 knowledge 지식	beauty 미 information 정보
~ing로 된 명사	writing 쓰기 teaching 가르침	traveling 여행 fishing 낚시	learning 배움 hunting 사냥
여러 모양/크기가 모여 1세트인 것	furniture 가구	luggage 여행용가방 *	

* 설명: 가구 furniture나 여행용 가방 luggage는 1세트가 여러 개로 구성되어 있다.

- 불가산명사가 가산명사로 바뀌는 경우

● 비법1: 액체/덩어리도 용기(잔/병 등)에 넣거나 각각 포장하면 가산명사가 된다.

커피	a coffee	two coffees
홍차	a tea	two teas
초콜릿	a chocolate	two chocolates

● 비법2: 불가산명사라도 단위를 붙여 셀 수 있다 (…of)

단수		복수	
a piece	**of** advice/evidence	two pieces	**of** advice/evidence
a piece	of information	several pieces	of information
a glass	of water	two glasses	of water
a drop	of water	two drops	of water

예)
snow - snows X   1푸트 깊이의 눈 <u>a foot of</u> snow O
주+   동+목1+목2+보+   괄호(부)
The city was hit   (with a wintry storm Sunday) (that dumped more (than <u>a foot</u> <u>(of snow)</u> (in some areas))), (hampering travelers (heading home) and likely (deterring shoppers) (on the weekend) (before Christmas)).

- 주의 할 단수와 복수의 구분

  주의 할 단수 – s가 있어도 단수: 학교의 교과목, news

  주의 할 복수 – s가 없어도 복수: children, oxen, geese, criteria, phenomena, feet

나. 명사의 종류: the를 붙여 특별한 의미가 되는 명사

영어의 명사는 주로 ~ment, ~tion, ~sion, ~ure, ~ence, ~age, ~ence 등이 붙어 있지만, 다음과 같이 엉뚱한 것이 명사로 쓰이기도 한다.

- "the + 형용사" = ~사람들

the rich	= 부자들	the poor	= 가난한 사람들
the handicapped	= 장애가 있는 사람들	the blind	= 장님들
the brave	= 용감한 자들	the public	= 대중

- the + 형용사 = 명사

  the true 진   the good 선   the beautiful 미

- the + 보통명사 = ~ 가지는 힘

  the pen = pen이 가지는 힘   the sword = 칼이 가지는 힘

다. 명사의 종류: 혼동되는 명사: ~ing가 붙은 명사 – 사전에 명사로 나와 있다.

understanding	이해	traveling	여행	killing	살해
writing	쓰기	reading	읽기	listening	듣기
speaking	말하기	finding	조사, 발견	hunting	사냥
shopping	쇼핑	fishing	낚시		

라. 명사의 종류: 명사가 괄호(부)로 바뀌는 경우: 한글이 부사처럼 보일 수 있다. (전치사 + 명사)는 괄호(부)가 된다.

(전 + 명)   (전 + 명)

at ease 쉽게   at once 한번에

at last 마지막에   in detail 자세하게

마. 명사/괄호(명) 찾기
- 비법: 명사   - "을/를"을 붙여서 의미가 통한다.
          괄호(명) - "을/를"을 붙여서 의미가 통한다.

명사   - 물 water   - 물을

비교:
괄호(명)   - (물을 마시는 것)   - (물을 마시는 것)을
           =(to drink water)
           =(drinking water)

           (내가 물을 마시는 것)   - (내가 물을 마시는 것)을
           =(that I drink water)
           =((for me) to drink water)
           =(my drinking water)

바. 명사의 문법규칙

- 명사의 역할

- 문의 주어/목적어/보어/전치사의 목적어가 된다. ☞ p.52
- 동격이 된다.
Phillip Lee, a great writer, wrote many novels.
Phillip Lee는   위대한 작가인데,   많은 소설을 썼다.

- 뒤의 명사를 수식한다.
coffee shop   커피숍   TV commercial   TV 광고
air pollution   공기 오염   fashion model   패션모델
bookstore/bookshop   책방

▲고질병 치료▲ waters, two chocolates는 안 되나?
water는 복수가 안 되지만, 예외로 바다, 해역은 waters로 쓴다.
chocolate, coffee, tea도 셀 수가 없다고 하지만, 포장되거나, 용기에 담으면 셀 수 있다.
이러한 이유로 영어는 문에서 쓰이는 의미에 따라 명사가 가산명사인지 아닌지를 판단해야 한다.
- 셀 수 없이 많아도 1개씩 세면 가산명사가 된다.   a hair, two hairs
- 불가산명사도 포장되어 셀 수 있으면 가산명사이다.   a chocolate, two chocolates

• 명사의 수 – 단수/복수

🔴 비법: 영어의 모든 명사는 단수/복수로 구분된다.
가산명사 – 단수와 복수로 구분한다.
불가산명사 – 단수로 한다.

	단수	복수
가산명사	an apple/a box	apples/boxes
	a dog	dogs/two dogs/many dogs
불가산명사	water/love	X

🔴 비법: 영어는 항상 단수와 복수를 구분해야 하지만 한글은 문맥으로 알 수 있으면 단수를 복수 대용으로 써서, 한글의 단수를 그대로 영작하면 많이 틀린다.

예) 우리가 먹은 감자는 썩었다. – 이 문에서 감자는 "한 개의 감자" 또는 "감자들" 두 가지로 생각할 수 있다.   a potato 또는 potatoes

• 명사의 성 – 남성/여성/중성

영어의 명사는 "남성/여성/중성"으로 분류할 수 있다.
명사는 인칭대명사로 표시하려면 "성"이 꼭 필요하다.

Mr. Smith   = he
my daughter   = her
a book   = it

Mrs. Smith lent my daughter a book.   스미스 씨가 나의 딸에게 1권의 책을 빌려주었다.
He will return it to her tomorrow.   그는 그녀에게 내일 그것을 돌려 줄 것이다.

– 단어 자체가 성을 나타낸다. (앞이 남성, 뒤가 여성) – ☞ p.320
son –daughter   boy– girl   father–mother
actor–actress   uncle–aunt   brother–sister

– 남성/여성이 같은 명사
teacher   parent   doctor   musician
person   passenger   guest   owner

- one/those/they/you의 해석은 "사람/사람들/그들"로 해석할 수 있다.
이중 you를 사람들의 의미로 사용하는 것은 informal한 표현이다.

예1)　괄호(부) +　　　주 +　　동 +　　목1 +　　목2 +　　　　　보 + 괄호(부)
　　　(A year ago)　　Mark　talked up　medical bills (for those) (between 55 and 64).
　　　(1년 전에)　　　Mark는　흥미 있게 만들어 말했다 의료비를 (사람들에 대한) (55살에서 64살 사이의)

예2)　괄호(부), + 주 +　　　　　　　　　　　　　　　　동 +목1 + 목2 + 보 + 괄호(부)
　　　Perhaps　the most helpful comment (one can offer) is　　　　(that this book underlines the basic truth) (about eyes)).
　　　아마도　(사람이 줄 수 있는) 가장 도움을 주는 의견은　　　이다　　(이 책이 (눈들에 대한) 그 기본적인 사실을 강조한다는 것)

예3)　주 +　　　　동 +　목1 +　목2 +　보 +　괄호(부)
　　　You　should work　　　　　　　　hard (to support your family).
　　　사람들은 일해야 한다　　　　　　열심히 (여러분들의 가족을 부양하기 위하여)

- 주의: 한글과 다른 명사의 성 구분 – 한글과 다른 영어의 성이 있다.

여성명사
● 비법: 영어는 사람/동물이 아니어도 "여성"으로 하는 명사가 있다.

배　　　　　　　　the Titanic (타이태닉 호- 배 이름)
기차　　　　　　　the Oriental Express
항공기의 이름　　　Korean Airlines
국가　　　　　　　Korea

The train leaves 7 o'clock.　　　She looks very dirty.　　　O
　　　　　　　　　　　　　　　He/It looks very dirty.　　X

중성명사
● 비법: 성 구별이 안 되거나 모르는 것은 보통 중성이다.
door 문　　　　　sky 하늘　　　water 물　　　baby/ infant 갓난아기
Can I hold it?　　　　　　내가 그 애기를 안아 볼 수 있을까요?
Who is it?　　　　　　　누구시지요? (문에서 누군가 노크를 했을 때)

- 명사의 격 – "주격/목적격/소유격"으로 나눈다.
- 영어는 주격/목적격이 같지만 인칭대명사/의문대명사는 다르다. ☞ p.156
- 보격은 주격을 쓴다. 한글은 주격과 보격이 다르다. 예) 주격 - 그가, 보격 - 그이다.
- 전치사의 뒤는 목적격을 쓴다. 예) It is on me. on 전치사 뒤에 목적격 me가 옴.

	주격	목적격	보격	소유격
영어	Sam	Sam	Sam	Sam's
한글	Sam은	Sam을	Sam이다	Sam의

예)   주 +   동 +목1 +목2 +   보
Sam은 한국인이다.   Sam   is   Korean.
그들은 Sam을 좋아한다.   They   like   Sam.
그가 Sam이다.   He   is   Sam.
이것은 Sam의 책이다.   This   is   Sam's book.

- 명사의 소유격: 영어의 소유격은 2가지로 만든다.

- 명사's   Mark's → Mark의   Sam's → Sam의
주로 사람의 소유격은 's로 하지만, 시간, 장소, 자연, 국가나 도시의 소유격은 of로 할 수 있다. 예) Mark's face, a day's work, the cafe's coffee

주 +	동 +	목1 +	목2 +	보 +	괄호(부)
Mark's face	bears		an uncanny resemblance		(to his more famous sibling).
Mark의 얼굴	가지고 있다		한 신비한 유사점을		(그의 더 유명한 형제에 대해)

- ~ (of 명사): 사물의 소유격을 만든다. the impact (of war)/all part of the plan
a/the를 쓰고 싶을 때는 of를 쓴다. Debbie Lee's the murder   X
                                       the murder (of Debbie Lee) O ☞ p.108

주 +	동 +	목1 +	목2 +	보 +	괄호(부)
Gandhi	was			a champion	(of the poor).
Gandhi는	이었다			한 옹호자	(가난한 사람들의)

● **비법응용1**: 소유격의 해석은 "의"로 하면 대부분 그 의미를 추측할 수 있지만 소유격을 장소 …등으로 해석할 때 주의 한다. 미국의, 그 사람의, 맥도날드의 식당

sixty percent (of those)   (그들의) 60%
president (of the United States)   (미국의) 대통령
Mcdonald's   Mcdonald의 식당
the dentist's   치과

예1) 주 +   동 + 목1 + 목2 +   보 +   괄호(부)
     It   is   a tale (of two brothers).
     그것은   이다   한 이야기 (두 형제들의)

예2) 주 +   동 + 목1 + 목2 +   보 +   괄호(부)
     One   is   president (of the country);
     the other   is   his half-brother.
     한 사람은   이다   대통령   (그 나라의)
     다른 한 사람은 이다   그의 배다른 형제

● 비법응용2: 주의 할 소유격 - 소유격이 동명사의 주어가 된다. ☞ p.244
→ 동명사의 소유격은 주로 문의 처음에 쓰인다.

<u>my</u> understandin<u>g</u> (why he has done it)   내가 ((그가 왜 그것을 했는지)를 이해하는 것)

- 한글/영어의 격 비교

영어: 명사의 격이 달라도 같은 단어를 쓴다.
     문에서 위치에 따라 격이 달라진다.

주 +   동 +   목1 +   목2 +   보
주격   목적격   목적격   보격
Sam은   Sam에게   Sam을   Sam이다

한글: 명사의 격에 따라 조사가 달라진다.

주격   목적격1   목적격2   보격
나는   나에게   나를   나이다

                 한글   영어의 격   한글   영어의 격 표현
                 명사   명사   인칭대명사   인칭대명사
주격   Sam은   Sam   나는   I
목적격1   Sam에게   Sam   나에게   me
목적격2   Sam을   Sam   나를   me
전치사의 목적격*   Sam   Sam   나   me
보격   Sam이다   Sam   나다   I
소유격   Sam의 *   Sam's   나의   my

* 설명: "~의"로 끝나는 형용사도 있다.   Korean 한국의   Japanese 일본의
                                    Chinese 중국의   family   가족의

 **대명사**

가. 인칭대명사

- 인칭대명사의 격
  - 비법: 영어의 명사는 격에 따라 <u>안 변하나</u>, 인칭대명사는 <u>변한다</u>. 인칭대명사가 보어이면 주격을 쓴다.

	주격	목적격	보격	소유격
영어	I	me	I	my
한글	나는	나에게/나를	나이다	나의

예)

	주 +	동 +목1 +목2 +	보
<u>나는</u> 한국인이다.	I	am	Korean.
그들은 <u>나를</u> 좋아한다.	They	like me.	
그가 <u>나이다</u>.	That	is	<u>I</u>.
(예외) 그가 <u>나이다</u>.	That	is	<u>me</u>.
이것은 <u>나의</u> 책이다.	This	is	<u>my</u> book.

- 주의 할 인칭대명사
  - you = 너/너희들
  - they = 그것/그것들/그들

	단수					복수				
	주격 은/는/이/가		소유격 ~의	목적격 ~에게 ~을/를	~것	주격 은/는/이/가		소유격 ~의	목적격 ~에게 ~을/를	~것
나	I	나는	my	me	mine	우리(들)	we 우리는	our	us	ours
너	you	너는	your	you	yours	너희들	you 너는	your	you	yours
그	he	그는	his	him	his	그들 그것들	they 그들은	their	them	theirs
그녀	she	그녀는	her	her	hers					
그것	it	그것은	its	it						

- 156 -

나. 의문대명사

	who, whom, whose		what		which		when, where why, how	
주격	who	누가	what	무엇이, 얼마	which	어떤 것이	when	언제
목적격	whom	누구에게/를	what	무엇을	which	어떤 것을	where	어디에
소유격	whose	누구의					why	왜
기타	whose	누구의 것					how	어떻게/얼마나
형용사			what	무슨	which	어떤		

- 의문대명사의 격
- 비법: 영어의 명사는 격에 따라 안 변하나, 의문대명사는 변한다.

- 주의 할 의문사 용법

- 주의1: what은 "얼마"의 의미가 있다.
What's the price?   가격은 얼마니?
What's the population of Korea?   한국의 인구는 얼마니?

- 주의2: 의문형용사의 용법
- 비법: "ㄴ"으로 끝나는 무슨 what, 누구의 whose, 어떤 which은 형용사이다. 형용사는 영어나 한글이나 항상 명사와 붙여 쓴다.

무슨 tv 프로그램   what TV program
어떤 tv 프로그램   which TV program

예1) 너는 어떤 컴퓨터를 사는 것을 원하니?

Which computer do you want to buy?   O
Which do you want to buy computer?   X

▲고질병 치료▲ We boys should learn this처럼 we와 boy를 같이 쓸 수 있나?

We와 boys를 같이 쓰면 불필요한 것을 덧붙인 것이 된다.
그러나 실제로는 구어체에서 쓰기도 한다.

예2) <u>무슨 종류의</u> 차들을 너는 좋아하니?
<u>What kinds</u> of cars do you like?　　　　　O
What kinds do you like cars?　　　　　　　X

- 주의3: when, where, why, how는 부사이다.
그러나 when/where는 명사로도 쓰인다.
명사의 예: when 언제/때, where 어디/장소

예1)	주 +	동 +	목1 +	목2 +	보 +	괄호(부)/부사
(From when)	did	you			stay	here?
(언제부터)		니	너는		머무	여기에서

예2)	주 +	동 +	목1 +	목2 +	보 +	괄호(부)
Where)	do	you			come	(from?)
어디로		니	너는		왔	부터

= 너는 어디 출신이니?

다. 주의 할 대명사 it

- it가 "날씨/명암/거리/시간"을 나타낼 때는, 영어의 주어는 it로 시작한다.
- 🍎 비법: it를 "날씨/명암/거리/시간"으로 해석하거나 해석을 안 해도 된다.

It is sunny today.　　　(날씨가) 오늘은 해가 비친다.
It is dark.　　　　　　(명암이) 어둡다.
It is two kilometers.　　(거리가) 2키로 이다.
It is two o'clock.　　　(시간이) 2시다.

- it는 "그것"이라는 의미로 쓰이기도 한다.

That's bad,　　　but **it** can be avoided.
그것은 안됐다.　　그러나 **그것은** 피하게 될 수 있어.

- it는 "가주어/가목적어"가 되며 it 뒤에 나오는 진주어나 진목적어를 나타낸다.
- 🍎 비법: 가주어 it는 "그/그것"으로 해석하지 <u>않는다</u>.
진주어/진목적어는 주로 to 동사/that명사절이다. 드물게 동사ing가 있다. - informal

- 가주어 it

예1) 가주어   진 주어
    It   is a very violent thing (**to do** such a thing)(to another person)).
          아주 난폭한 것이다.   ((다른 사람에게) (그러한 일을 하는 것)은

예2) 가주어   진 주어
    It   is important   (that you should do this work now).
          중요하다   (당신이 이 일을 지금 하는 것)이

예3) 가주어   진 주어
    It   is not worthwhile   (studying Greek)
          가치가 있지 않다   (그리스어를 배우는 것)이

예4) 가주어   진 주어
    It was obvious (to Tommy) (**that** he would not be allowed (to leave) (until he gave the cops something)).
    ((그가 그 경찰들에게 무엇인가를 주기 전까지) 그는 (떠나는 것)을 허락받지 못할 거라는 **것**)이 + (Tommy에게) 명백하였다.

- 가목적어 it: 주로 "부정사/(that...)"가 진주어를 표시한다.

                          가목적어   진목적어
You will probably find   it   difficult   (**to** apply these suggestions).
All employees   think   it   a good idea (**that** they will work tomorrow).

• it는 it ~ (that ...)로 강조 표현에 쓸 수 있다.
● 비법: it는 "바로 그것은/바로 그 사람은 ..." 등으로 해석한다.
관계사는 항상 that을 쓸 수 있다.

예1) 주 + 동 + 목1 + 목2 + 보
    It   was   Kevin (**that** talked (with Mark) yesterday).
    그 사람이 이었다   **바로** Kevin (어제 (Mark와) 말한).

예2) 주 + 동 + 목1 + 목2 + 보
    It   was   Kevin (**who** talked (with Mark) yesterday).
    그 사람이 이었다   **바로** Kevin (어제 (Mark와) 말한).

 **한정사**

가. 한정사의 종류와 순서
- 비법: 한정사는 정해진 몇 개의 단어만 있다.
한정사는 3가지 종류가 있으며, 이 3가지는 항상 순서대로 쓴다. ☞ p.108

전 한정사 + 중 한정사 + 후 한정사

나. 한정사의 문법 규칙

• 한정사의 역할
한정사는 항상 명사의 앞에서 명사의 의미를 한정한다.

book 책	- 어떤 책인지 알 수 없음
the book 그 책	- "책"이 "그 책"으로 의미가 한정되었다.
this book 이 책	- "책"이 "이 책"으로 의미가 한정되었다.

• 한정사를 적을 때 주의 할 사항
같은 종류의 한정사는 함께 쓸 수 없다.
한글과 영어가 똑 같이 한정사는 항상 명사의 앞에 온다.

		명사		
하나의	이	**상자**		
a	this	box	X	(a와 this는 같은 중 한정사)
this	one	box	O	

- 비법: 한정사/대명사로 쓰이는 단어 - "all 모두, both 둘 다, each 각자"

주 +	동 +		목1 +	목2 +	보 +
They	were	all			healthy.
그들은	쓰다	모두			건강한

• 한정사가 부사, 형용사와 함께 있는 경우의 순서: ☞ p.108

- 한정사 a/an의 문법 규칙

- a/an의 해석
- 🔴 비법: a/an은 한글로는 문맥에 따라 보통 "한 개, 한사람, 한 마리/한/어떤"으로 해석하지만, 한글로는 해석을 하지 않는 것이 더 자연스러울 때도 있다.
a man 한 사람/ 어떤 사람/어떤 사람
a difficulty 어려움 (한 개의 어려움 ?)

- 가산명사가 <u>단수</u>일 때만 a/an을 쓴다. 복수는 명사에 어미 ~s(es)를 붙이지만, 명사에 따라서는 다른 어미가 붙기도 한다. ☞ p.150
a computer – computers   a book – books   a dog – dogs
a teacher – teachers   a plumber – plumbers a Korean – Koreans

a computer   한 개의 컴퓨터   O
a computer<u>s</u>   한 개의 컴퓨터들   X

예1) 주 +   동 +   목1 +목2 + 보 +   괄호(부)
      A man   talks   (on his cell phone) (in Seoul, Korea).
      한 사람이 말한다   (그의 핸드폰으로)   (한국의 서울에서)

예2) 주 +   동 +   목1 +목2 + 보 + 괄호(부)
      Computer**s**   can be linked   together (in networks).
      컴퓨터들은   연결될 수 있다   함께 (네트워크에서)

- 가산명사라도 a/an을 안 쓰는 경우
2개의 명사가 대응으로 쓴 경우: mom and dad, day and night, tongue and cheek

- 불가산명사는 a/an을 쓸 수 없다: water, butter, love
water 물   O   a water 한 개의 물   X

예1) 주 +   동+   목1 +   목2 +   보 +   괄호(부)
      Water   can take   three forms, or states.
      물은   취할 수 있다   세 가지 형 또는 상태를

예2) 주 +   동+   목1 +   목2 +   보 +   괄호(부)
      It   can take   **the** form (of a liquid, a solid or a gas).
      그것은   취할 수 있다   (액체, 고체, 기체의) 형을

예3)   주 +   동+   목1 +   목2 + 보 +   괄호(부)
       You   will probably have seen   water   (in all its forms).
       당신들은   아마도 보게 될 경우가 있을 거다   물을   (모든 그것의 형태로)

- 불가산명사로 보여도 a/an을 쓰는 경우가 있다.
● 비법: 같은 단어라도 문맥에 따라 가산명사/불가산명사로 구분된다.
영어/한글의 문법이 달라서 한국인들이 가장 못하는 문법 중의 하나이다.

	가산명사	불가산명사
difficulty	문제	난관
business	회사	사업

예1)   주 +   동+   목1 +   목2 +   보 +   괄호(부)
       The country is facing   great economic difficulties.
       그 나라는   직면하고 있다   대단한 경제적인 문제들에

예2)   주 +   동+   목1 +   목2 +   보 +   괄호(부)
       Do you   have   difficulty   (getting up)?
       너는   가지고 있니   난관을   (일어나는데)

예3)   주 +   동+목1 + 목2 + 보 + 괄호(부)
       The majority (of small businesses)   go   broke (within the first three years).
       소규모 회사들의 대부분은   되다   파산한   (처음 3년 안에)

예4)   주 +   동+   목1 +   목2 +   보 +   괄호(부)
       You   can't mix   business   (with pleasure).
       당신은   섞을 수 없다   사업을   (재미와)

- 관용적으로 a가 붙는 표현: 주로 동사 make, take에 붙는 표현이 많다.
  make a living 생활을 유지하다   take a break 잠깐 쉬다   take a trip 여행을 하다

• 한정사 the의 문법 규칙
● 비법: 기본적으로 대화의 상대끼리 공유한다고 생각하는 정보는 the는 붙인다.
이러한 의미에서 주로 일상생활과 밀접하거나 관련이 많은 것은 항상 the를 쓴다.
the computer   그 컴퓨터 O   the water   그 물 O

- 문의 앞/뒤에 나온 명사를 가리키면 the "그"를 붙인다.

예1) 주 +　　　　　　　　동+목1 + 목2 +　　보 +　　　　괄호(부)
　　　One (of **the** students) was　　　worried　　 (about his little boy).
　　　한 사람(그 학생들의)은　　　이었다　　　우려한　　(그의 작은 소년에 대하여)

예2) 주 +　　　　　　　　동+목1 + 목2 +　　보 +　　　　괄호(부)
　　　The child　　　　　　was　　　　　　(under weight).
　　　그 아이는　　　　　　　쓰다　　　　　저체중인

예3) 동+　　　주 +　　목1 + 목2 + 보 +　　괄호(부)
　　 There is　　no difference (in geography) (between **the** two cities).
　　 없다　　　　다른 점이　　　（지리에서）　　（그 두 도시 사이에）

예4) 주 +　　　　동+　　목1 +목2 +보 +　　괄호(부)
　　 The river　　is polluted　　(by industrial and farming waste and sewage).
　　 그 강은　　　오염되어 있다　　（공장과 농업용의 폐물과 하수에 의해）

예5) 괄호(부) + 주 +　　　　　　　동+목1 +목2 +보 +　　괄호(부)
　　 (In some places),
　　　　　　special treatment is needed (to clean **the** water) (in **the** river).
　　 (어떤 장소들에서는),
　　　　　　특별한 처리가　　　　요구된다　　(그 물을 깨끗하기 위하여) (그 강에 있는)

- 한글은 "그"라고 하지 않아도 영어에서는 익숙한 장소/물건/자연은 보통 the를 쓴다.
● 비법응용1: 일상생활과 밀접한 집안 (가구/악기...)/가족/지역사회 (학교, 교회...)/ 사무실 등 매일 생활하는 공간에 있는 물건/장소/표현(시간, 계절 ...)

the kitchen　부엌　　　　the living room 거실
the window　창　　　　　the front door 앞문　　　the white board 칠판
in the evening 저녁에　　the present 현재　　　　the spring 봄

악기 the piano 피아노　　the flute 플루트　　　the violin 바이올린

예외: 운동 – soccer 축구　 basketball 농구　 tennis 테니스
play soccer O　　play the soccer X

- 163 -

주 +   동+   목1 +   목2 +   보 + 괄호(부)
Peter   discovered   his love (for music) (as a kid),   (while watching <u>a cat (play</u>
<u>the piano)</u> (in a Tom & Jerry cartoon)).

● **비법응용2**: 일상생활에서 친근한 주변의 명칭 – 빌딩, 호텔, 다리, 신문이름, 정당
The Empire State building, The Plaza Hotel, The Golden Gate Bridge, the New York
Times, the Democratic party   예외: 거리, 공원 Fifth Avenue, Hyde Park

- <u>일상생활에 가까운</u> 직업을 가진 사람들 – the doctor, the dentist

- <u>일상생활과 가까운</u> 자연현상 – the wind 바람   the weather 기후

- 서수/형용사의 최상급에 붙임: the tenth 열 번째, the smartest 가장 영리한
- 동물의 종을 대표하면 "the +동물의 단수"로 한다. the cat 고양이, the tiger 호랑이
<u>The cat</u> hates swimming. <u>고양이</u>는 수영을 싫어한다.

- 물이 연관된 대부분의 표현 – 강/호수 the Waikato river, the Lake Isle of Innesfree
- 복수의 표현: 국가 이름, 산맥 – the Philippines, the Alps
- the가 붙을 수 있는 표현들: 형용사의 최상급/관계사, of..., only, same 등 수식어
the prettiest girl, all of the men, half of the men, the only girl, at the sam time

예1) 주 +   동+   목1 +   목2 +   보 +   괄호(부)
     He   is facing   **the greatest** difficulties   (in his life).
     그는   직면하고 있다   아주 큰 문제들에   (그의 인생에서)

예2) 주 +   동+목1+목2+보+ 괄호(부)
Did you ever stop   (to think (that a dog is **the only** animal (**that** doesn't have to work)))?
당신은 멈춘 적이 있었니? ((개는 (삶을 위하여) (일할 필요가 없는) 단 한 마리의 동물이라고 생각하기 위하여)

예3) 주 +   동+   목1 +   목2 +   보 +   괄호(부)
     Mark and Peter   share   the **same** father.
     Mark와 Peter는   함께 가지고 있다   그 같은 아버지를

예4) 괄호(부) +   주 +   동+목1 +목2 +보 + 괄호(부)
     (During that course), **the** editor (of the magazine) talked   (to our class).
     (그 코스 동안에)   그 편집자는   (그 잡지의)   말했다   (우리의 반원들에게)

- 관용적으로 the를 안 쓰는 명사/표현들이 있다.

🍎 비법: 도시이름이나 장소는 the를 붙이지 않는다. Seoul, London

🍎 비법: 병명에는 붙이지 않지만, 흔한 병은 붙인다. - 감기, 독감, 두통, 열
a cold, the flu, a headache, a fever

🍎 비법: 목적의 표시 - the를 안 쓰면 그 장소에 가는 목적을 나타낸다.
(to school) to 학교 → (수업에)   (to church) to 교회 → (예배에)

| 주 + | 동 + | 목1 + | 목2 + | 보 + | 괄호(부) |

I usually go   (to school) (in the morning).
나는 보통 간다   (수업에)   (아침에)

- 관용적으로 the가 붙는 표현: 항상 the가 붙는다.
kick the bucket 죽다, make up the fire 불을 지피다

• 한정사 this/these, that/those의 문법 규칙

	단 수		복 수	
	this	that	these	those
형용사(한정사)	이	저, 그	이	저, 그
명사	이것	저것	이것들	저것들
부사	이렇게	그렇게		

- this/these, that/those가 한정사로 쓰이면, 영작을 할 때 혼동된다.
this/that + 단수명사   이 선물   **this** gift
these/those + 복수명사   이 선물들   **these** gift**s**

- this/that은 부사로 쓰일 수 있다.
Why do you come (to school) this early?   너는 왜 이렇게 빨리 학교에 오니?
I was not that big (at the time).   나는 (그 때에) 그렇게 크지 않았다.

- that는 문에 따라서는 특별한 의미로 쓰인다.
"그"의 의미: (in that city) 그 도시에서 (in those days) 그 시절에
이/오늘의 의미: (this month) 이 달에   (these days) 이 날들에 (요즈음에)

❷ 동사/조동사

3분비법
동사: 영어의 동사는 일반동사/be동사로 구분된다. 기타 동사 구분도 있다.
조동사: 조동사 1개는 비슷한 여러 의미가 있다. 예) will → ㄹ거/겠/~주시겠어요?
많이 혼동되는 조동사의 한글 의미
- ~ㄹ거   →   미래/추측
- ~겠   →   의지/추측

❶ 동사

가. 동사의 종류
   일반동사와 be동사/자동사와 타동사/사역동사/지각동사 등

- 일반동사/be동사

  - 일반동사: 예) have 가지다   do 하다   work 일하다   walk 걷다

  괄호(부) +   주 +   동+목1 +목2 +보 + 괄호(부)
  (Off of central Cuba's southern coast), hundreds (of islands) stretch   (into the Caribbean).
                                                              뻗어있다

  - be동사: ~(이)다/있다/되다

  괄호(부) +   주 +   동+목1 +목2 +보 + 괄호(부)
  (For him and other scientists),   the area is   (like a large-scale experiment).
  (그와 다른 과학자들을 위하여),   그 지역은 다   (큰 스케일의 실험과 같)

  - be동사와 be조동사의 차이: 동사 앞에 있는 것은 전부 조동사이다.

　　　　be조동사 + 동사
They **are** working (with Korean authorities) (to figure out (who they are)).
그들은 일하고 있다　　　(한국 당국과)　　　　(알아내기 위하여 (그들이 누구인지)를)

• 자동사/타동사: 모든 동사는 자동사/타동사로 구분할 수 있다.
실제로는 똑 같은 단어가 자동사와 타동사로 쓰여 혼동된다. 예) walk 걷다/걷게 하다

- 자동사
🍎 비법: 문의 기본순서에서 "주어+동사"만 있으면 자동사이다. "목적어"가 없다.
예) work 일하다　　walk 걷다　　　breathe 숨 쉬다　　　swim 수영하다

주 +	동 +	목1 +	목2 +	보 +	괄호(부)
I	work				seven days a week.
We	used to swim				(in the river).

🍎 비법: 자동사 + (**전치사** + 명사/괄호(명))의 해석　☞ p.320
자동사의 뒤는 목적어 "을/를"이 오지 않지만, **예외로** "자동사 + (**전치사** + 명사)"가
동사에 따라 정해진 전치사만 오고 자동사이지만 대부분 타동사처럼 목적어로 해석한다.
care for 돌보다/ask for 요청하다/ allow for/ laugh at/look into/depend on 의지하다, 달려있다

예1)
주 +	동 +	목1 +	목2 +	보 +	괄호(부)
그는	돌보아야 한다				(그의 아이들)을
He	has to **care**				(**for** his children).

예2)
주 +	동 +	목1 +	목2 +	보 +	괄호(부)
그것은	달려있다				(날씨에)
It	**depends**				(**on** the weather).

🍎 비법: "자동사 + 부사"로 쓰일 수 있다.
이때 부사는 전치사와 혼동하지 않아야 한다.
예) come on/come in/come over/come forward/check up/drop by/grew up

Please come on.

- 타동사
  - 🍎 비법: 타동사는 목적어가 필요한 동사이다. 예1)   비교: 예2 자동사
  believe 믿다   protect 보호하다   report 보고하다
  주의 할 타동사: "~에/와(과)"로 해석하지만 타동사 - 이러한 예외는 몇 개 안된다.
  affect ~에 영향을 주다 suit ~과 어울리다   marry ~와 결혼하다   date ~와 데이트하다

예1) 주 +   동 +   목1 +   목2 +   보 +   괄호(부)
     I   believe   (that he is Korean).
     나는   믿는다   (그가 한국인이라고)

예2) 주 +   동 +   목1 +   목2 +   보 +   괄호(부)
     Scientists work   (to protect Korea's unspoiled reefs).
     과학자들은 일한다   (한국의 손상되지 않은 산호초들을 보호하기 위하여)

🍎 비법: 타동사 뒤에 부사가 오는 표현이 있다. 타동사이므로 뒤를 목적어로 해석한다. turn on/turn off/put off/give up/hand out/bring in/find out/call up

         동사 +부사 + 목적어
Please turn on   the radio.

- 목적어가 없는 예외의 타동사: 영어의 타동사가 <u>목적어 없이</u> 쓰기도 한다. 이러한 동사는 목적어가 생략된 경우이다.
drink 술을 마시다   smoke 담배를 피우다
know 알다   hear 들리다   see 보다

I know.   나는   알아.
I can't hear.   나는   들을 수 없어.
I drank (last night).   나는   술을 마셨다 (어젯밤에)
I have already smoked. 나는   벌써 담배를 피웠다

🍎 비법: 타동사 뒤에 전치사가 오는 예 - "동사 + 명사 + (전치사 ~)"
provide + 명사 + (with ~) ~에게 ~을 공급하다   ☞ p.170

🍎 비법: 부사와 전치사의 위치: 부사는 순서가 바뀔 수 있다. ☞ p.186
그러나 전치사는 항상 명사의 앞에만 온다.
up이 부사인 경우의 위치 - 예1) Babies may <u>pick up</u> language cues in womb.
                         예2) Please <u>pick me up</u> at the airport.

- 영어는 타동사이지만 한글은 자동사로 쓰이는 몇 개의 동사
- 🍎 비법: 한글은 전치사가 필요하지만 <u>영어는 전치사가 불필요</u>한 동사

예) marry/enter/mention ☞ p.93

~**와** 결혼하다	marry O	marry with	X
~**에** 들어가다	enter O	enter into	X
~**에 대하여** 언급하다	mention O	mention about	X

예1) 주 + 동 + 목1 + 목2 + 보 + 괄호(부)

Bill은	결혼했다	그녀**와**		(40년 전에)
Bill	married	her		(40 years ago). O
Bill	married	**with** her		(40 years ago). X

예2) 주 + 동 + 목1 + 목2 + 보 + 괄호(부)

나는	들어갔다	그 방**에**		(그 후에)
I	entered	the room		(after that). O
I	entered	**into** the room		(after that). X

- 영어에서 동사와 명사로 쓸 때 한글과 혼동되는 몇 개의 단어들 ☞ p.321
- 🍎 비법: 동사로 쓸 때는 전치사가 <u>불필요</u>하지만, 명사로 쓸 때는 <u>필요</u>하다.

date/answer/explain - explanation/discuss - discussion

	동사	**명사**
date	Sam**과** 데이트하다 date Sam	Sam**과** 데이트 date (**with** Sam)
answer	나의 질문**에** 대답하다 answer my question	(나의 질문**에**) 대답 answer (**to** my question)
explain	그 점**에 대하여** 설명하다 explain the point	그 점**의** 설명 explanation (**of** that point)
discuss	그것**에 대하여** 토론하다 discuss it	그것**에 대한** 토론 discussion (**about** it)

예1) 주 + 동 + 목1 + 목2 + 보 + 괄호(부)
　　　　　　답해 주십시오　　나의 질문에
　　Please answer　　my question.　　　　　　O
　　Please answer　　(to my question).　　　　X

예2) 주 + 　　　　　　　　　 동 + 목1 + 목2 + 보 + 괄호(부)
　　그의 답 (내 질문에 대한)은　　쓰다　　　　　　틀린
　　His answer (**to** my question)　was　　　　wrong.　O

예3) 주 + 　　동 + 목1 + 목2 + 보 + 　괄호(부)
　　나는　　토론할거다　　그것에 대하여　(너와) 나중에
　　I　　　will discuss　　it　　　　(with you) later.　O
　　I　　　will discuss　　　　　　(**about** it) (with you) later.　X

예4) 주 + 　　동 + 목1 + 목2 + 보 + 　괄호(부)
　　We　　had　　　　a discussion　(**about** it).　　O

- 영어에는 한글표현과 다르게 표현하는 문의 동사가 있다.
● **비법**: "목적어 + 괄호(부)" – 괄호(부)가 "~을/를"로 해석될 수 있다.　☞ p.322
　한글을 그대로 쓰면 영어식의 표현이 안 되는 경우가 있다.
regard + 목 + (**as** …)　간주하다 +~을 +　(~로)
prevent +목 + (**from** …)　예방하다 +~을 +　(~부터)
rob　+　목1 + (**of** …)　빼앗다　+ ~에게서 + (**~을**)

예1) 주 + 동 + 　　목1 + 목2 + 보 + 　괄호(부)
　　I　　regard　　　　it　　　　(**as** her present).
　　나는　간주한다　　　그것을　　(그녀의 선물**로**)

예2) 주 + 동 + 　　목1 + 목2 + 보 + 　괄호(부)
　　They　robbed　　me　　　　(**of** my money).
　　그녀는　빼앗았다　나에게서　　(나의 돈)**을**

• 영어에는 한글로 생각할 때 목적어가 포함된 동사가 있다.
● **비법**: 영작할 때 명사를 적을 필요가 없다.
interest 흥미를 일으키게 하다　　**anger** 화를 나게 하다　　**smoke** 담배를 피우다

주 +	동 +	목1 +	목2 +	보 +	괄호(부)
너는	흥미를 일으키게 한다		나를		
You	interest		me.		

• 사역동사/지각동사 – 예외의 문법규칙이 있는 동사들

- 사역동사: have/make/let

🍎 비법: 사역동사는 "~이 ~하도록 시키다/놔두다"로 해석한다. ☞ p.87
사역동사 뒤에는 "to 없는 부정사"가 온다. 목적어를 부정사의 주어로 해석한다.

have/make ┄→ 시키다   ...가 (~ 도록)

사역동사   to 없는 부정사

주 +	동 +↑	목1 +	목2 +	보 +↑	괄호(부)
This would	**make**		people	(**think** him mad).	
이것은	만들 거야		사람들이	(그를 미쳤다고 생각하**도록**)	
I	**made**		him	(**eat** a little cereal).	
나는	만들었다		그가	(약간의 cereal을 먹**도록**)	

let ┄→ 놔두다   ...가 (~ 도록)

주 +	동 +	목1 +	목2 +	보 +	괄호(부)
	Let		him	(**tell** a dream).	
	놔 두어라		그가	(꿈을 말하**도록**)	

주의: get은 "~시키다"의 의미도 있다.

주 +	동 +	목1 +	목2 +	보 +	괄호(부)
My parents	**got**		me	(**to** practice the piano every day).	
나의 부모님들은	시켰다		내가	(매일 피아노를 연습하**도록**)	

- 지각동사

🍎 비법: 지각동사는 오감 (보다, 듣다, 냄새 맡다, 맛보다, 느끼다)을 나타낸다.
지각동사는 보어(형용사)가 올 때 한글은 <u>부사</u>로 해석한다. ☞ p.46

예1) 주 + 동 + 목1 + 목2 + 보 + 괄호(부)
    It   tastes   delicious.   O
    It   tastes   deliciously.   X
    그것은 맛이 난다   맛있게

예2) 주 + 동 + 목1 + 목2 + 보 + 괄호(부)
    You   sound   cool and sneering.   O
    You   sound   coolly and sneeringly. X
    너는   들린다   차갑고   조소하는 것으로

• 정해진 문의 동사 뒤에 that 괄호(명)절이 온다.
think, believe, suppose 등 ☞ p.322

주 +   동 +   목1 +   목2 +   보 +   괄호(부)
I   think   (that he must be one of our teachers).
I   think   (he must be one of our teachers).
나는   생각한다   (그가 우리의 선생님들 중의 한 분이었음이 틀림없다고)

• ergative 동사

● 비법: ergative 동사는 같은 단어가 자동사/타동사로 사용된다.
능동태/수동태를 같은 단어로 표현할 수 있다. 수동태 ☞ p.322

● 비법응용1: ergative 동사를 쓴 영어는 수동태가 아니어도 수동태로 해석한다.

open   열다/열리다   close   닫다/닫히다
break   부수다/부서지다   begin   열다/열리다
bake   굽다/굽히다   boil   끓이다/끓다
cook   요리하다/요리되다 change 바꾸다/바뀌다
end   끝내다/끝나다

예1) 주 +   동 +   목1 +   목2 +   보 +   괄호(부)
     I   opened   the window.
     나는   열었다   창문을

예2) 주 +　　　　　　　동 +　　　목1 +　　　　목2 +　　보 +　　괄호(부)
　　　The window　　**opened**.
　　　창문이　　　　　열렸다

예3) 주 +　　　　　　　동 +　　　목1 +　　목2 +　　보 +　　괄호(부)
　　　The window　　**was opened**　　　　　　　　　　(by my daughter).
　　　창문이　　　　　열렸다　　　　　　　　　　　　　　(내 딸에 의해)

● 비법응용2: 한글은 수동태라도 ergative동사를 쓰면 수동태로 적을 필요가 없다.

주 +　　　동 +　　목1 +　　목2 +　　보 +　　괄호(부)
　　　　　열린다　　　　　　　　　　　　　　(9시에)
The door　opens　　　　　　　　　　　　　(at nine).

• "목1 + 목2"로 쓰는 동사
● 비법: 영어는 2개의 목적어가 오면 항상 "목1 + 목2"의 순서가 된다.
2개의 목적어인 "목1 + 목2"가 필요한 동사들은 거의 "~주다"로 해석한다. ☞ p.321
give 주다　　　　　read 읽어주다
make 만들어주다　　leave 남겨주다

주 +　　　　　　동 +　　　　목1 +　　　　　목2 +　　　보 +　　괄호(부)
　　　　　　　　　　　　　　간접목적어　　　직접목적어
　　　　　　　　　　　　　　에게　　　　　**을/를**

The doctor　gave　　　　　Jackson　　　　valium　　　　　(at 1:30 am).
그 의사는　　주었다　　　　Jackson에게　　신경안정제를　　(오전 1시 30분에)

목적어2가 대명사 "this, that, it, them ..."이면, 목적어1은 올 수 <u>없다</u>.
그러나 괄호(부)는 올 수 있다.
괄호(부)를 만드는 전치사: (to ~)/(~of)　　(~에게)　　　(for~)　(~위하여)

- 괄호(부)로 to가 오는 동사
give 주다　　　　　hand 넘겨주다　　　feed 먹이를 주다
lend 빌려주다　　　teach 가르치다　　　tell　말하다

주 +	동 +	목1 +	목2 +	보 +	괄호(부)	
나는	주었다		그것을		돌쇠에게	
I	gave		it		(**to** 돌쇠).	O
I	gave	돌쇠	it.			X

— 괄호(부)로 for가 오는 동사: (for...)를 (...위하여)로 해석한다.

make 만들어주다   leave 남겨주다   find 찾아주다
buy 사주다   cook 요리해주다

주 +	동 +	목1 +	목2 +	보 +	괄호(부)	
① My dad	made	my brother	a kite.			O *
나의 아빠는	만들어 주셨다	나의 남동생에게	한 개의 연을			
② My dad	made		a kite		(for my brother).	O *
나의 아빠는	만들어 주셨다		한 개의 연을		(나의 남동생을 위하여)	

* 한국인들은 한국어적인 생각으로 ②로 영작하지만, ①도 가능하다.

주 +	동 +	목1 +	목2 +	보 +	괄호(부)	
그 남자는	만들어 준다		그것을		(나를 위하여)	
The man	make		it		(**for** me).	O
The man	make	**me**	it.			X

— 괄호(부)로 to/for가 오는 동사: to는 "에게", (for...)는 (...위하여)의 의미이다.

bring 가져다주다   write 적어주다   read 읽다   order 명령하다

예1) 주 +	동 +	목1 +	목2 +	보 +	괄호(부)	
My dad	read	**me**	books.			O
My dad	read	**me**	them.			X
My dad	read	**(to me)**	them.			X

예2) 주 +	동 +	목1 +	목2 +	보 +	괄호(부)	
My dad	read		them		(**to** me).	O
나의 아빠는	읽어 주었다		그것들을		(나에게)	

- 목적어1이 괄호(부)가 되면 문의 끝에 온다.

예1) 주 + 동 + 목1 + 목2 + 보 + 괄호(부)
　　　나는　주었다　　　　그 책을　　　　Philip**에게**
　　　I　　gave　　　　　the book　　　(**to** Philip).

예2) 주 + 동 + 목1 + 목2 + 보 + 괄호(부)
　　　그는　말했다　　　　우리에게　　　　(이것**에 대하여**)
　　　He　　told　　　　　us　　　　　　(**about** this).

예3) 주 + 동 + 목1 + 목2 + 보 + 괄호(부)
　　　나는　말했다　　　　　　　　　　　　(돌쇠**와**)
　　　I　　talked　　　　　　　　　　　　(**with** 돌쇠)

예4) 주 + 동 + 목1 + 목2 + 보 + 괄호(부)
　　　그는　샀다　　　　　한대의 차를　　　(그의 아들을 **위해**)
　　　He　　bought　　　a car　　　　　(**for** his son).

- 목적어1을 항상 "to"로 적는 몇 개의 동사가 있다.
explain/say/suggest는 "**to** 사람"이 오면 목적어1에 넣는다.

예1) 주 + 동 + 목1 + 목2 + 보 + 괄호(부)
　　　그는　말했다　(나에게)　(네가 약간의 예를 추가할 수 있다고)
　　　He　said　(to me)　(that you could add some examples).

예2) 주 + 동 + 목1 + 목2 + 보 + 괄호(부)
　　　He　said　　　　　　(that the water (in the lake) was polluted).
　　　He　said　(**to** me)　(that the water (in the lake) was polluted).

비교) 주 + 동 + 목1 + 목2 + 보 + 괄호(부)
　　　He　said　　　　　some good words　(for me).

▲**고질병 치료** ▲(to me)는 (나에게)로 해석되어, 목2(에게)와 혼동한다.

그러나 (to me)는 괄호(부)로 (for me), (with me), (about me)처럼 문의 끝에 온 괄호(부)이다.
(to me)　　　　　　(나에게)　　　　　　(for me)　　　　　(나를 위하여)
(with me)　　　　　(나와)　　　　　　　(about me)　　　(나에 대하여)

예3) 주 + 동 + 목1 + 목2 + 보 + 괄호(부)
    I   explained   (**to** my fellow passengers)   (why I needed a ticket).
    나는   설명했다   (나의 길동무에게)   (왜 내가 표가 필요한지)를

예4) 주 + 동 + 목1 + 목2 + 보 + 괄호(부)
    He   explained   (that I should not be late for school).
    He   explained   (**to** me)   (that I should not be late for school).

비교: say와 다르게 tell은 항상 to가 <u>없다</u>.

주 + 동 + 목1 + 목2 + 보 + 괄호(부)
He   told   me   (that I could get it (by telephoning)).
그는   말했다   나에게   ((내가 전화를 함으로써) 그것을 얻을 수 있을 거라고)

- "목2 + 보"로 쓰는 동사
"~를 + ~게/로/도록/다고(라고)"로 쓰는 동사들 ☞ p.321
- "만들다/시키다"의 의미   make/have/get/drive
- "놔두다"의 의미   let/leave
- 기타   think/find/elect/call/name

예1) 주 + 동 + 목1 + 목2 + 보 + 괄호(부)
    The kids   are driving   me   crazy.
    그 아이들은   만들고 있다   나를   얼빠지게

예2) 주 + 동 + 목1 + 목2 + 보 + 괄호(부)
    Her <u>mother</u>   thought   her <u>behavior</u>   unacceptable.
    그녀의 엄마는   생각했다   그녀의 행동을   받아들일 수 없다고

예3) 주 + 동 + 목1 + 목2 + 보 + 괄호(부)
    We   found   him   dead.
    우리는   발견했다   그를   죽은 채로

나. 동사의 문법규칙

• 동사의 역할

- 동사는 "문의 동사/괄호(구/절) 속에서 동사"의 역할을 한다.

괄호(부) +	주 +	동 +	목1 +	목2 +	보 +	괄호(부)
	They still	**treat**	Darwin		(as a hero)	(in England).
	그들은 아직	취급한**다**	Darwin을		(영웅으로)	(영국에서)

- 동사가 변하여 구/절을 만들어 "명사/형용사/부사"의 역할을 한다.
이 책에서는 괄호(명)/괄호(형)/괄호(부)로 표현한다.

동사가 변한 괄호(명)/괄호(형)/괄호(부)와 문법용어

(**동사**ing)   - 동명사   (to **동사**)   - 부정사
(**동사**ing)   - 현재분사   (**동사**ed)   - 과거분사
(접속사 + **동사**ing) - 분사구문   (접속사 + **동사**ed) - 분사구문

• 동사 변화

원형	현재	현재분사	과거	과거분사	미래
be	am/are/is	being	was/were	been	will be
work	work/works	work**ing**	work**ed**	work**ed**	**will** work

• 동사 변화
"동사+s" 붙이기: 주어가 **3인칭**/**단수**이고, 동사가 **현재**이면, "동사+s"이다.

인칭   단수   복수
1인칭: 나 I   우리 we
2인칭: 너 you   너희들 they
3인칭: "나/너"외 전부 a tree, water   우리/너희들 외 전부 trees, Koreans

주 +	동 + 목1 + 목2 +	보 +	괄호(부)
Federal Reserve Chairman	**says**	(the recession **appears**	(to be over)).
연방준비의장은	말한다	(그 경기후퇴는	(끝난 것으로) 보인다고)

다. 주의 할 동사의 문법규칙

• be는 동사/조동사로 쓰인다.
be동사 -이다, 있다, 되다/be조동사
be의 변화 (am, are, is, was, were, be, been)

	현재	과거	현재	과거
1인칭 (나, 우리들)	I **am**	I **was**	We **are**	We **were**
2인치 (너, 너희들)	You **are**	You **were**	You **are**	You **were**
3인칭 (1인칭과 2인칭 외)	He **is** She is It is Sam is	He **was** She was It was Sam was	They **are** Koreans are	They **were** Koreans were

예1) 주 +   동 +   목1 +   목2 +   보 +   괄호(부)
     The castle   is   huge.
     그 성은   이다   아주 큰

예2)   동 +   주 +   목1 +목2 + 보 +   괄호(부)
There   are   lots of rising tensions   (in the world) (in certain places))
            있다   증가하는 많은 긴장이   (세계의) (어떤 장소들에서)

예3) 주 +   동 +   목1 +   목2 +   보 +   괄호(부)
     He   does not want   you   (to be a criminal).
     그는   원하지 않는다   네가   (한명의 범죄자가 되는 것)을

• have는 동사/조동사로 쓰인다.

- 동사일 때 - "가지다/먹다/시키다"의 의미

예1) 주 +   동 +   목1 +   목2 +   보 + 괄호(부)
     We   really have   no idea.
     우리는   정말 가지고 있지 않다   어떤 생각도

예2) 주 +   동 +   목1 +   목2 +   보 +   괄호(부)
     I   had   lunch   (with my sister).
     나는   먹었다   점심을   (나의 여동생과)

예3) 주 +   동 +   목1 +   목2 +   보 +   괄호(부)
We   had   Peter   (watch the video tape).
우리는   시켰다   Peter가 (그 비디오테이프를 보도록)

현재완료   과거완료   미래완료
- 조동사 일 때 - have +동사ed/ had +동사ed/will have +동사ed

have, has, had			
	현재		과거
	단수	복수	
1인칭	I have	We have	had
2인칭	You have	You have	had
3인칭	He ha**s**, She ha**s**, It ha**s**	They have	had

• do는 동사/조동사로 쓰인다.   - 동사 do (하다),
                              - 조동사 do (부정문, 의문문, 강조에 사용)

강조의 예문
I worked hard.   나는 열심히 일했다.
I <u>did</u> work hard.   나는 정말 열심히 일했다.

do, does, did			
	현재		과거
	단수	복수	
1인칭	I do	We do	did
2인칭	You do	You do	did
3인칭	He do**es**, She do**es**, It do**es**	They do	did

• 동사처럼 보이는 형용사: ~ing/~ed가 붙은 형용사 ☞ p.323
• 동사처럼 보이는 명사: ~ing가 붙은 명사 ☞ p.150

 **조동사**

가. 조동사 종류
- will(would), shall(should), can(could), may(might), must
- do(does/did)
- be, have(has/had)
- have to(had to)/ be able to/ be going to
- would와 used to
- ought to/need/dare

나. 조동사의 의미

- 미래의 표현
  - 비법: 한글   ㄹ 거
         영어   will/would*, be going to, be to 동사

예1) 괄호(부) +주 +   (조) +   동 +   목1 +   목2 +   보 +   괄호(부)
      I   **am going to** meet   my fiance   (in the evening).
      나는   만날 거다   나의 약혼자를   (밤에)

예2)
Most readers **will know** some of the characters in the following pages.
                  알 거다
The hope is that all the figures **will be a surprise** for the majority of readers.
                                  놀람이 될 거다

- 과거에서 본 미래 표현
  - 비법: 한글   ㄹ 거
         영어   would, be going to, be to 동사

주 +   동 +   목1 +   목2 +   보 +   괄호(부)
Students   **would** throw   (around her pie plates)
                                                   (after they had finished her pies).
학생들이   던져 뿌릴 거다   (그녀의 파이 접시들을)
                                                   (그들이 그들의 파이들을 끝낸 후에)

- 추측의 표현: 추측을 표현하는 한글 "ㄹ 거"는 다양한 영어 조동사로 표현한다.
- 비법: 한글   ㄹ 거
         영어   will, would, should, could, may, might, must

예1) 주 + (조) + 동 + 목1 + 목2 + 보 +   괄호(부)
     That will   be   a snake   (in the box).
     그것은 일거야   한 마리의 뱀   (그 상자 속에)

예2) 주 + (조) + 동 + 목1 + 목2 + 보 +
     That could be   a coincidence.
     그것은 될 거야   일치

예3) 주 + (조) + 동 + 목1 + 목2 + 보 +   괄호(부)
     You may not be   (in the habit) (of licking the floors or carpets).
           (그 습관에) 있지 않을 거다

예4) 주 +   (조) +   동 +목1 +   목2 + 보
     Some younger members (of your household) might be doing   that.
                                              그것을 하고 있을 거야

예5) 주 + (조) + 동 +목1 + 목2 +   보 +   괄호(부)
     You might know   (that the combination (of peanut butter and jelly)
     (you're eating) (between two slices (of bread)) was named (after a certain
     Earl (of Sandwich)). 알 거야

- 의지의 표현: 의지를 표현하는 한글 "겠"은 영어의 조동사 will/would로 표현한다.
- 비법: 한글   ~겠
         영어   will, would, shall (옛날 영어)

I   will go and clear debris or distribute supplies.
나는   가겠다   그리고 파편들을 치우겠다 또는 공급 품들을 배분하겠다.

I   told them (that I would go and clear debris or distribute supplies).
나는   말했다 그들에게 (내가 가겠다 그리고 파편들을 치우겠다 또는 공급 품들을 배분하겠다고)

- 허락의 표현
- 🍎 비법:　한글　~도 된다
　　　　　영어　may, can, could

| 주 + | (조) + | 동 + | 목1 + | 목2 + | 보 + | 괄호(부) |

You　　　may go　　　　　　　　　　　　　　(to the toilet).
너는　　　가도 된다　　　　　　　　　　　　　(화장실에)

- 의무의 표현
- 🍎 비법:　한글　~야 한다
　　　　　영어　must

| 주 + | (조) + | 동 + | 목1 + | 목2 + | 보 + | 괄호(부) |

I　　　must　　remark　　　　　a rather unusual one.
나는　　말해야 한다　　　　　　　다소 색다른 것을

- 금지의 표현
- 🍎 비법:　한글　~안 된다/않아야 한다
　　　　　영어　must not, will not, shall not, should not
　　　　　　　　can not, could not, may not

| 주 + (조) + | 동 + | 목1 + | 목2 + | 보 + | 괄호(부) |

You must not　　use　　　　canned pumpkin.
너는 사용하지 않아야 한다　　통조림한 호박을

- 제안의 표현
- 🍎 비법:　한글　~겠어요?
　　　　　영어　will, could, may, might, must

| | 주 + | 동 + | 목1 + | 목2 + | 보 + | 괄호(부) |

　　　　　당신은　함께 하시겠어요　우리와
Will　　you　　join　　　　　　us?

겠어요?　당신은　지불하　　더 많은 세금을　　(더 나은 고속도로들을 위하여)
Would　you　　pay　　　　more taxes　　　(for better highways)?

- 요청의 표현
  - 🍎 비법: 한글   ~**주**세요/야 한다
              영어   will, would, should, can, could
                      may, might

(조) +	주 +	동 +	목1 +	목2 +	보 +	괄호(부)
Will	you	listen				(to me), please?
주세요	당신은	들어				(내 말)을?

주 +	동 +	목1 +	목2 +	보 +		괄호(부)
I	think	(we **should** be more aware				(that crying is a language itself)).
나는	생각한다	(우리가 더 깨달아**야 한다**고)				(우는 것이 언어 자체라는 것을)

- 지시의 표현
  - 🍎 비법: 한글   ~주세요/않아야 한다
              영어   will (formal한 표현), would, could

주 +	(조) +	동 +	목1 +	목2 +	보 +	괄호(부)
You	**will not**	discuss		(what happened (to you))		(with anyone).
당신은	토의하지 않아야 한다			((당신에게) 무엇이 일어났는지)를		(누구와도)

다. 조동사의 문법 규칙
  🍎 비법: 영어에서 조동사의 위치: 주어 + **조동사** +동사 ...
  도치문에서 조동사 위치: 조동사 + 주어 ...   ☞ p.136

주 +	(조) +	동 +	목1 +	목2 +	보 +	괄호(부)
You		**might** write		something different.		
너는		적을 수 있**을 거**다		다른 것을		

라. 주의 할 조동사

- have to(had to)/not have to/need

have to 동사/had to 동사	~야 한다/~야 했다
not have to 동사	~필요 없다
need	~필요하다

주 + (조) + 동 + 목1 + 목2 + 보 + 괄호(부)
He   **had to** stand   (in a river) (with fruit branches) (above him).
그는   서 있어야 했다   (강에서) (과일 가지들을 잡고) (그 사람 위에 있는)

He would**n't have to** get up.
그는 필요가 없을 거다   일어 설

- would/used to: ~ 곤 했다 - 과거의 습관을 표현한다.

주 + (조) + 동 +   목1 +   목2 +   보 +   괄호(부)
I   **would** swim   (in the river).
나는 수영을 하**곤 했다**   (강에서)

He **used to** be   one (of those spammers).
그는 이**곤 했다**   한 사람 (그 스팸 메일 발송자들의)

- 조동사/동사가 같은 단어: be/do/have

🍒 비법1: 조동사의 뒤에는 항상 또 다른 조동사/동사가 있다.

주 + (조) +동 + 목1 + 목2 +   보 +   괄호(부)
I   **do** know   (that I must be here (to justify myself).
나는 정말 안다   (내가 (나 자신을 정당화하기 위하여) 여기에 있어야 한다는 것)을

🍒 비법2: 동사 앞에 오는 be/do/have는 모두 조동사이다.

주 + (조) + 동 +   목1 +   목2 +   보 +   괄호(부)
I   was   hit   (by a car).
나는 치였다   (차에 의하여)

- 해석에 주의 할 조동사 shall
-shall은 법이나 계약에서 주로 사용한다.   "~야 한다"
예) The two parties shall encourage the mutual exchange of experts.

- shall은 성경에서 금지의 표현으로 사용된다.   "~않아야 한다"
예) Thou shall not kill.

- 해석에 주의 할 조동사: would/should/could/must + 현재완료

That **would have been** the start (of the trouble). 되었을 거다
You **must have been imagining** that. 상상해 **오고 있을 거**다
I **should have done** it. **했어야 했**다

마. 한글로 본 주의할 조동사
  영어의 조동사처럼 한글의 조동사도 2가지 의미를 가진 것이 있다.

- 한글의 "~ㄹ거"의 의미
  🍎 비법: 한글의 "~ㄹ거"는 "미래/추측"의 2가지 의미가 있다.

- 미래의 의미

주 +	(조) + 동 +	목1 +	목2 +	보 +	괄호(부)
나는	만날 거야		그녀를		내일
I	will meet		her		tomorrow.

- 추측의 의미

주 +	(조) + 동 +	목1 +	목2 +	보 +
그것은	일거야			물고기
It	must be			a fish.

- 한글의 "겠"의 의미
  🍎 비법: 한글의 "~겠"은 "의지/추측"의 2가지 의미가 있다.

- 의지의 의미

주 +	(조) + 동 +	목1 +	목2 +	보 +	괄호(부)
내가	먹겠다		그것을		
I	will eat		it		

- 추측의 의미

주 +	(조) + 동 +	목1 +	목2 +	보 +	부사
그는	었겠다			죽은	지금쯤
He	might be			dead	now.

3 형용사/부사

3분비법
- 형용사의 위치: 형용사는 <u>명사의 앞</u>에 위치한다./몇 개만 명사의 뒤에 위치한다.
- 부사의 3가지 위치
- 문의 처음/끝에 오는 부사
- 문의 중간: 동사의 앞/be동사의 뒤에 오는 빈도부사
- 위치에 관계없이 동사/형용사의 앞에 오는 강조부사

❶ 형용사/부사의 종류

가. 형용사의 종류
  명사의 앞/뒤에 오는 형용사의 종류
  혼동하는 형용사의 순서 – ~ing형용사/~ed형용사는 명사의 앞에 온다.
  예) sleep**ing**/unprecedent**ed**...등 추가 예 p.323

나. 부사의 종류와 순서: 부사는 문의 위치가 비교적 자유롭다.

- 접속부사와 "~게도": 문의 처음에 온다. p.326

– 접속부사

additionally	indeed	moreover	in addition
furthermore	however	then	thus
therefore	so	then	finally
for example	first/first(ly)	next	

괄호(부)/부사, 주 + 동 +목1 + 목2 + 보 + 괄호(부)
Additionally, they made statements (to employees) (at Koreatown buildings).
추가로, 그들은 발표했다 성명을 (종업원들에게) (코리아타운 건물들에서)

– ~게도: fortunately 운이 좋게도 surprisingly 놀랍게도 sadly 슬프게도

괄호(부)/부사,	주 +	동 +목1 +		목2 +	보 +	괄호(부)
Fortunately,	I	have packed		the discs		(with lots (of other goodies)).
운이 좋게도	나는	묶었다		그 디스크들을		((다른 많은 좋은 것들)과

- "ㅣ/ㅔ" 부사: 문의 끝에 온다.

fast/quick 빨리   slow/slowly   천천히   late 늦게
there 저기에   here 여기에   nicely 멋지게

주 +	동 +	목1 +	목2 +	보 +	괄호(부)/부사
I	have		a little shop		there.
나는	가지고 있다		한 개의 작은 상점을		그곳에

- 강조부사: 부사/형용사의 **앞** – 한글과 똑 같이 강조되는 단어의 **앞**에 온다.

🔴 비법: 영어 단어가 달라도 한글의 의미가 같은 표현이 있다.
so/as/very/simply/totally/badly/terribly/really/greatly/quite 아주/매우
absolutely 전적으로   completely 완전히   only 단지   deeply 철저히

예1)
주 +	동 +	목1 +	목2 +	보 +	괄호(부)
I	am			**so** surprised.	
나는	다			아주 놀란	

예2)
주 +	동 +	목1 +	목2 +	보 +	괄호(부)
Mark	is			**as** tall	(as I am).
Mark는	다			그렇게 키가 큰	(내가 키가 큰 것 같이)

예3)
주 +	동 +	목1 +	목2 +	보 +	괄호(부)
Wars	are			incredibly strange and **terribly** sad.	
전쟁들은	이다			믿을 수 없을 정도로 이상하다 그리고 매우 슬프다.	

- 빈도부사: 동사의 앞/be동사의 뒤

always 항상   usually 보통   often 자주   sometimes 가끔
rarely 거의 ~않다   seldom 거의 ~않다   never 전혀 ~않다

예1) 주 + 　　　　　동 + 목1 + 목2 + 보 + 　　괄호(부)
　　　　　부사 + 　동사
　　　We　always refer　　　　　　　(to it)　　(as the special water).
　　　우리는　항상　　언급한다　　　　(그것을)　(특별한 물로)

예2) 주 + 동 + 　　목1 + 목2 + 보 + 　　　　괄호(부)
　　　　　be동사 + 부사
　　　He　was always　　　　　　mom's favorite.
　　　그는　항상 이었다　　　　　엄마의 좋아하는 사람

- 문의 끝/ 처음/중간 다 오는 부사: 부사 중에는 3개의 위치에 다 오는 부사들 주로 접속부사가 많다. however, therefore... 기타 빈도부사: sometimes

- 명사처럼 보이지만 부사로도 쓰이는 표현 - 몇 개 되지 않는다.
　home　집에/집으로　　　here/there　여기에/저기에　　　part time　파트타임으로
　full time　풀타임으로　　backstage　무대 뒤로

 **형용사/부사의 구분 - 영어**

• 영어의 형용사: 보통 ~ful/~ble/~ive/~y로 끝난다.
한글의 형용사: "ㄴ/의"로 끝난다.
beautiful 아름다운　　possible 가능한　　positive 긍정적인　　culinary 요리의

• 영어의 부사: 보통 ~ly로 끝난다.
한글의 부사: 보통 "ㅣ/ㅔ"로 끝난다.
beautifully 아름답게　possibly 가능하게　positively 긍정적으로

 **형용사/부사의 문법규칙**

가. 형용사의 역할

• 형용사는 명사를 수식한다.
　　　　　　　　　↱　　　↶　↓
There are also　some basic economics (at work)
　　　　　　　　약간의 기본적인 경제학

- 형용사는 문에서 보어가 된다. 2가지 종류의 보어가 있다. ☞ p.55

- 목적어2 뒤에 오는 보어: "목2 + 보"

주 +	동 +	목1 +	목2 +	보 +	괄호(부)
We	made		the project	perfect.	
우리는	만들었다		그 프로젝트를	완벽하게	

- be동사 뒤에 오는 보어: "be동사 + 보어"

주 +	동 +	목1 +	목2 +	보 +	괄호(부)
He	is			terminally **ill**.	
그는	이다			말기적으로 **아픈**	

나. 부사의 역할

- 동사/형용사/문 전체를 수식한다. ☞ p.50

예1)

주 +	동 +	목1 +	목2 +	보 +	괄호(부)
He	**simply** likes			my idea.	
그는	**아주** 좋아한다			나의 아이디어를	

예2)

주 +	동 +	목1 +	목2 +	보 +	괄호(부)
The air	is			**so** fresh and **so** clean	(in this country).
공기는	이다			**아주** 신선하고 **아주** 깨끗한	(이 나라에서)

- 드물게 be 동사 뒤의 보어가 된다. there/here/home

괄호(부)+	주 +	동 +	목1 +	목2 +	보 +	괄호(부)
(When I was **there**),	I	used to work				(ten hours a day).
(내가 그곳에 있었을 때),	나는	일하곤 했다				(하루에 10 시간 동안)

다. 원급/비교급/최상급을 만드는 형용사/부사

🍎 **비법응용**: 해석 – 괄호(부)를 구분하면 해석이 쉽다.

- 원급: as/so ~   (as…)   ← 괄호(부)인 (as ...)가 있다.
  그렇게/아주   (...처럼)

예1)
주 +　　　　　동 +목1 + 목2 +　　보 +　　　　　　　괄호(부)
I　　always like　　(to be **as** serious and true)　(to myself) (**as** I try to be).
나는　항상 좋아한다　(**그렇게** 진지하고 진실 되게 되는 것)을 (내 자신에게) (내가 되려는 것을 시도하는 것**처럼**)

예2) 주 +　　　　동 + 목1 + 목2 +　보 +　　　　괄호(부)
　　His favorite　　was　　　　　Tony Hancock, a comic (wedded) (to despair),
　　(in his life) **as** much (**as** (in his work)).
　　그가 좋아하는 사람은 이었다　　　Tony Hancock,　희극배우 (함께한) (절망과), (그의 삶에)
　　그 만큼 많이 ((그의 일에서)**처럼**)

= 　그가 좋아하는 사람은 Tony Hancock로, 그는 (그의 일에서)**처럼** **그 만큼** 많이 그의 생에서도 (절망과 함께한)
　　희극배우였다.

- 비교급:　형er/부사er~　**(than...)**　⟵ 괄호(부)인 (than...)이 있다.
　　　　　　더 ~　　　　　(...보다)

주 +　　　동 +　　목1 +　　목2 +　　보 +　　괄호(부)
You　are doing bett**er**　　　　　　　　(**than** many others (who have totally mistaken me)).
너는　　더 잘 하고 있다　　　　　　　　(많은 다른 사람들**보다** (나를 완전히 잘 못 안))

주의 할 비교급:　　the ~er,　　　the ~er
　　　　　　　　　　~더 ...,　　　　더 ...

The sadd**er** and **more** desolate the comedy was, **the better** Harvey liked it.
더 슬프고 더 우울할수록　　　　　　그 코미디가,　　더 좋아했다　Harvey는 그것을

- 최상급:　**the** 형용사est　　가장 ~
　　　　　　　X　부사est　　　가장 ~

예1) 주 +　　　동 + 목1 + 목2 +　보 +　　　　　　　　괄호(부)
　　This fossil　　is　　　**the** small**est** dinosaur ever (found) (in North America).
　　이 화석은　　이다　　　**가장** 작은 공룡　　　지금까지 (발견된) (북미에서)

예2) 주 +　동 + 목1 + 목2 +　보 +　　　　　　　　괄호(부)
　　This　is　　　　　　**the most** difficult job　　(in the army).
　　이것은　이다　　　　**가장** 어려운 일　　　　　(군에서)

- 주의할 원급/비교급/최상급의 표현　　　☞ p.325

- 비교급을 만드는 법: 형용사/부사+er 또는 more + 형용사/부사

| 형용사 +er | → 예) taller 더 큰　　shorter 더 작은　older 더 오래 된/ 더 늙은 |
| 부사 + er | → 예) faster 더 빠르게　slower 더 느리게 |

more +형용사　→ 2음절 이상인 단어　→　예) more beautiful
more + 부사　→ 2음절 이상인 단어　→　예) more beautifully

- 최상급을 만드는 법: 형용사/부사+est 또는 most + 형용사/부사

the 형용사+est　→ 예) the tallest 가장 큰　the oldest 가장 오래 된/ 가장 늙은
부사+ est　→ 예) fastest 가장 빠르게　slowest 가장 느리게

the most +형용사 → 2음절 이상인 단어 → 예) the most beautiful
most + 부사　→ 2음절 이상인 단어 → 예) most beautifully

- 불규칙적인 비교급/최상급 단어

원급	비교급	최고급
good 좋은	better 더 좋은	best 가장 좋은
bad 나쁜	worse 더 나쁜	worst 가장 나쁜

라. ~ing, ~ed가 있는 형용사 부록 ☞ p.323

- ~ing, ~ed가 있는 형용사의 해석
  - 비법: ~ing형용사의 의미는 보통 "~는"　예) sleeping 잠자는/working 일하는
    ~ing형용사가 드물게 "ㄴ"　　　　　예) missing 잃어버린
    ~ed형용사는 보통 "ㄴ"　　　　　　예) unattended 동반하지 않은
    ~ed형용사가 드물게 보통 "는"　　　예) unparalleled 비할 데 없는

a sleeping giant　　　한 잠자는 거인　working bees 일하는 벌들
my overwhelming desire　나의 압도하는 욕망　an unparalleled confusion 비할 데 없는 혼동

예1) 주 + 동 + 목1 + 목2 + 보 + 괄호(부)
　　　It　 comes　　　　　　　　　　nearer (on a **winding** road).
　　　그것은　온다　　　　　　　　　　더 가깝게 (**꼬불꼬불한** 길에)

예2) 주 +   동 +   목1 +   목2 +   보 +   괄호(부)
       His garments shine   (like **glowing** iron).
       그의 의복은   빛난다   (**달아올라 빛을 내는** 철처럼)

예3) 주 +   동 +   목1 +   목2 +보 + 괄호(부)
       The roots (for "tantalize")   run all the way   (to Greek myth) (about a
       misbehaving son) (of Zeus) (named Tantalus).
       그 뿌리들은 ("tantalize"에 대한)   내려온다 죽   (그리스의 신화에) (한 **무례한**
       행동을 하는 (Tantalus라 불리는) (제우스의) 아들에 대한).

• ~ing, ~ed가 있는 형용사를 적는 순서 - 한국인들이 많이 혼동하는 순서

- ~ing형용사, ~ed형용사는 형용사이므로 명사의 **앞**에 온다.
🍎 비법: ~ing형용사, ~ed형용사는 사전에 형용사로 나와 있다.

예1)   형+   명
I   saw   **sleeping** tigers   (in the cage).   잠자는 호랑이들을
You   saw   **astounding** things.   놀라운 것들을

예2)   형+   명
He   is considered one (of the foremost experts) (on **organized** crime) (in Japan).
그는   간주되어진다   (수위의 전문가들의) 한 사람으로   (일본에 있는) (**조직된** 범죄에 대하여)

- 비교: 괄호(형)는 항상 명사의 **뒤**에 온다. 한국인의 고질병 - 명사의 앞에 쓴다.
              명 +   괄호(형)
The political party (**organized**) (by Koreans) (living) here is called "Arirang".
(**조직된**) 그 정당
The bears (**sleeping**) (in the cave) were released (last year).
(**잠자는**) 그 곰들

• 혼동되는 ~ing형용사/~ed형용사의 영작 - 형용사이므로 보어가 될 수 있다.

주 +   동 +   목1 +   목2 +   보 +   괄호(부)
This confusion   is   more **frightening**.
A sensation   was   **born**.

● 비법: ~ing형용사/~ed형용사는 보어로 쓸 때 주어에 따라 한 가지만 온다.

주어가 사물/보어이면 "~ing형용사"가 온다. 주어가 사람/보어이면 "~ed형용사"가 온다.
It is interest**ing**.   I am interest**ed** (in listening (to music)).
It is surpris**ing**.   I was surpris**ed**.

주 +   동 + 목1 + 목2 +   보 +   괄호(부)
It   will be   disappoint**ing** (if the world actually ends (in 2012)).
I   was   disappoint**ed**   (that he didn't specify more (about the civilian plank)).

• "~ing형용사/~ed형용사"와 "동사ing나 동사ed"의 차이 - 한국인의 고질병
● 비법3: 순서로 대부분 구분한다.

동사: Rain **is falling**.   떨어지고 있다
형용사: **Falling** dollar will lead (to inflation) (in the USA).   떨어지는 달러
괄호(형):   There were some pieces (of metal) (**falling**) (from the ceiling).
                                        금속   (떨어지는) (지붕으로 부터)

동사: He **married** 삼순.   결혼했다
형용사: He is a **married** man.   결혼한 남자
괄호(형):   He is the man (who **married** me).   (나와 결혼한)

마. 기타 주의 할 형용사/부사

• 형용사/명사가 같은 영어 단어
● 비법: 한글은 명사 같지만, 영어는 명사/형용사 2가지이다.
family 가족/가족의   American 미국인/미국인의   Korean 한국인/한국인의
Japanese 일본인/일본인의   Christian 기독교도/기독교의 Catholic 천주교도/천주교의

예1) The average cost (of a **family** plan)   가족계획
예2) a private **family** matter   가족의 일

• 형용사가 부사로 쓰이는 단어 - 몇 개 안된다.
I traveled safe and sound. 안전하고 건강하게
Hold me tight. 단단히

 전치사/접속사

3분비법
전치사:　　　주로 "에/여"로 끝나는 단어
종속접속사: 주로 "에"로 끝나는 단어

❶ 전치사/접속사의 구분

● 비법: 영어의 전치사/접속사는 **정해진 몇 개의 단어**만 있다.

가. 전치사의 구분: "에/여" – in 안에/at 에/on 위에/through 통하여 ... ☞ p.326

나. 접속사의 구분: 접속사는 종속접속사/등위접속사가 있다.

- 종속접속사: 주로 "~에"이다.
1 단어가 모인 것: when 때에/면　　　where 곳에　　while 동안에　after 후에
2 단어가 모인 것: even though ㄹ지라도　even if ㄹ지라도
2 단어 이상의 것: in front of 앞에　　　in spite of 불구하고

예1) 괄호(부), +　　　주 +　　동 +목1 + 목2 +　보 +　　　　괄호(부)
　　(**When** you take a nap (**after** learning something)),
　　　　　　　　　　　 you　　are　　actually better (at it) the morning after.
　　(당신이 (무언가를 배운 **후에**) 낮잠을 자**면**),
　　　　　　　　　　　 당신은　　다　　아침이 지나면 (그것을) 실제로 더 잘한

예2) 주 +　동 +　　목1 +　　목2 +　　보 +　　　　괄호(부)
　　I　　play　　　　　　soccer (for a living),　(**even though** I hate soccer).
　　　　　　　　　　　　　　　　　　　　　　　　　(나는 축구를 싫어**할지라도**)

예3) 주 +　　　　동 +　　목1 +　목2 +　보 +　　괄호(부)
　　Policemen　walk　　　　　　　　　　　　(**in front of** the chalet).
　　　　　　　　　　　　　　　　　　　　　　　(그 샬레의 **앞에서**)

- 등위접속사: and/but/for/or/so
등위접속사는 접속사의 앞/뒤의 문의 구조가 <u>같다</u>.

예1) 명 **and** 명

| 주 + | 동 + | 목1 + | 목2 + | 보 + | 괄호(부) |

He
그와

and | I | share | | the same father.
그리고 | 나는 | 같이 가지고 있다 | | 똑 같은 아버지를

예2) (that절) **and** (that절)

| 주 + | 동 + | 목1 + | 목2 + | | 보 + | 괄호(부) |

Stephens said (that he slapped the child)
   and (that he apologized (to Matthew)).
   그리고

예3) 주 +동 ... **but** 주 +동 ...

| 주 + | 동 + | 목1 + | 목2 + | 보 + | 괄호(부) |

I share the same father
나는 + 함께 가지다 같은 아버지를

but our lives have veered apart.
그러나 우리의 생은 바뀌었다 떨어지게

예4) 주 +동 ... **or** 주 +동 ...

| 주 + | 동 + | 목1 + | 목2 + | 보 + | 괄호(부) |

I would land a job (as a reporter),
or I would remain jobless.
또는

예5) 주 +동 ... **so** 주 +동 ...

| 괄호(부) + | 주 + | 동 + 목1 + | 목2 + | 보 + | 괄호(부) |

(Like Mr. Kim), his mother is a Korean American,
so his book describes his struggle (with his multiracial identity).
그래서

 **전치사/접속사가 만드는 문법규칙**

가. 전치사가 만드는 괄호규칙
　전치사는 항상 괄호(형)/괄호(부)를 만든다.
　• 괄호(형): "ㄴ/의"로 해석
　• 괄호(부): "에(에서/에서는)/여"/"기타 전치사의 의미"로 해석

예1)
괄호(부), + 주 + 　　　　　　　　　　　동 + 목1 + 목2 + 보 + 괄호(부)
　　　　　The cows (**in** this farm)　　have　　　　very short legs.
　　　　　(이 농장**에 있는**) 그 암소들은　가지고 있다　아주 짧은 다리들을

예2) 괄호(부), + 　주 + 　동 + 목1 + 목2 + **보** + 괄호(부)
　　　(**Like** Charles),　he　　went　　　(**to** university) (**in** the U.S.)),
　　　　　　　　　　　　　　　　　　　(studying physics and math) (**at** Brown).
　　　(Charles**처럼**),　　그는　　갔다　　(대학**에**)　(미국**에 있는**)
　　　　　　　　　　　　　　　　　　　(물리학과 수학을 공부했다)(Brown대학**에서**)
　= (Charles처럼), 그는 (미국에 있는) (대학에) 갔고, (Brown대학에서) (물리학과 수학을 공부했다)

나. 종속접속사가 만드는 괄호규칙
　종속접속사는 항상 괄호(부)를 만든다.

괄호(부), + 　　　　　　　　　　　　　　　　　　　　주 + 　동 + 목1 + 목2 + 보 + 괄호(부)
(**When** I decided (to investigate the world (of audio books))),　I　　started　　　(**with** David).
(내가 결정했을 **때** (오디오 책들의) 세계를 조사할 것을),　　　나는　시작했다　　(David와)

 **주의 할 전치사**

가. 전치사가 생략되는 괄호표현

　• (전치사 + last/next/this/that...+ time/요일/달/년...)는 전치사가 생략된다.
　● 비법응용: 영작할 때 "~에"가 있어도 전치사를 쓰지 않는다.

　(지난해<u>에</u>)　　　(last year)　　　　O
　　　　　　　　　(**in** the last year)　　X

괄호(부), +	주 +	동 +	목1 +	목2 +	보 + 괄호(부)
(**Last** year),	he	married		a Chinese woman.	
(지난해**에**)	그는	결혼했다		한 중국 여자와	

- 문의 처음에 나오는 전치사는 가끔 생략된다.
- 🍎 비법: 예1) on the following day ⇢ the following day

예1)

괄호(부), +	주 +	동 +목1 +	목2 +	보 +
(**The following day**),	Lee	announced	(he would keep him	(as his running mate)).

예2) 비교

괄호(부), +	주 +	동 +	목1 +목2 +	보 +	괄호(부)
(**In** the past six years),	I	have recorded	six audio books.		

- 특정 표현 뒤의 전치사는 생략된다.
- 🍎 비법: 전치사 in/with가 생략된 "동사ing"의 해석도 괄호(부)이므로 "**~에**"이다. 그러나 문법적으로 분사구문으로 보면, "~며/~여"로 해석 할 수도 있다.

— 명사 (trouble/problem) + 동사ing   **~에/~데** 문제가 있다

주 +	동 +	목1 +	목2 +	보 +	괄호(부)	
I	had		a problem		(speaking English).	
나는	있었다		문제가		(영어를 말하는**데**)	O
나는	있었다		문제가		(영어를 말하는**것**)을.	X

— 동사 (spend/waste) + money/time + 동사ing   **~에** 시간을 쓰다

주 +	동 +	목1 +	목2 +	보 +	괄호(부)
We	spent		time		(fixing the boat).
우리는	썼다		시간을		(그 보트를 고치는 **것**에)

— be + 형용사(busy) + 동사ing   **~에** 바쁘다

주 +	동 +	목1 +	목2 +	보 +	괄호(부)
I	was		busy		(talking) (to her).
나는	쓰다		바쁜		(말하는 **것**에) (그녀에게)

예1)   주 +   동 +목1 + 목2 + 보 + 괄호(부)
       The producer (of the hula hoop) was having trouble (selling its own products).
       그 생산자는 (그 훌라후프의)   가지고 있었다   걱정을 (그 생산자 자신의 상품을 파는 것에)

예2)   주 +   동 +   목1 +   목2 +   보 +   괄호(부)
       Peter Choi (of the University) (of Korea)
                         spends   a lot (of his time)   (thinking (about dust)).
       (Korea의) (대학의) Peter Choi는
                         보낸다   많은 (그의 시간)을   ((먼지에 대하여) 생각하는 것에)

나. 전치사/부사/접속사/형용사로 같이 쓰이는 단어들

• 영어의 전치사들은 "부사/접속사/때로는 형용사"로 같이 쓰이는 것들이 있다.
  in/out, on/off, up/down …

• 전치사/부사/접속사/형용사로 겹쳐서 쓰이는 단어들도 있다.
  - 전치사   on   before   because of   since   as   about
  - 부사   on   before   since   as   about
  - 접속사   before   because   since   as
  - 형용사   on

 **전치사/부사의 구분**

• 전치사/부사의 구분법: 뒤에 오는 단어에 의하여 구분할 수 있다.
  ● 비법1: 전치사의 구분 – 전치사 뒤에는 명사/괄호(명)가 있다. (전 + 명/괄호(명))

예1)   주 +   동 +목1 + 목2 +   보 +   괄호(부)
                                                        전 + 명   전 + 명
       What   are you going to do   (with the rest (of your life))?
       무엇을   너는 할 거니   (나머지로 (너의 인생의))?

예2)   주 +   동 +목1 +목2 +   보 +   괄호(부)
                                                        전 + 괄호(명)
       New Year's Eve (in Korea)   is   more (than (seeing out the old year))
       새해의 전날 밤은 (한국에서의)   다   더 이상의 ((지난해를 보내는 것) 보다)

● 비법2: 부사의 구분 - 부사 바로 뒤에는 명사가 필요하지 않다.
- 부 + 명사가 불필요
- 부 + 부
- 부 + 형 + 명

예1) 주 +　　　　　　동 + 목1 + 목2 + 보 + 괄호(부)
　　　　　　　　　　　　　　　　　　　부사
　　Spanking was used　　　sparingly (to correct behavior (that went (over the line))).
　　체벌이　　　사용되었다　　드물게　　(((그 선을 넘어) 가는) 행동을 고치기 위하여)

예2) 주 +　　　동 +　　목1 +　　　목2 +　　보 +　　괄호(부)
　　　　　　　　　　　　　　　　　　　　　　　　부 + 부
　　I really don't like　　　　her　　　very much.
　　나는 정말 좋아하지 않는다　　그녀를　　아주 많이

예3) 주 +　　　동 + 목1 +　　목2 +　　보 +　　괄호(부)
　　They have to familiarize　themselves　(with a **very** different political landscape).
　　　　　　　　　　　　　　　　　　　　　　　부 + 형 + 명

예4) about가 부사일 때

주 +　　　　　　　　　　　　동 + 목1 + 목2 +　　보 +　　괄호(부)
(**About** half (of Seoul residents)) say (that the project should be conducted).
(서울 거주자의 반 **정도가**)　　　　말한다 (그 프로젝트는 처리되어야 한다고)

▲고질병 치료▲전치사/접속사의 구분
전치사로 시작하는 괄호는 주어가 없고, 접속사로 시작하는 괄호는 주어가 있다.
전치사　　　　　　(더위 때문에)　　　　= (because of heat)
접속사　　　　　　(여름**은** 덥기 때문에)　= (because the summer is hot)

괄호(부), +　　　　　　　주 +　　　동 +목1+ 목2 +　　보 +　　괄호(부)
(**Because of** the recession), many people　spent　a lot of time　(watching TV) (this year).
(불경기 **때문**에),　　　　많은 사람들은　　보냈다　많은 시간을　(tv를 보는데) (올해에)

주 +　　동 +목1+ 목2 + 보 +　　괄호(부)
The man was convicted　largely (**because** I identified him (in a police lineup)).
그 남자는 유죄판결을 받았다　　주로 (**때문에** + 내가 확인하다 그를 (경찰의 범인 세우기에서))

● **비법3**: 한글의 부사는 부사 뒤에 <u>동사를 붙이면</u> 의미가 통한다.

부사 +	동사
빨리	달렸다
안으로	걷는다 **walk in**

예) 주 + 　　　　동 + 목1 + 목2 + 보 +　　　　괄호(부)
　　The animals　　stop　　moving　　(when we open the door and walk **in**).
　　그 동물들은　　멈춘다　움직이는 것을　(우리가 문을 열고 **안으로** 걸을 때)

● 전치사/부사/접속사의 구분 예

- **on**　－ 전치사/부사로 사용
전치사　~중**에**/대하여
부사　　~계속적으**로**

예1) 주 +　　　　동 + 목1 + 목2 + 보 +　　　괄호(부)
　　It　　　　　is　　　　　　　　(**on** sale).
　　그것은　　　　있다　　　　　(세일 **중에**). ⋯▶ 전치사 - 중에

예2) 주 +　　　　동 + 목1 + 목2 + 보 +　　　괄호(부)
　　He　　will explain　(why he spend much money (**on** books)).
　　　　　　　　　　　　　　　　　　　　　　　(책들에 대하여)

예3) 주 + 동 + 목1 + 목2 + 보 +　　　　　괄호(부)
　　That　is　　　　quite astonishing (that they can <u>do</u> this so early **on**). ⋯▶부사
　　　　　　　　　　　　　　　　　(그들이 이것을 그렇게 빨리 **죽 계속적으로** 할 수 있다는 데)

- **before**　－ 접속사/전치사/부사로 사용
접속사　~전**에**
전치사　~전**에**
부사　　~전**에**

예1) 주 +　　동 +　　목1 +　　목2 +　　보 +　　괄호(부)
　　I　　talked　　　　　　　　　　　　　(with Mark) **before** I met Bill). ⋯▶ 접속사
　　　　　　　　　　　　　　　　　　　　(Mark와)　(내가 Bill과 만나기 **전에**)

예2) 주 + 동 + 목1 + 목2 + 보 + 괄호(부)
   I   saw   the big tree   (**before** the traffic light).   ---> 전치사
                                (교통신호등 **전에**)

예3) 주 + 동 + 목1 + 목2 + 보 + 괄호(부)
   I have met   her   **before**.   ---> 부사
                                (**전에**)

- in   - 전치사/부사로 사용
전치사   ~(안)에   형용사   ~(안)의
부사   ~안에

예1) 주 + 동 + 목1 + 목2 + 보 + 괄호(부)
   Put   it   (**in** your pocket).   ---> 전치사
   넣어 +   그것을   (너의 주머니**에**)

예2) 주 + 동 + 목1 + 목2 + 보 + 괄호(부)
   Put   it   **in**.   ---> 부사
   넣어   그것을   **안에**

예3) 괄호(부) + 주 + 동 + 목1 + 목2 + 보 + 괄호(부)
   (When Harvey was very ill), (**in** the autumn) (of 2006),   ---> 전치사
   I   went   (to visit him) (at a nursing home)
                               (**in** the seaside town).   ---> 전치사

- up/down - 전치사/부사로 사용
전치사   up 위로/down 아래로   형용사   up 상행의/down 하행의
부사   up 위로/down 아래로

예1) 주 + 동 + 목1 + 목2 + 보 + 괄호(부)
   I   climbed   (**up** a ladder).   ---> 전치사
   나는 올라갔다   (사다리 **위로**)

예2) 주 + 동 + 목1 + 목2 + 보 + 괄호(부)
   No one   climbed **up**   (to me).   ---> 부사
   아무도   올라오지 않았다   (나에게)

❺ 주의 할 종속접속사

가. 주의: every time/the last time/once는 접속사로도 쓰일 수 있다.
every time 때 마다   the last time 마지막 때에   once 한번 ...~하면

(**Every time** he reached up (to take a bite (of fruit))), wind lifted the branch (out of his hands).
(그가 (한 입의 (과일)을 먹기 위하여) 손을 뻗어 올릴 **때마다**),   바람은 들어 올렸다 그 가지를 (그의 손들의 밖으로)

(**The last time** he made the journey (from Japan) (to Korea)),   he   was   14.
(그가 (일본에서)(한국에) 여행을 한 **마지막 때에**),   그는   이였다   14살

나. (종속접속사 + 동사ing/동사ed)는 분사구문이다.   ☞ p.248

괄호(부), + 주 +   동 +   목1 +   목2 +   보 + 괄호(부)
(**After receiving** numerous complaints (about it) (in 1995)),
             Amnesty International conducted   an evaluation (of the place).
(많은 불평을 (그것에 대하여)(1995년에) **받은 후에**), Amnesty International은 실시했다 (그 장소의) 평가를

다. 한국인들이 많이 혼동하는 접속사의 해석
● 비법응용: 문 끝의 as를 괄호(부)로 해석한다. → 괄호(부)는 문의 끝에 온다.
앞의 as/so: 부사로 괄호가 <u>아니다</u>.   **끝의 as**: 접속사로 괄호로 <u>한다</u>.
as/so ~   (as...)
그렇게/매우 ~ (처럼...)
                                        부사   접속사
We can acquire a second language **as** easily (**as** we do our first language).
                                  그렇게 쉽게 (우리가 우리의 첫째 언어를 습득하는 것처**럼**)

라. 접속사 절 안의 "주어 + be동사"는 생략되어 쓰이기도 한다. 해석에 주의한다.
(When <u>he was</u> in Korea), he married my sister.
= (When in Korea), he married my sister.

(When <u>he was</u> a boy), he used to be one (of my best friends).
= (When a boy), he used to be one (of my best friends).

연습문제

1. 밑줄 친 부분이 명사이면 "명", 한정사이면 "한", 동사이면 "동", 조동사이면 "조", 부사이면 "부", 접속사이면 "접", 전치사이면 "전"이라고 적어 보세요.

(1) <u>Parents</u> especially should be concerned about whether or not the pools they take their children to are safe.

(2) Moore wrote poems that were unconventional <u>in</u> form.

(3) <u>Show</u> some real things in which you see poetry.

(4) You <u>might</u> use either photographs that you take or pictures from books or magazines.

(5) There were <u>a</u> polished maple dance floor that <u>had to</u> be replaced every two years because of the wear of several thousands dancers, pounding the floor <u>nightly</u>.

(6) Write about the ways in which feelings can <u>affect</u> our lives.

(7) Paying attention to syntax, rewrite his poem using standard capitalization, punctuation, <u>and</u> word usage.

(8) Style refers to <u>the</u> way in which a writer expresses his or her thoughts.

(9) Frost went on to publish five more volumes of poetry, for which he received <u>many</u> awards.

(10) A revolution of the kind that <u>occurred</u> in the 1920's.

2. 영작이 맞으면 O, 틀리면 X를 해 보세요.

(1) 상점은 9시 30분에 열린다.   The shop opens (at 9:30).

(2) 우체국은 내일 개점하지 않을 것입니다.(휴일이라는 의미)
    The post shop won't be open tomorrow.

(3) 그 문을 연체로 두어라.
    Leave the door open.

(4) 그 사람은 술을 너무 많이 마셔.
    He drinks too much.

(5) 그 점에 대하여 설명 해 주십시오.
    Please explain that point.

(6) 그 교통사고를 기술해 주시겠습니까?
    Can you describe that traffic accident?

(7) 상품에 대한 현재의 시장 수요는 대단합니다.
    The current market demands this product a lot.

(8) 나는 이 문제에 대해 당신과 상의하는 것을 원합니다.
    I want to discuss this matter with you.

(9) 그것에 대하여 말하지 마세요.
    Don't mention about it.

(10) 당신은 당신 아들의 잘못에 대해 책임을 져야 합니다.
     You have to answer for your son's wrongdoing.

(11) 우리는 매 일요일마다 <u>예배에</u> 가곤 했다
     We used to go <u>(to church)</u> every Sunday.

3. 영어의 해석이 맞으면 O, 틀리면 X를 해 보세요.

(1) I broke the glass.　　　　　　내가 그 유리를 깼다.
(2) The glass broke.　　　　　　　그 유리가 깨졌다
(3) The glass was broken.　　　　 그 유리가 깨졌다
(4) Can you see?　　　　　　　　 너는 볼 수 있니?
(5) He smokes.　　　　　　　　　 그는 연기가 난다.

4. 밑줄 친 영어를 한글로 해석한 것이 문법에 맞으면 O, 틀리면 X를 해 보세요.

(1) The shop was opened 11:00 this morning by Mr. Brown. 열렸다

(2) Mr. Brown will open the shop tomorrow.　　　　　　　열릴 거다

(3) A migrant (**from** Guatemala) walks along the railroad tracks toward a northern-bound freight train in Guadalajara, Mexico, last month.
　　　　　　　　　　　　(Guatemala에서 오는) 한 이민자

(4) I believe (in smaller government). (작은 정부에)

(5) Every writer owes a debt (to those writers) (who have gone before).
　　　　　　　　　　　　(누가 전에 그곳에 갔다)

5. 한글은 영어로, 영어는 한글로 밑줄 친 부분만 적어 보세요.

(1) 아침에
(2) 12시에
(3) 새벽에
(4) 학교에서
(5) 지하철로
(6) in lines 1 and 2
(7) in Europe
(8) in politics
(9) in his work
(10) in your opinion

(11) <u>in</u> irregular, unpredictable poetic lines
(12) <u>in</u> a photo essay
(13) <u>in</u> museums
(14) <u>in</u> a Greenwich Village cafe
(15) <u>in</u> Harlem during the 1920's
(16) <u>on</u> earth
(17) <u>for</u> three months
(18) <u>during</u> his career
(19) <u>at</u> a presidential inauguration
(20) <u>at</u> the Cotton Club

6. 한글은 영어로, 영어는 한글로 맞은 것만 골라 보세요.

(1) 빨간 사과들　　　　　　　　red apples
(2) 한 개의 큰 빌딩　　　　　　a big building
(3) 한 마리의 미끄러운 물고기　slippery a fish
(4) 큰 소리　　　　　　　　　　loud voice
(5) 빠른우편　　　　　　　　　fast
(6) 매우 추운 날　　　　　　　very
(7) 한국의 집들　　　　　　　　Korean houses
(8) 일본의 정원들　　　　　　　Japanese gardens
(9) 감상적인 느낌　　　　　　　sentimental feelings
(10) 인상적인 사람　　　　　　　an impressive man
(11) a special report　　　　　하나의 특별한 보고서
(12) a hidden picture　　　　　한 장의 숨겨진 사진
(13) detecting devices　　　　탐지하는 기기
(14) my whole life　　　　　　나의 전 생애
(15) this man　　　　　　　　　이 남자
(16) something cold　　　　　　찬 것
(17) somebody smarter　　　　더 영리한 사람
(18) no one close to him　　　누구도 ~ 그와 가까운 사람 ~없다
(19) everyone concerned　　　관련된 모두
(20) everything possible　　　모든 것이 가능하다

7. 괄호 또는 밑줄 친 부분을 영작한 것이 맞으면 O, 틀리면 X를 해 보세요.

(1) Charles는 (8시에) (학교에) 갔다.   (eight o'clock) (to school)
(2) Amos는 (그 책에서) (그에 대하여) 썼다.   (in the book) (about him)
(3) 그는 나에게 (그 창문이 열려 있었는지)를 물었다.   (the door was open)
(4) (그가 일어나기 전에), 나는 빨리 일어났다.   (before he got up)
(5) 나의 아빠는 <u>나의 여동생**에게**</u> 책들을 읽어 주었다   **my sister**
(6) 나의 아빠는 읽어 주었다 + 책들을 +(나의 여동생**에게**) **(to my sister)**
(7) 나는 (그가 그의 방을 깨끗하게 하도록) 도왔다.   him clean his room
(8) 나는 (그가 그의 방을 깨끗하게 하도록) 도왔다.   helped him to clean his room.
(9) 나는 (그가 그의 방을 깨끗하게 하도록) 도왔다. helped (that he cleaned his room)
(10) 나는 (그가 그의 방을 깨끗하게 하도록) 만들었다. him clean his room.

8. 주어진 한글이 영어의 밑줄 친 부분과 문법적으로 맞으면 O, 틀리면 X를 해 보세요.

	주 +	동 +	목1 +	목2 +	보 +	괄호(부)
(1) Sam은	<u>Sam</u>	likes		apples.		
(2) 나는	<u>I</u>	likes		apples.		
(3) Sam을	The man	offered	<u>Sam</u>	a nice apartment.		
(4) 나에게	The man	offered	<u>me</u>	a nice apartment.		
(5) 그녀는	<u>She</u>	has met		Sam.		
(6) 나에게	She	has met		<u>me</u>.		
(7) Sam에게	The man	is			<u>Sam</u>.	
(8) 나(이다)	The man	is			<u>I</u>.	
(9) Sam 뒤에	He	was			<u>(behind Sam)</u>.	
(10) 내 뒤에	He	was			<u>(behind me)</u>.	
(11) Sam의 차(이다)	This	is			<u>Sam's car</u>.	
(12) 나의 차(이다)	This	is			<u>my car</u>.	
(13) 그의 집으로	He	is			anxious	(to move <u>into his house</u>).

9. 한글에 맞는 영어표현을 골라 보세요.

(1) 나는　　　　보았다　　　　(그가 TV를 보고 있는 것)을

　　① I　　　saw　　　him (watching TV).
　　② I　　　saw　　　(that he was watching TV)

(2) 나는　　　　보았다　　　　Sam이 (TV를 보고 있는 것)을

　　① I　　　saw　　　Sam (watching TV).
　　② I　　　saw　　　(that Sam was watching TV)

(3) 나의 아빠는 기대했다　　　(내가 변호사가 되는 것)을

　　① My dad expected　　me (to be a lawyer).
　　② My dad expected　　(that me to be a lawyer).

(4) 나는 (그 컴퓨터가 고쳐진 것)을 알았다(find).

　　① I　　　found　　my computer (to fixed).
　　② I　　　found　　(my computer fixed).
　　③ I　　　found　　(that my computer fixed).

(5) 나는　　　　발견했다　　　(그 컴퓨터가 고쳐진 것)을

　　① I　　　found　　the computer fix
　　② I　　　found　　the computer fixed

(6) 그 배심원들은 알았다　　　(그 늙은이가 유죄인 것)을

　　① The jury found　　(that the old man being guilty).
　　② The jury found　　the old man guilty.

10. 밑줄 부분에 적당한 단어를 넣어 완벽한 영문을 만들어 보세요.

(1) I am afraid __ tell you the truth.
(2) I am afraid __ the big guy.
(3) I am crazy __ you.
(4) It can be covered __ an emulsion paint.
(5) He was surprised __ see his uncle.
(6) I was surprised __ what happened to me.
(7) Son, I am proud __ you.
(8) I agree __ you.
(9) We have agreed __ Korea for our holiday next week.
(10) I agree __ your request.

11. 다음 밑줄 부분에 적당한 단어를 넣어 완벽한 영문을 만들어 보세요. 들어갈 단어가 없으면 아무것도 적지 마세요.

(1) What did he die __ kidney failure.
(2) The kid died __ the wounds that he received from the road accident.
(3) I want__ discuss water pollution with you.
(4) I entered __the bathroom right away.
(5) We entered __ meaningful discussions about our business.
(6) I entered __the living room.
(7) We entered __ the contract.
(8) She did not mention __her mother's death.
(9) I mentioned __my financial problems to my wife for her help.
(10) I am looking forward __ seeing you soon.
(11) She is married __ Mr. Kim.
(12) She married __Mr. Kim.
(13) Don't worry. I will take care __ her.
(14) She was approaching __the postbox.

이것을 알면 끝

괄호(구/절)의 공통문법

괄호(구/절)를 만드는 문법 규칙을 몇 가지만 알면
고급 영문의 영작/독해를 습득할 수 있다.
그 이유는 괄호(구/절)에 한글/영어에 같이 적용되는 공통문법이 있기 때문이다.

공통문법이 적용되는 괄호(구/절)
명사절/동명사구/부정사구/관계사절/현재분사/과거분사/분사구문/접속사절/전치사구

이 모든 괄호(구/절)를 한 번에 배우면 좋은 점
- 문법규칙이 일정하다.
- 해석을 일정하게 할 수 있다.
- 영작도 일정하게 할 수 있다.

H. 문법 용어로 설명한 괄호(구/절)

- 한국인이 어려워하는 고급 문법 단숨에 끝내기

1. 영어에서 괄호가 만드는 문법용어 총정리
2. that/wh~가 만드는 문법용어
3. to 동사가 만드는 문법용어
4. 동사ing가 만드는 문법용어
5. 동사ed가 만드는 문법용어
6. 종속접속사가 만드는 문법용어
7. 전치사가 만드는 문법용어

1 영어에서 괄호가 만드는 문법용어 총 정리 - 표의 설명

한글 괄호의 괄호표현	괄호(명)		괄호(형)		괄호(부)		주의 할 사항
	것/가/지, 다고/라고		ㄴ/ㄹ/의		에(에서/에서는)/여(서)/러		
영어 괄호의 괄호표현	역할의 유무	설명된 곳 문법용어	역할의 유무	설명된 곳 문법용어	역할의 유무	설명된 곳 문법용어	
that	O	p.215	O	p.217 관계사절	O	p.227	
wh~	O	p.215	O	p.217 관계사절	O	p.227	
to 동사	O	p.233 부정사	O	p.233 부정사	O	p.233 부정사	
동사ing	O	p.243 동명사	O	p.247 현재분사	O	p.248 분사구문	
동사ed	X		O	p.253 과거분사	O	p.255 분사구문	
접속사	X		X		O	p.258	
전치사	X		O	p.260	O	p.260	

괄호(구/절)의 표의 설명

- (that/wh~)가 들어가는 문법용어

괄호(명)	괄호(형)	괄호(부)
that 명사절	관계사절	부사절
what 명사절		주+be+보어(형용사)+괄호(부)

- (동사ing)가 들어가는 문법용어

괄호(명)	괄호(형)	괄호(부)
동명사	분사(현재분사)	분사구문

- (동사ed)가 들어가는 문법용어

괄호(명)	괄호(형)	괄호(부)
X	분사(과거분사)	분사구문

• (to 동사)가 들어가는 문법용어

괄호(명)　　　　　　괄호(형)　　　　　　괄호(부)
명사적 용법　　　　　형용사적 용법　　　　부사적 용법
　　　　　　　　　　　　　　　　　　　　주+be+보어(형용사)+괄호(부)

*혼동되는 것: to 전치사

• 전치사가 들어가는 문법용어

괄호(명)　　　　　　괄호(형)　　　　　　괄호(부)
　X　　　　　　　　 형용사적 용법　　　　부사적용법/주+be+보어(형용사)+괄호(부)

• 종속접속사가 만드는 문법용어

괄호(명)　　　　　　괄호(형)　　　　　　괄호(부)
　X　　　　　　　　　X　　　　　　　　부사절/종속부사절인 if절과 가정법 등

 **괄호(명)/괄호(형)/괄호(부)의 공통문법**
문법/영작/독해를 함께 배운다.

가, 괄호표현: 괄호(명)/괄호(형)/괄호(부)에 따라 정해진 괄호표현이 있다.
　한글의 괄호표현: 3가지　☞ p.18
　영어의 괄호표현: 7가지
　— 괄호(명) — that절, wh~절　　　동사ing,　　　　　　　to동사
　— 괄호(형) — 관계사절(that/wh~)　동사ing/동사ed　　　　to동사　　전치사구
　— 괄호(부) — that절, wh~절,　　　분사구문(동사ing/동사ed)　to동사　전치사구
　　　　　　　　　　　　　　　　　　　　　　　　　　　　　　　　접속사구

나, **영어 괄호 속 순서: 1가지 순서**이다. 전치사 괄호는 예외
　영문에서 괄호 위치: 괄호(명)/괄호(형)/괄호(부)에 따라 **정해진 위치**가 있다.

다, 한글/영어에서 괄호를 구분　　　　**공통문법**　☞ p.18

　　　　　괄호(명) 구분　　　　　　**괄호(형)** 구분　　　　　　**괄호(부)** 구분
한글: **괄호표현**/한글 조사/어미로 찾는다.　**괄호표현**으로 찾는다.　　**괄호표현**으로 찾는다.
영어: 주어/목적어/보어의 **맨 처음**에 있다.　명사의 **뒤**　　　　　　문의 **처음/끝**
　　　　　　　　　　　　　　　　　　　전치사 **뒤**　　　　　　　처음은 보통 콤마가 있다.

2. that/wh-가 만드는 문법용어 - 명사절, 관계사절/부사절

3분비법
that/wh~는 괄호(명)/괄호(형)/괄호(부)가 된다.

괄호구분	문법용어	한글의 예
① 괄호(명):	that/wh~의 명사적 용법	예) (...먹는 것)
② 괄호(형):	that/wh~의 형용사적 용법	예) (...먹을)/(...먹는)/(...먹힌)
		예) (짧은 머리를 가진) 남학생
③ 괄호(부):	that/wh~의 부사적 용법	예) (먹어서)(먹기 위하여)(먹었는데...)

❶ that/wh~ 괄호(명) - 명사적 용법

명사절로 쓰이는 괄호표현 that
명사절로 쓰이는 괄호표현 wh~: **wh**at/**who**, **who**se, **who**m/**wh**ich/
　　　　　　　　　　　　　　　　when, **wh**ere, **wh**y, **h**ow/**wh**ether/if

가, that/wh~ 괄호(명)의 구분법: **괄호표현**으로 구분한다.

영어 괄호표현	한글 괄호표현	문법용어
"that, wh~"	"~것/가/지/다고/라고"	that명사절/what명사절
(that I drink milk)	(내가 우유를 마시는 **것**)	that명사절
(what I drink)	(내가 마시는 **것**)	what명사절
(why I drink milk)	(내가 왜 우유를 마시는**지**)	why 명사절
	(내가 왜 우유를 마신**다고**)	
(whether it is right)	(그것이 옳은**지**)	whether/if 명사절

나, that/wh~ **괄호(명)** 문법규칙: 영작

- 한글의 괄호에 주어가 **있다** + "것/가/지/다고/라고"
-  비법응용: 한글의 "것/가/지/다고/라고"는 영어는 괄호표현 that을 사용한다.

예) (내가 과일을 매일 먹는 **것**)
→ (**that** I eat fruit every day)

예1) 주 +   동 +   목1 + 목2 +   보 +   괄호(부)
    (That I meet him)   is   (to learn English)
    (내가 그 분을 만나는 것)은 이다   (영어를 공부하는 것)

예2) 주 +   동 + 목1 + 목2 + 보 + 괄호(부)
    Dr. Dewey   said   (**that** the deepest urge (in human nature) is
    "the desire (to be important."))
    Dewey박사는   말했다   (인간 천성의) 가장 깊이 있는 충동은 (중요하게 되는) 욕구**라고**)

예3) 주 +   동 +   목1 + 목2 +   보 + 괄호(부)
    The doctor tells   me   (**that** I **have** high blood pressure).
    그 의사는   말한다 나에게   (내가 고혈압이 있**다고**)

• 한글의 괄호에 주어가 **있다** + "것/가/지/다고/라고"

🍎 비법응용: 다만 한글 괄호 속에 의문사 "wh~"가 있으면 → wh~ 사용
의문사 "wh~": what/who/which... ☞ p.156

예)
(<u>무엇을</u> 네가 먹었는지)   (what   you   ate   )
(<u>누가</u> 그 음식을 먹었는지)   (who   ate   the food)
(네가 <u>어떤 것을</u> 좋아하는지)   (which   you   like   )
(<u>언제</u> 내가 너를 만났는지)   (when   I   met   you   )

▲고질병 치료▲ (~것)을 영작할 때 that와 what의 차이?
that를 쓸 때 - 괄호 속 동사가 필요로 하는 목적어/보어가 들어 있다.
what를 쓸 때 - 괄호 속 동사가 필요로 하는 목적어가 없다.
            (주 + 동 + 목1 + 목2 +   보)
I think   (that he   likes   (to learn something different)).
I know   (what you want   ).

▲고질병 치료▲관계사 절이 명사의 바로 뒤에 오지 않는 드문 예외가 있다.
A crane lowered **something** (to us) (<u>that looked (like an oversize orange life ring</u>)), (with rope) (webbed)
(above it) (like a tent).
* 설명: 밑줄 친 부분(관계사절)이 something의 바로 뒤에 와야 하지만 너무 길어 독자가 순서에 혼동을 할까 봐
(to us)의 뒤에 나왔다. 이러한 경우는 빈번하게 일어나지 않는다.

• 한글의 괄호에 주어가 **있다** + "~인지/아닌지" → whether/if를 사용
🍎 비법응용: whether/if는 특별한 동사의 뒤에서만 나온다.
특별한 동사: ask 묻다   know 알다   wonder 궁금하다

주의: whether 괄호(명)는 주어/보어가 될 수 있다. if 괄호(명)는 주어가 <u>안</u> 된다.

주 +   동 + 목1 + 목2 + 보 +   괄호(부)
(<u>Whether</u> students can drink milk every day)   is   an issue. O
(<u>If</u> students can drink milk every day)   is   an issue. X

• 한글의 괄호에 주어가 **있다** + "것/가/지/다고/라고"
🍎 비법응용: 다만, 한글 괄호에 목적어2가 생략되면 → 괄호표현 what을 사용

예1)
(내가 먹은 것)
→ 괄호에 "을/를"이 <u>생략</u>   (**what** I   ate   )

(Sam이 좋아하는 것)
→ 괄호에 "을/를"이 <u>생략</u>   (**what** Sam likes)

비교:
(내가 한국 **음식을** 먹는 것)
→ 괄호에 "을/를"이 <u>있음</u>   (**that** I eat Korean food)

예2) 주 +   동 + 목1 + 목2 + 보 +   괄호(부)
     (**Wh**at I like)   is   Korean food.
     (내가 좋아하는 <u>것</u>)은 이다   한국 음식

• 괄호 속에 주어가 **없다** + "것/ㅁ"
🍎 비법응용: 한글의 **"것/ㅁ"** → to 동사/동사ing 사용

예) (과일을 매일 먹는 **것**/~먹**음**)   → (eat**ing** fruit every day)
     ↑   (**to** eat fruit every day)
    주어 없음

- 한글 괄호에 주어가 **있다** + "**것/ㅁ**" ⇢ to 동사/동사ing를 사용할 수 있다.
  예) 내가 (그 정책을 이해하는 것) <u>my</u> (understand**ing** the political policy)
  　　　　　　　　　　　　　　　　　　<u>(for me)</u> (**to** understand the political policy)

- 전치사 뒤에 괄호(명) (wh~...)가 올 수 있다.

주 +	동 +	목1 +	목2 +	보 +	괄호(부) (전 + 괄호(명))
The doctor	told	me			(**about** (what I **have**)).
그 의사는	말했다	나에게			(내가 가진 **것**)에 대하여

다, that/wh~ **괄호(명)** 문법규칙: 해석
　● <u>비법응용</u>: 영어의 괄호(명)의 <u>위치에 따라 해석</u>한다.
　괄호(명)는 "것/가/지/다고/라고"를 붙인다. 다만, 위치에 따라 조사가 다르다.
　주어 - 주격조사 (...것)은/목적어 - 목적격조사 (...것)을/를/보어 - 보격조사 (...것)이다.

주 +		동 +목1 + 목2 +	보 +	괄호(부)
(**That I drink milk every day**)		makes　me	(keep fit)	(like a fiddle).
The doctor		knows		(**that I drink milk every day**).

주 +		동 + 목1 + 목2 +	보 +	괄호(부)
(**What I routinely do**)			is	(**that I drink milk every day**).

 **that/wh~ 괄호(형)는 "관계사절"이다.**

가, **문법규칙1**: 관계사의 구분
　● 비법: 영어의 관계사절은 문에서 **정해진 위치**로 구분한다. **공통문법**
　　　한글의 관계사절은 문에서 **정해진 표현**으로 구분한다.

영어 표현 (that, wh~) 명사 + 괄호	한글 표현 (~ㄴ/ㄹ/의) (... ㄴ/ㄹ/의) + 명사		문법용어
the food (**that** I like)	(내가 좋아하**는**)	그 음식	관계대명사절
the food (**wh**ich I will eat)	(내가 먹**을**)	그 음식	관계대명사절
the man (**wh**om I love)	(내가 사랑하**는**)	그 남자	관계대명사절
the place (**where** I live)	(내가 사**는**)	그 곳	관계부사절
the place (in **wh**ich I live)	(내가 사**는**)	그 곳	관계대명사절

나, **문법규칙2**: 영작

- 관계사절의 영작
  🍎 비법응용1: 한글이 "ㄴ/ㄹ/의"이면 관계사절로 쓸 수 있다.
  🍎 비법응용2: 1가지 순서로 영작한다.

  🍎 비법응용3: 한글에서 관계사절의 위치 -   (괄호) + 명사
           영어에서 관계사절의 위치 -   명사 + (괄호)

한글의 순서		영어의 순서	
괄호(형) +	명사	명사 +	괄호(형)
			(괄호표현+주+ 동+ 목1+ 목2+ 보+괄호(부))
(내가 먹은)	그 케이크	the cake	(that I ate)
(그가 말하는)	그 남자	the man	(whom he talks (to))
(내가 먹을)	그 음식	the food	(that I will eat)
(나에게 선물들을 주신) 그 남자		the man	(who gave me gifts)
(꼬리가 하얀)	그 강아지	the dog	(whose tail is white)

- 관계사 고르기: 적당한 관계사를 고르는 법
  🍎 비법응용4: 한글에서 괄호의 뒤에 오는 명사(선행사)에 따라 관계사가 달라진다.

  - 관계대명사: that,   **wh**o/**whose**/**wh**om, **wh**ich
                  whom/**wh**ich … + 전치사
              전치사 +**wh**ich/**wh**om
              유사관계사 **wh**at/as/than

  - 관계부사: **wh**ere/**wh**en/**wh**y/**h**ow

  - 한글의 괄호 뒤의 **명사가 사람**일 때: 한글의 순서 - (   ) + 명사 = 사람

who/whom/whose를 사용한다.
that도 사용한다. - 주로 구어체에서 쓰이지만 문어체에서 가끔 쓰기도 한다.
"전치사 + whom"를 사용 = "whom …+ ~전치사"

예1) who의 용법: 괄호 속에 주어가 없으면 who 사용

　　　　　사람
(나를 만**난**) 그 여자아이
　　　　↘
the girl (**wh**o met me)
　　　사람

예2) whom의 용법: 괄호 속에 목적어가 없으면 whom 사용

　　　　　사람
(내가 만**난**) 그 여자아이
　　　　↘
the girl (**wh**om I met)
　　　사람

예3) 괄호가 "ㄴ/의"로 끝나면 whose 사용

　　　　　　　　　괄호(형) + 명사
(내가 좋아하는)　(성격**의**) 아이들
　　　　　　　　　　　↘
　　　　　　kids (**whose** characters (that I like))
　　　　　　명사 + 괄호(형)

괄호(형) + 명사
(귀가 **긴**) 그 강아지
　　　↘
the puppy (**whose** ears are long)
명사 +　　괄호(형)

▲고질병 치료▲ 선행사가 사람이면 관계사 that을 못 쓰나?
that을 쓰기도 한다. 주로 구어체에서 쓰나, 문어체에서도 쓰는 사례들도 있다.

예)　the girl (who I met)
　　　the girl (that I met)

- 한글의 괄호 뒤의 **명사가** 사물일 때: 한글의 순서 - (   ) + 명사 = 사물 which/that를 사용
"전치사 + which"를 사용 = "which + ~ 전치사"

      사물
  (내가 **본**) 그 회색 곰
      ↘

the grizzly bear (**that** I saw)
     사물

예1) 주 +   동 + 목1 + 목2 +보 + 괄호(부)
  You might be   aware (of any situation) (**that** might tarnish your reputation).
  너는 알지도 모른다   (어떠한 상황을) (너의 명성을 더럽힐지도 모르**는**)

예2) 주 + 동 + 목1 + 목2 + 보 + 괄호(부)
  We talked   (about the increase) (in wages) (**for which** they had fought).
  우리는 말했다   (인상에 대하여) (급여에서의) (그들이 싸**운**)

예3) 주 + 동 + 목1 + 목2 + 보 + 괄호(부)
  We talked   (about the increase) (in wages) (**which** they had fought **for**).
  우리는 말했다   (인상에 대하여) (급여에서의) (그들이 싸**운**)

- 한글의 괄호 뒤의 **명사**가 "장소 place/ 시간 time/ 이유 reason/ 방법 way"일 때 한글의 순서 - (   ) + 명사 = 명사가 "장소/시간/이유/방법"이다.

예1) 한글의 괄호 뒤가 "place 장소/곳"일 때:
- 곳/도서관/식당 등은 where 사용
- "전치사 + which" 사용

     명사
(내가 태어**난**) 곳
    ↘

the place (**where** I was born)

	괄호 뒤의 명사			괄호 뒤의 명사
	↓			↓
(내가 그를 **본**)	**장소**		(우리가 그를 만**난**)	그 도서관

	괄호(형)	+ 명사	
한글:	(내가 그를 **본**)	**장소**	주 + 동 + 목
영어 순서:	장소	(괄호표현+ 내가 + 보다 + 그를)	
영어:	the place	(where I saw him)	

예2) 한글의 괄호 뒤의 **명사**가 "time 시간"일 때:
- 시간 when 사용
- "전치사 + which" 사용

예) (우리가 그를 만**난**) **때**

	괄호(형)	+	명사	
한글:	(우리가 그를 만난)		때	주 + 동 + 목
영어 순서:	때		(괄호표현+ 우리가 + 만나다 + 그를)	
영어:	the time		(when I met him)	

예3) 한글의 괄호 뒤의 **명사**가 "reason 이유"일 때:
- 이유 why를 사용
- "전치사 + which" 사용

(내가 **운**) 이유

	괄호(형)	+	명사	
한글:	(내가 운)		이유	주 + 동 + 목
영어 순서:	이유		(괄호표현+ 내가 + 울다)	
영어:	the reason		(why I cried)	

예4) 한글의 괄호 뒤의 **명사**가 "way 방법"일 때 - how를 쓴다.
주의: 선행사가 way이면 항상 way나 how 둘 중 1개만 쓴다.

(내가 그것을 만**든**) **방법**

	괄호(형)	+명사	
한글:	(내가 그것을 만든)	방법	주 + 동 + 목
영어 순서:	방법	(괄호표현 + 내가 + 만든 + 그것을)	
영어:	the way	(I made it)	

- 괄호와 명사가 "의"로 연결되면 whose/of which를 쓴다.
of which는 실제로는 문의 구조가 복잡하여 거의 쓰지 않는 표현이다.

(다리가 **긴**) 그 닭　　　　　　　→　의미적으로 "닭**의** 다리"

the chicken (**whose** legs are long)

	괄호(형)	+명사	
한글:	(꼬리가 하**얀**)	그 강아지	→ 의미적으로 "강아지**의** 꼬리"
영어 순서:	그 강아지	(whose 꼬리가 하얗다)	
영어:	the puppy	(**whose** tail is white)	

예1)

주 +　　　　　　　　　동 + 목1 + 목2 + 보 + 괄호(부)
The smugglers　are　　　　　　　poor farmers (**whose** wheat and barley
crops have been hit　　　　　　(by the area's ongoing drought)).
그 밀수업자들은　　　이다　　　　가난한 농부들
(밀과 보리 수확이 피해를 당해오고 있**는**)　(그 지역의 계속되는 가뭄에 의하여)

예2)

주 +　　　　　　　　　　　　　　　동 + 목1 + 목2 + 보 + 괄호(부)
The shop (**whose** window display is attractive)　is always　crowded.
= The shop, (the window display **of which** is attractive), is always crowded.

예3)

주 +　　　　동 + 목1 + 목2 +　보 +　　괄호(부)
He　　　was　　　　　a French finance minister (**whose** taxes turned average people into beggars).

• 주의 할 관계사

- who와 whom의 차이
🔴 비법: who의 사용 – 한글 괄호(형)에 <u>주어가 없으면</u> 주어로서 who를 쓴다.

　　　　　　　　　　괄호(형)　　　+　　　명사
한글:　　　　　(나를 좋아하는)나의 남자 친구
　　　　　　　　주어 없음
　　　　　　　　　　　　↘
영어:　　　　　my boy friend (**who** loves me)

🔴 비법: whom의 사용 – 한글 괄호(형)에 <u>목적어가 없으면</u> 목적어로 whom을 쓴다. 그러나 구어체에서는 whom대신 who/that을 쓰기도 한다.

　　　　　　　　　　괄호(형)　　　+　　　명사
한글:　　　　　(내가 좋아하는)　　　나의 남자 친구
　　　　　　　　주어 있음
　　　　　　　　　　　　↘
영어:　　　　　my boy friend　　　(whom I love)
　　　　　　　　my boy friend　　　(who I love)
　　　　　　　　my boy friend　　　(that I love)

▲**고질병 치료**▲관계사 절이 왜 형용사 절인지를 이해를 못한다.

문법용어만 보면 관계<u>대명사</u>와 관계<u>부사</u>가 형용사 절이라고 하면 너무 혼동된다.
비법: 관계사절은 해석이 전부 "ㄴ/ㄹ/의"로 해석되므로 형용사 절이다. 한글의 해석을 보면 알 수 있다.

- 한글의 괄호(형)에 주어가 있으면, 관계사는 안 써도 된다.
- 🔴 비법: "관계사의 생략"이라고 한다.

주어 있음 ⇢ 괄호 속의 관계사 생략 가능
↓
(내가 읽은)　　　그 책
　　　　　↘

the book　　　　(that　I read)
the book　　　　(　　　I read) ⇢ 괄호 속의 관계사 생략

주어 있음 ⇢ 괄호 속의 관계사 생략 가능
↓
(우리가 살았던)　　그 곳
　　　　　↘

the place　　　　(where　　we lived)
the place　　　　(　　　　 we lived) ⇢ 괄호 속의 관계사 생략

다. 문법규칙3: 해석

- 영어에서 관계사절 찾기

- 괄호(형) 앞에 명사가 있다.
- 🔴 비법응용1: ⇢ **공통문법**

　　　　　　　명사　+　　괄호(형) = 관계사절
예) the TV program　　　(that I like)
　=the TV program　　　(　　 I like)

- 관계사가 생략된 경우
- 🔴 비법응용2: 괄호에 주어가 있으면 관계사가 생략될 수 있다.
관계사가 생략되면, 명사와 명사가 겹치게 된다.
"**명사 + (명사 + 동사 ...)**"

　　　　　　　　　　명사 + 명사 +　　동사
예)
Do you know someone (you would like to change)?

비교: 복합명사도 "명사+명사"이다.

명사 + 명사
radio station   라디오 방송국
school building   학교 건물
coffee shop   커피 숍

주의: 관계대명사의 생략: 관계사가 생략되면, 전치사는 항상 문의 맨 끝에 온다.

예) 주 +   동 +   목1 +   목2 +   보 +   괄호(부)

     Jane   asked   me   many questions (**which** I had no answers **to**).
     Jane   asked   me   many questions (**to which** I had no answers).
     Jane   asked   me   many questions (I had no answers **to**). → 관계사의 생략

- 관계사절의 해석: 항상 "ㄴ/ㄹ/의"로 해석한다.
- 🍎 비법응용3: → **공통문법**

      영어   한글

명사 +   괄호(형)   괄호(형) +   명사
the dog (**that** I bought)   (내가 **산**)   그 개
the dog (**that** I will buy)   (내가 **살**)   그 개
the dog (**whose** tail is white)   (꼬리가 하**얀**)   그 개

라, 문법규칙4: 제한용법/계속용법 ☞ p.309

- 제한용법: comma가 <u>없는</u> 모든 관계사는 "ㄴ/ㄹ/의"로 해석한다.

주 +   동 +   목1 +   목2 +   보 +   괄호(부)
The nurse (who talked to my wife) attended   the meeting.
내 아내와 이야기를 한 그 간호원은   참석하였다   그 모임에

- 계속용법: comma가 <u>있는</u> 관계사는 "~데"로 해석한다.

명사 + 콤마 + (which, who/whose/whom, when, where...)
~ the place, (where ~)   "~데 (그 장소는 ~)"
~ the time, (when ~)   "~데 (그 때는 ~)"
다만 관계사 that, why, how, "전치사 + which"는 계속용법이 <u>없다</u>.

예1) 주 +   동 +   목1 +   목2 +   보 +   괄호(부)
     The nurse, (who talked to my wife),   attended   the meeting.
     그 간호원은,   내 아내와 이야기를 하였는데,   참석하였다   그 모임에

예2)   명사 +콤마 +관계사절
This is the program, (**which** I have watched (for the last two years)).
이것이 그 프로그램인데,   (그 프로그램은 내가 봐오고 있다 (지난 2년 동안))

예3)   명사 +콤마 +관계사절
She let her eyes rest (on the baby), (**which** was lying) (in a carry-cot) (on the table).
그녀는 그녀의 눈을 (그 아기에) 두었는**데,** **그 아기는** (책상 위의) (간이침대에) 뉘여 있었다.

예4)   명사 +콤마 +관계사절
I was a student (at Sophia University), (**where** I was working (toward a degree)
(in comparative literature and writing)(for the student newspaper)).

• 계속용법의 관계대명사 which는 앞 문장 전체를 가리키기도 한다.

예1)   명사 +콤마 +관계사절
Charles married Jane, (**which** surprised me) (because he didn't love her).
Charles는 Jane과 결혼 했는**데, 그것은** (그가 그녀를 사랑하지 않았기 때문에) 나를 놀라게 했다.

예2)   명사 +콤마 +관계사절
Jane screamed a lot, (**which** was about twenty hours a day).
제인은 많이 소리를 질렀는**데, 그것은** 하루에 거의 20시간이었다.

마, 문법규칙5: 전치사와 쓰는 관계대명사 – 관계부사는 전치사와 같이 안 쓴다.
   (전치사 + 관계사)   This is the house (in which I live).
   (관계사 ...전치사)   This is the house (which I live in).
                           이곳이 (내가 사는) 그 집이다.

• 관계대명사가 생략되면 전치사는 항상 문의 끝에 온다.

This is the house (I live **in**).   O
This is the house (**in** I live).   X
이곳이 내가 사는 집이다.

주의: 관계대명사 that는 전치사와 붙여 쓰지 않는다.

This is the house (**that** I live **in**).　　　O
This is the house (**in that** I live).　　　X
이것이 +이다 + (내가 사는) 집

• "전치사+관계사"의 해석: 전치사를 무시하고 "ㄴ/ㄹ"로 해석한다.

예1)　주 +　동+목1+목2+　　보 +　　　　　　　　　　괄호(부)
　　　He　is　　　　　the kid (**to (whom** I gave the money)).
　　　　　　　　　　　그 아이　 (내가 그 돈을 **준**)

예2)　주 +　동+목1+목2+　　보 +　　　　　　　　　　괄호(부)
　　　He　is　　　　　the man (**from (whose house** the picture was stolen)).
　　　　　　　　　　　그 남자 (그림이 도난당한 집에서 **온**)

예3)　주 +　동+목1+목2+　　보 +　　　　　　　　　　괄호(부)
　　　He　is　　　　　the man (**whose house** the picture was stolen **from**).
　　　　　　　　　　　그 남자 (그림이 도난당한 집에서 **온**)

 **that/wh~ 괄호(부):** that 절, wh~절의 부사적 용법

가, 괄호(부)로 쓰이는 that는 3가지이다.

- so ... (that ...)
- such ... (that ...)
- be + 형용사(보어) + (that ...)　　☞ p.327

• so ~ (that...)/so (that...)/,so (that...)
- so 형/부 (that...)　　아주 ~하여 (...다)
- so (that...)　　　　　(...위하여)　　구어체에서는 that이 생략될 수 있다.
- ,so (that...)　　　　 ~데, (그래서 ...다)

예1) 주 +   동 + 목1 + 목2 + 보 +   괄호(부))
   The girl   came   (to Korea), so (that we married here).
   그 여자애가   왔는데   (한국에) ,그래서 (우리는 여기에서 결혼했다

예2) 주 +   동 + 목1 + 목2 + 보 +   괄호(부)
   The girl   was   so beautiful   (that I could not look at her eyes).
   그 여자는   쓰다   아주 예뻐서   (나는 그녀의 눈을 쳐다 볼 수 없었다).

- such   ~ (that...)

예1) 주 +   동 + 목1 + 목2 + 보 +   괄호(부)
   The girl   has   such pretty eyes   (that I could not look at her eyes).
   그 여자는   그러한 예쁜 눈이 있어서   (나는 그녀의 눈을 쳐다 볼 수 없었다).

예2) 주 +   동 + 목1 + 목2 + 보 +   괄호(부)
   Earl   was   **such** a degenerate gambler   (**that** he once stayed (at the wagering tables) twenty-four hours straight).
   Earl은 이었다   그러한 타락한 노름꾼   (그래서 그는 한때 머물렀다 (도박 테이블에) 24시간 연속적으로)

비교:
such   + 명사~   + (that...)
~그러한   ...여(서) (...하다)

so   + 형용사/부사~ + (that...)
~아주/그렇게   ...여(서) (...하다)

- 주어 + be + 형용사(보어) + (that ...) ☞ p.327

나, wh~가 들어간 괄호(부)는 3개의 종속접속사 "when/where/while"뿐이다.
   when   (~때에)   (내가 그를 보았을 때에) (when I saw him)
   where   (~곳에)   (내가 그를 만난 곳에)   (where I met him)
   while   (~동안에)   (내가 TV를 보는 동안에) (while I was watching TV)

예) 괄호(부), +   주 +   동 + 목1 + 목2 + 보 +   괄호(부)
(**When** she was just 6 years old),   her father   died   (in 1982).

 **혼동되는 that/wh~ 용법**: that/wh~가 다른 의미로 쓰인 경우 ☞ p.165

- that가 "저"의 의미   한정사

I love **that** book.   저 책

- that가 "저것"의 의미   지시대명사

I love **that**.   저것을

- 괄호(that...)가 앞의 단어와 동격
- 비법: 동격에 쓰이는 괄호 (that~) 앞은 보통 정해진 명사가 온다. ☞ p.323
fact   사실   idea   생각   belief   믿음   theory   이론

- 비법응용: 동격의 (that...)는 한글로는 괄호(형)처럼 "ㄴ/ㄹ"로 해석한다.
(언어적인 차이 때문)

예1) 주 +   동 + 목1 + 목2 +   보 +   괄호(부)
     It   was   the **fact** (that there was so much evidence).
     그것은   이었다   그 사실   (그렇게 많은 증거들이 있었다**는**)

예2) 주 +   동 +   목1 +   목2 +   보 + 괄호(부)
    Darwin   has got   the **idea** (that living things evolve and
    diversify (by passing) (on valuable traits) (to their offspring)).
     Darwin은   가졌다   그 아이디어를 (살아있는 것들은 진화하고 다양하게
     변한다는)   (넘겨줌으로써)   (귀중한 특성을)   (그들의 자손들에게)

- wh~의 다른 용법: 의문사 ☞ p.157
- 비법: wh~는 다양한 의미로 쓰인다. 예) when의 의미: 때, 때에, "~ㄴ"

what/who, whose, whom/which, when/where/why/how   의문사
- what/who, whose, whom/which   의문대명사
- when/where/why/how   의문부사

3. to 동사가 만드는 문법용어 — 부정사/to 부정사

3분비법
부정사는 괄호(명)/괄호(형)/괄호(부)를 만든다.
3개의 부정사는 똑 같지만, 문의 위치에 따라 종류/의미가 달라진다.

괄호의 종류	문법용어	한글의 예
① 괄호(명):	to부정사의 명사적 용법	예) (...먹는 것)
② 괄호(형):	to부정사의 형용사적 용법	예) (...먹을/먹는)
③ 괄호(부):	to부정사의 부사적 용법	예) (...먹기 위하여)

 문법규칙1: 부정사 종류의 구분법

부정사는 (to +동사...)인데, 괄호(명)/괄호(형)/괄호(부)의 형태가 똑 같다.
　● 비법: 종류는 영어는 **문에서의 위치**/한글은 **괄호표현**으로 구분된다.

 문법규칙2: 영작의 순서
　● 비법: 1가지 순서이다.

```
      (주 +    동 +       목1 +    목2 +    보 +    괄호(부))
      (to     read        her     a book)
      (       읽어주기 위해   그녀에게  1권의 책을)
```

 문법규칙3: 부정사의 주어
　● 비법: 3가지 방법으로 주어를 표현한다.

가, 보통 부정사 앞에 부정사의 주어가 <u>없는 경우</u>
　　문의 주어/일반적인 주어가 부정사의 주어를 <u>대신한다</u>.

　● 문의 주어가 부정사의 주어인 경우: (우유를 마시는 것)을 ⟶ 내가 (우유를 마시는 것)을

```
주 +         동 +    목1 +      목2 +    보 +    괄호(부)
I           want              (to drink milk).
나는         원한다             (우유를 마시는 것)을
```

• 부정사 바로 앞에 주어가 없는 경우 - 문에는 없지만 "사람들/..."처럼 일반적인 주어를 생각해서 해석한다. 부정사의 주어를 넣어서 해석할 필요는 없다.

주 +　　　　　　　동 +　목1 +　목2 +　　　　　보 +　　괄호(부)
(Drinking milk)　　is　　　　　　　　　　　　good　(for young children).
(우유를 마시는 것)은　이다　　　　　　　　　　좋은　(어린 아이들을 위하여)
* 설명: (우유를 마시는 것)은 ⋯➔ 사람들이 (우유를 마시는 것)은

나, 부정사의 앞에 주어가 있는 경우
　　부정사의 주어가 표시되어 있다.

• (**for** 목적격) + (to 동사...)
🍓 비법1: 보통 부정사의 주어는 (for ...)로 한다.

(to drink milk) is~　　　　　　　　　　　　(우유를 마시는 것)은
(for me) (to drink milk) is ~　　　　　　　　(내가) (우유를 마시는 것)은
He is a smart man (for me) (to know)　　　(내가) (아는)

예1) 주 +　　　　　　동 +목1+ 목2+보 +괄호(부)
　　　More information is required　(**for** you) (**to** participate (in the LEE online community)).
　　　　　　　　　　　　　　　　　　(당신이)　(참여하기 **위하여**)

예2) 주 +　동 +　　목1 +　　목2 +　　보 + 괄호(부)
　　　They　believe　　　(that bigger fund is needed (**for** poor nations)
(**to** reduce greenhouse gases)).　　　　　　　　(가난한 국가들이)
(온실가스를 줄이기 **위하여**)

• be + 형용사 +(**of** 목적격) + (**to** 동사...)
🍓 비법2: 성격을 나타내는 형용사에만 (of...)을 쓴다.
예) nice/kind/foolish/silly/rude/stupid/wise
비교: for를 쓰는 형용사 - easy, important, necessary, preferable, useful

It is nice (**of** you) (**to** say so).　　　　　(당신이) (그렇게 말하니)
It is kind (**of** you) (**to** do such a thing).　(당신이) (그 같은 것을 하시다니)

- **목적격** + (to 동사...)
- 🍑 비법3: 몇 개의 정해진 동사는 부정사 앞의 목적어가 주어가 된다. 한글의 괄호 속이 (주어 + ...것)이라도 (that...)로 영작하지 않고 (to...)로 영작한다. ☞ p.87

| want 원하다 | expect 기대하다 | get 하게 하다 | help 돕다 |
| make 시키다 | have 시키다 | let ~도록 놔두다 | |

```
주 +        동 +    목1 +         목2 +    보 + 괄호(부)
나는        원한다                당신이   (책들을 읽는 것)을
I           want                  you      (to read books).              O
I           want                  (that you read books).*                X
```

* (주어 + ~것)은 보통 (that~)로 영작하지만, ⇢ 특정의 문의 동사들은 <u>목적어 + (to...)</u>만 가능하다.

 **문법규칙4**: 부정사의 수동/완료 표시

- 부정사의 수동 표시: (to be + 동사ed...)
- 🍑 비법: 부정사의 의미 + 수동태의 의미

```
주 +                                            동 +목1 + 목2 +   보 +              괄호(부)
Folks (whose ages are 55 to 64) are                              much more likely  (to be insured)
(than the younger set).
사람들은 (나이가 55세에서 64세인)                                (보험에 가입되는 것)이 더 많을 것 같은
(젊은 집단보다)                                                  다
```

- 부정사의 완료 표시: (to have + 동사ed...)
- 🍑 비법: 부정사의 완료의 의미는 "부정사의 의미 + 완료의 의미"이다.

```
주 +         동 +      목1 +   목2 +   보 +       괄호(부)
He           appears                          (to have driven a car). *
그가         보인다                              (운전한 것으로)
```

* 설명: appear은 be동사처럼 뒤에 보어가 오는 동사이다.

❺ 문법규칙5: 부정사의 부정 표시 → not (to 동사)

부정사의 부정은 부정사의 바로 앞에 not으로 표시한다.

괄호(부), + 주 + 동 + 목1 + 목2 + 보 + 괄호(부)
(As a result), many physicians have decided **not (to** take these patients).
(결과로), 많은 의사들은 결정했다 (이 환자들을 받지 **않는 것**)을

❻ 문법규칙6: 괄호(명)/괄호(형)/괄호(부)의 구분/해석

● 비법: 문에서 **적힌 위치**로 괄호(명)/괄호(형)/괄호(부)의 종류를 구분한다.

• 괄호(명)
● 비법: 적힌 위치 – 주/목/보의 맨 처음에 온다.
● 비법응용: "(...것) +조사"를 붙여 해석한다.

예1)
(To suggest...) = (...말하는 것)**은**   ←‐‐ 괄호(명)가 주어의 처음에 위치

주 +   동 + 목1 + 목2 + 보
(To suggest (that young people are somehow any less prepared (for this change) (than previous generations))) is rubbish.

예2)
(to see an atmosphere) = (분위기를 보는 것)**을**   ←‐‐ 괄호(명)가 목적어의 처음에 위치

주 + 동 + 목1 + 목2 + 보 + 괄호(부)
I began **(to see** an atmosphere) (around the world) (that was moving (from one) (which had been (in fear) (towards one) (of hope))).

▲고질병 치료 ▲부정사의 문에서의 위치

공통문법과 같다. – 부정사는 문에서 위치가 바뀌면 부정사의 종류가 바뀌고, 의미도 바뀐다.
괄호(명)는 주어/목적어/보어의 맨 처음, 전치사의 뒤
괄호(형)는 명사의 뒤
괄호(부)는 문의 처음/끝

예3)
(**to point** telescopes) = (... 가리키는 것)**이다**   ←-- 괄호(명)가 보어의 처음에 위치

주 +   동+목1+목2+보
The only way (we're ever going to learn anything (about it)) is (**to point telescopes**) (at it).

- 괄호(형)
🔴 비법: 적힌 위치 – 명사의 뒤에 온다.
🔴 비법응용: "ㄴ/ㄹ/의"로 해석한다.
부정사의 괄호(형)의 해석은 보통 "ㄹ"이지만 "는"이 적절한 경우가 있다. 예2)

예1) ↶
명 +   부정사
promotion (**to increase** revenue) = (수입을 **늘릴**) 판매촉진

주 +   동 + 목1 + 목2 + 보 + 괄호(부)   ↶
The shop owner   came up   (with an imaginative promotion (**to increase** revenue)).
그 상점 주인은   생각해 냈다   (수입을 **늘릴**) (상상력이 풍부한 판매촉진을)

예2) ↶
명 +   부정사
The ability (**to remember** names) = (이름들을 **기억하는**) 그 능력은

주+   동 +목1 + 목2 +   보 +   괄호(부)
The ability (**to remember** names) is   very important (in business).
(이름들을 **기억하는**) 그 능력은   다   아주 중요한   (사업에서)

- 괄호(부)
🔴 비법: 적힌 위치 – 부정사는 문의 처음/끝에 온다.
🔴 비법응용: "에/여(서),러"로 해석한다.

예1) 괄호(부), +   주 + 동 +   목1 +   목2 + 보 +   괄호(부)
     (To support his family),   Mark worked   very hard.
     (그의 가족을 부양하기 위하**여**), Mark는 일했다   아주 열심히

예2) 주 + 동 + 목1 + 목2 + 보 + 괄호(부)
　　　Mark worked　　　　　　　　　　　very hard (to support his family).
　　　Mark는　일했다　　　　　　　　　　아주 열심히(그의 가족을 부양하기 위하여)

예3) 주 + 동 + 목1 + 목2 + 보 + 괄호(부)
　　　He　 was　　　　　　　kind enough　(to lend me his computer).
　　　그는　 이었다　　　　　충분히 친절한　(내가 그에게 컴퓨터를 빌려주기에)

예4) 주 +　　　　　　　　　　　　동 + 목1 + 목2 + 보 + 괄호(부)
　　　The interim government (of Haiti) is struggling (to bring security (to the country)).
　　　그 임시 정부는 (Haiti의)　　　　　노력하고 있다　(안전을 가져오기 위하여 (그 나라에))

 문법규칙7: 목적어2에 부정사/동명사 중 정해진 것만 오는 동사

문의 동사에 따라 목적어2에 부정사/동명사 중 반드시 오는 것만 온다.　☞ p.323
영어로 쓸 때는 문의 동사에 따라 다음 3가지 중 1가지를 선택해야 한다.

　주 + 동 + **목적어2**　　→　　① to 동사
　　　　　　　　　　　　　　　② 동사ing
　　　　　　　　　　　　　　　③ (to 동사), (동사ing) 둘 다 가능

예) (영어를 공부하는 것)을　→　(to study English)
　　　　　　　　　　　　　　→　(studying English)

• (to 동사)만 오는 문의 동사
want 원하다　　　decide 결심하다　　　determine 결심하다
hope 원하다　　　agree 동의하다　　　ask 　　묻다

주 +　　　　　　동 + 목1 +　목2 + 보 +　　　　　괄호(부)
I　　　　　　　　wanted　　(**to bring** something new).　　O
I　　　　　　　　wanted　　(bring**ing** something new).　　X

I　　　　　　　　decided　(**to go**).　　　　　　　　　　O
I　　　　　　　　decided　(go**ing**).　　　　　　　　　　X

- (동사ing)만 오는 문의 동사

stop 멈추다 enjoy 즐기다 mind 꺼리다 consider 고려하다
avoid 피하다 appreciate 감사하다 admit 허가하다

예1) 괄호(부) +주+ 　　　　동 + 　목1 + 　목2 + 　　　　　보 + 　괄호(부)
　　　　　　　　I 　can't stop 　　　(thinking) (about you).
　　　　　　　　나는 　멈출 수 없다 　(생각하는 것)을 (너에 대하여)

예2) 괄호(부) +주+ 　　　　동 + 　목1 + 　목2 + 　　　　　보 + 　괄호(부)
　　　　　　　　I 　enjoy 　　　(playing the flute).
　　　　　　　　나는 　좋아한다 　(플루트를 연주하는 것)를

예3) 　　주 + 　　　　동 + 　목1 + 　목2 + 　　　　　보 + 　괄호(부)
Would 　you 　mind 　(speaking a little louder)?
　　　　당신은 　꺼리십니까 　(좀 더 크게 말씀하시는 것을)

- (to 동사)/(동사ing) 둘 다 올 수 있는 문의 동사

like 좋아하다 love 사랑하다 hate 미워하다
regret 후회하다 suggest 제안하다 remember 기억하다
forget 잊다 want 원하다

괄호(부) + 　주 + 　　　　동 + 　목1 + 　목2 + 　　　　　보 + 　괄호(부)
　　　　　I 　like 　　　(to study English).
　　　　　I 　like 　　　(studying English).
　　　　　나는 　좋아한다 　(영어를 공부하는 것)을

- 부정사와 동명사의 의미 비교

🍎 비법: 몇 개의 문의 동사 뒤의 "<u>동명사는 과거/ 부정사는 미래의 일</u>"을 의미한다. <u>한글을 생각 해 보면</u> 그 의미를 알 수 있다.

forget 잊다 regret 후회하다
remember 기억하다 try 시도하다

부정사 - (ㄹ 것)　예) (나의 텐트 pole을 포장**할 것**)을
동명사 - (ㄴ/는 것)예) (나의 텐트 pole을 포장**한 것**)을

예1) 주+   동+   목1+   목2+   보+   괄호(부)
       I   forgot   (to pack my tent pole).
       나는   잊었다   (나의 텐트 pole을 포장**할 것**)을

예2) 주+   동+   목1+   목2+   보+   괄호(부)
       I   forgot   (packing my tent pole).
       나는   잊었다   (나의 텐트 pole을 포장**한 것**)을

 문법규칙8: 부정사는 전치사의 목적어로 쓸 수 없다.

(전치사 + 괄호(명사구))   (전치사 + 괄호(명사구))
(about   (to drink coffee) X   (about (drinking coffee) O

주+   동+   목1+   목2+   보+   괄호(부)
We   are talking   (about drinking).
우리는   말하고 있습니다   (술 마시는 것에 대하여)

주의: 부정사의 괄호 끝에 전치사가 올 때: 괄호 앞의 명사와 연결하여 생각한다.
살 곳   a house (to live in)O → live in a house   → a house (to live) X
앉을 의자   a chair (to sit on)O   → sit on a chair   → a chair (to sit) X

 문법규칙9: 부정사 to와 전치사 to의 차이

부정사 to와 전치사 to는 똑같이 보이지만, to 뒤에 오는 것이 다르다.

• "to 부정사"는 (to + 동사 …)이다.

주+   동+   목1+   목2+   보+   괄호(부)
Koreans are now registering   (**to vote**).
한국인들은 지금 등록하고 있다   (투표하기 위하여)

▲고질병 치료 ▲stop은 (동사ing)와 (to 동사) 둘 다 오나요?
동사 stop뒤에 목적어2는 동사ing만 올 수 있다.
만약 stop 뒤에 (to동사)가 온다면 그것은 목적어가 아니라 괄호(부)이다.
주+ 동+   목1+   **목2**+   보+   괄호(부)
I   stopped   (smoking).   (담배를 피우는 **것**)을
I   stopped   (to smoke).   (담배를 피기 위하**여**)

• to가 전치사이면 (to +명사/괄호(명))가 된다. (to + 명사/괄호(명))

예1) 주 +   동 + 목1 + 목2 + 보 +   괄호(부)
      I   am looking forward   (**to** seeing you soon).   *   O
      I   am looking forward   (**to** see you soon).   X
      나는   기대하고 있습니다   (당신을 곧 뵙는 것)을

      * 설명: look forward 뒤는 항상 to 전치사만 온다.

예2)
the key (**to** the dinosaurs' extinction) = 그 열쇠 (공룡의 멸종으로 간)

주 +   동 + 목1 + 목2 +   보 +   괄호(부)
A new theory   says   (algae were the key (**to** the dinosaurs' extinction)
millions (of years ago)).   전치사

 문법규칙10: 주의 할 부정사 표현

• ~used to 동사/be used (to 명사)/be used (to 동사 ~)

조동사 +   동사   동사 + 형용사 + (to 명사)
used to   동사 ~ ~하곤 했다   be   used   (to 명사) - 익숙하다 (~에)
수동태 표현: be used (to 동사 ~) - 사용되다 (~위하여)

예1) 주 +   동 +   목1 +   목2 +   보 +   괄호(부)
      He   used to   be   one (of those lucky winners).
      그는 이곤 했다   한사람 (운 좋은 우승자들 중의)

예2) 주 +   동 + 목1 +   목2 +   보 +   괄호(부)
                                            명사
      I   am   used   (**to** the hot weather now). *
      나는   다   익숙한   (지금은 더운 날씨에)

      * 설명: "be + 형용사 + (괄호(부))"의 형태 ☞ p.327

예3) 주 + 동 + 목1 + 목2 + 보 + 괄호(부)
　　　They　　are used　　　　　　　　　　　(to target senior operatives).
　　　그것들은　사용되었다　　　　　　　　　　(고위 조작자들을 목표로 하기 위하여)

예4) 주 + 동 + 목1 + 목2 + 보 + 괄호(부)
　　　Pavlov　　used　　　　dogs.
　　　Pavlov는　사용했다　　개들을

- too ~ (to 동사...): 너무 ~ (...에)
- 비법: (to 동사...)는 괄호(부)로 해석한다.

예1) 주 + 동 + 목1 + 목2 + 보 + 괄호(부)
　　　You　　are　　　　　　　too young　(to watch this movie).
　　　너는　다　　　　　　　　너무 어린　(이 영화를 보기에)

예2) 괄호(부), + 주 + 동 + 목1 + 목2 + 보 + 괄호(부)
　　　(Whenever he tried (to bend down) (to take a drink) (of water)),
　　　the level (of water)　　　went　　too low (for him (to drink)).
　　　(그가 (물) (한모금을 취하기 위하여) (몸을 구부리는 것)을 시도할 때마다),
　　　(물의) 그 수준은　　　　되었다　　　　　(그가) (마시기에) 너무 낮게

- to 부정사가 가주어 it의 진주어가 된다. ☞ p.158
- to 부정사가 "~면"으로 해석된다. ☞ p.294
- to 부정사가 드물게 "~서 (~다)"로 해석된다.
He grew up (to be a bomber). 그는 자라서 (한 폭파범이 되었다).

 **문법규칙11**: 관용어구로 쓰이는 부정사 표현

to tell the truth 사실을 말하면　　　to be frank 솔직해지면　　to be short 간단하게
to be honest (with you) 정직하게　　so to speak 말하자면　　to be sure 확실히
to make the matter worse 일을 더욱 나쁘게 만들어

괄호(부), + 주 + 동 + 목1 +목2 + 보 + 　　　　　　　　　　괄호(부)
(To tell the truth), he　is thought　(to be a key contact) (for the organization).
(사실을 말하면), 그는 생각되어진다　(한 중요 접촉인물이라고)　(그 조직을 위한)

4 동사ing가 만드는 문법용어 – 동명사, 현재분사, 분사구문

3분비법
동사ing는 3가지 괄호를 만든다.

괄호의 종류	문법용어	한글의 예
① 괄호(명):	동명사	예) (먹는 **것**)
② 괄호(형):	현재분사	예) (먹**는**)
③ 괄호(부):	분사구문	예) (먹을 때**에**)/(먹어**서**)/(먹었는데...)

문법규칙1: 동사ing 종류의 구분법
동사ing는 괄호(명)/괄호(형)/괄호(부)의 형태가 똑 같아 혼동된다.

● **비법**: 동사ing는 영어는 **문에서의 위치**, 한글은 **괄호표현**에 따라 구분된다.
(drinking milk)는 영문에서 위치에 따라 괄호(명)/괄호(형)/괄호(부)로 구분된다.

예1) 괄호(명) → "주어/목적어/보어"의 처음에 위치, 전치사의 뒤에 위치

주 +	동 +	목1 +	목2 +	보 +	괄호(부)
(Drinking milk)	makes		you		(keep healthy).

예2) 괄호(형) →

		명 +	괄호(형)
I	know	a man	**(drinking milk)**

예3) 괄호(부) →

		콤마 +	괄호(부)
I	watched	TV,	**(drinking milk)**.

문법규칙2: 영작의 순서
● **비법**: 동사ing가 만드는 동명사/현재분사/분사구문은 모두 1가지 순서이다.
(동 + 목 + ...)

- 동명사   괄호(명)   (drink**ing** milk...)   (우유를 마시는 **것**)
- 현재분사 괄호(형)   puppies (drink**ing** milk...)   (우유를 마시**는**) 강아지들
- 분사구문 괄호(부)   (drink**ing** milk...), ~.   (우유를 마실 때**에**), ~

 **문법규칙3**: 영작

● **비법**: 한글 괄호에 <u>주어가 없으면</u> 동명사로 영작   예) (콜라를 마시는 것)
   예외로 괄호에 주어가 <u>있어도</u> 동명사로 가능   예) (**내가** 콜라를 마시는 것)

가. 괄호 속에 <u>주어가 없는</u> 동명사의 영작

(콜라를 마시는 것) = (마시다ing + Coke)   = (drinking Coke)
(컴퓨터를 사는 것) = (사다ing + a computer) = (buying a computer)

예)
- 주어: <u>(우유를 마시는 것)</u>은 당신의 건강에 좋다.
- 목적어: 나는 <u>(우유를 마시는 것)</u>을 좋아한다.
- 보어: (내가 지금 하는 것)은 <u>(우유를 마시는 것)</u>이다.
- 전치사 뒤: 사람들은 (<u>(우유를 마시는 것)</u>에 의하여) 단백질을 섭취 할 수 있다.

↓ 영작

| 주 + | 동 + | 목1 + | 목2 + | 보 + | 괄호(부) |

- (<u>Drinking milk</u>)   is   good   (for your health).
- I   like   (<u>drinking milk</u>).
- (<u>What I'm doing</u>) is   (<u>drinking milk</u>).
- People   can take   protein   (by (<u>drinking milk</u>)).

▲**고질병 치료**▲ 괄호 속에 <u>주어가 있는</u> 동명사의 영작법
한글의 괄호에 주어가 있는 (...것)은 that절/wh~으로 적지만, 영작을 할 때는 **문의 의미/문의 동사**에 따라 다음 4가지 중 하나로 한다. that/wh~/동명사/to부정사를 선택해야 한다.

예) (**네가** 우유를 매일 마시는 **것**)을 →   (**that** you drink milk)
                                          (**for** you) (to drink milk)
                                          your (drink**ing** milk)

이 3가지 표현은 **문의 의미/문의 동사**에 따라 쓸 수 있는 표현이 정해져 있다. ☞ p.89
예) 나는 (네가 우유를 마시는 것)을 <u>알고 있다</u>. I **know (that** you drink milk every day). know는 (that...)만 쓰임
    나는 (네가 우유를 <u>마시는</u> **것**)을 보았다. I **saw you** (drink**ing** milk) - "마시는"이면 (drink**ing** milk)만 쓰임
비교: 나는 (네가 우유를 <u>마신</u> 것)을 보았다.   I saw you (drink milk). - "마신"이면 (drink milk)만 쓰임
    나는 (네가 우유를 마시는 **것**)을 원한다.   I **like you (to** drink milk).
                                              I like (that you drink milk). X like는 뒤에 (that...)이 안 된다.

나, 괄호 속에 <u>주어가 있는</u> 동명사의 영작
  • 동명사의 주어를 소유격으로 영작한다.

            소유격
            ↓   동 +   목1+ 목2 + 보

(Sam이 우유를 마시는 **것**) (**Sam's** 마시다ing + milk)
           (**Sam's** drink**ing** milk)
           (**that** Sam drinks milk)

(Mark**가** 컴퓨터를 사는 **것**) (**Mark's** 사다ing + a computer)
           (**Mark's** buying a computer)
           (**that** Mark buys a computer)

(내**가** 콜라를 마시는 **것**) (**my** 마시다ing + Coke)
           (**my** drinking Coke)
           (**that** I drink Coke)

(소고기를 먹는 것)   (eat**ing** beef)   O
(<u>내가</u> 소고기를 먹는 것) (**my** eating beef) O
           (**that** I eat beef)   O

예1)
(책을 읽는 것)   (read**ing** books)
(한국인들<u>이</u> 책을 읽는 것) (**Koreans'** reading books)
           (**that** Koreans read books)

예2) 나는 (Sam<u>이</u> 우유를 마시는 것)을 좋아한다.

I like **Sam's** (drinking milk). O like 뒤에는 동사ing/to동사 둘 다 온다.
I like Sam (to drink milk). O Sam이 to 부정사의 주어
I like (that Sam drinks milk). X like 뒤에는 (that)절이 못 온다.

예3) 당신은 (내가 문을 여는 것)을 꺼리시겠습니까?

Would you mind <u>my opening the window</u>?

다, 완료 동명사: 앞선 시제를 표현한다. (~는 것) → (~ㅆ던 것)

(Sam이 우유를 마셨던 것)　　　　　(Sam's having drunk milk)
(그 프로젝트를 완료하지 못했던 것)　not (having completed the project)

 **문법규칙4**: 해석

가, 동명사의 해석: 주어가 없는 경우
　　● 비법응용: 동명사는 항상 괄호(명)로 해석한다. 해석은 (...것)이다.
　　동명사는 "주어/목적어/보어"의 맨 처음/전치사의 뒤에 있다.

• 주어

주 +　　　　　　　　　　동 +　　목1 +　목2 +　　보 +　　　괄호(부)
(Eating dog meat)　　　　 is　　　　　　　　　a custom.
(개고기를 먹는 것)은　　　　다　　　　　　　　　하나의 관습

• 목적어

주 +　　　　　　　　동 +　　목1 +　　목2 +　　　　　　　　　괄호(부)
Scientists　　　　 started　　　(debating Darwin's ideas)　(about evolution).
과학자들은　　　　　시작했다　　(Darwin의 생각을 논쟁하는 것)을　(진화에 대하여)

• 보어

주 +　동 +목1 +목2 +　보 +　　　　　　　괄호(부)
(What makes them extraordinary)
　　　is　　　　(that we can point (to the moment) (of their birth)).
(그것들을 놀랍게 만드는 것)은
　　　이다　　　(우리가 (그들의 탄생의) (그 순간을) 지적할 수 있다는 **것)이다**

▲고질병 치료▲ 동명사의 주어를 표시하는 2가지 방법
동명사의 주어를 표시하는 방법 중 주로 쓰이는 방법은 p.242에 소개한 소유격으로 표현하는 방법이다.
그러나 informal하게 목적격으로 쓰는 방법도 있다.

- 소유격으로 하는 방법
We talked (about (my living (in Seoul))). (내가 (서울에서) 사는 것)

- 목적격으로 하는 방법
We talked (about (me living (in Seoul))). (내가 (서울에서) 사는 것) → informal한 방법

• 전치사의 목적어

주 +　　　　　　　동 +목1 +목2 +보 +　　　　괄호(부)
The Earl (of Sandwich)
　　　　　　　　　is　　　　famous　(for being the man) (behind a word, "sandwich.")
그 (Sandwich의) Earl은　다　　　　유명한　(한 단어인 "sandwich."의 뒤에 있는) (그 사람이 **되는 것**으로)

나, 동명사의 해석 - 동명사의 <u>주어가 있는</u> 경우

• 동명사 앞의 소유격은 동명사의 주어로 해석한다.

주어's +(동사ing)　　　Sam's +(studying English)
　　　　　　　　　　　Sam이　(영어를 공부하는 것)　　　　O
　　　　　　　　　　　Sam의　(영어를 공부하는 것)　　　　X

　　　　　　　　　　　my (studying English)
　　　　　　　　　　　내가 (영어를 공부하는 것)　　　　　O
　　　　　　　　　　　나의 (영어를 공부하는 것)　　　　　X

• 특별한 동사 뒤에 오는 동명사는 동명사 앞의 목적어가 동명사의 주어가 된다.
이때는 동명사의 주어를 <u>소유격으로 하지 않는다</u>.　☞p.87
see/watch/hear/find/want/like/hate/understand/remember

주 +　　　동 +　　목1 +　　목2 +　　　　　보 +　　괄호(부)
I　　　　heard　　　　　　him　　　　(crying).　　그가 (울고 있는 것)을
I　　　　saw　　　　　　 him　　　　(drinking water) 그가 (물을 마시고 있는 것)을

• "동명사ing + of 명사"의 해석: "of + 명사"를 주어 또는 목적어로 해석한다.
주어 해석:　　The fighting (of the kids) irritates me.　　　　(아이들이) 싸우는 것
목적어 해석: The purchasing (of the goods) is a bad decision.(그 상품을) 구매하는 것

　**문법규칙5**: 정해진 동명사 표현들

• 동사go 뒤에 동사ing가 오는 표현들이 있다. 주로 레저 활동과 관련한 표현이다.
이러한 ~ing 단어는 사전에는 명사이다. 벌써 명사화된 것이다. go + 동사ing

- 244 -

go shopping 쇼핑을 가다   go fishing 낚시질을 가다
go hunting 사냥을 가다

예1) We should **go shopping** now.
　　　우리는 가야해　쇼핑을　지금
예2) When was the last time (you **went shopping**)?
　　　언제　였니? 마지막 때가　（네가 쇼핑을 간）

• 금지에 사용되는 표현은 동명사로 적을 수 있다.

No Trespassing　　　침입하는 것　　금지
No Smoking　　　　　담배 피는 것　　금지
No Littering　　　　　쓰레기를 버리는 것 금지

❻ 문법규칙6: 주의 할 동명사

• (전치사 + 동명사)는 특정표현에서 전치사 in/with가 생략된다. ☞ p.197
 비법응용: 이때 동사ing는 괄호(부)이므로 해석은 (…것)이 아닌 (~에)로 한다.

예1)　주 +　　동 +　　목1 +　　목2 +　　보 +　　괄호(부)
　　　He　　has　　　　　　　trouble　　　　　(**communicating**) (with other people).
　　　그는　가지고 있다　　　어려움을　　　　(다른 사람들과) (의사소통을 하는 것**에**)

▲고질병 치료▲동명사와 분사구문의 구분법 – 콤마로 구분한다.

• 동명사 – 콤마가 없다.　　　　　동명사의 비법해석: ~것
주 +　　　　　　　　　　　동 +목1 +목2 +　　보 +　　　괄호(부)
(**Writing** (about him))　　was　　　　　　genuinely an act (of mourning).

• 분사구문 – 콤마가 있다.　　　　분사구문의 비법해석: ~접속사 + 동사
괄호(부) +　　　주 +　　　　　　동 +목1 +목2 +　　　　　　　　　　보 + 괄호(부)
(**Introducing** the theory (of evolution) (by natural selection)),
　　　　　　　　Darwin's book　altered　(how scientists look (at the natural world)).
((자연의 선택에 의한) (진화의) 이론을 소개함으로서),
　　　　　　　　Darwin의 책은　바꾸었다 (어떻게 과학자들이 (자연의 세계를) 보는 가)를

예2) 주 + 동 + 목1 + 목2 + 보 + 괄호(부)
He has trouble (**getting** some (of his results published))).
그는 가지고 있다 어려움을 (약간의 (그의 공표된 결과)를 얻는 것**에**)

• ~ing가 전치사인 단어
🍎 비법응용: concerning 관하여   regarding 관하여

주 + 동 + 목1 + 목2 + 보 + 괄호(부)
I can only speak (with any authority)
(**concerning** the British Government).
나는 단지 말할 수 있다 (어떤 권한이라도 가지고)
(영국정부에 **관하여**)

• 전치사 by 뒤에 오는 동사ing는 항상 같은 의미로 해석된다.
🍎 비법응용: (by 동사ing) – "~ㅁ으로써"

(by (studying English))   (영어를 공부함으로써)
(by (watching TV every day))   (매일 TV를 봄으로써)

주 +   동 +목1 +목2 + 보 +   괄호(부)
You   can find a better job (you want)   (by (studying English)).
너는   찾을 수 있다 (네가 원하는) 더 좋은 직업을   (영어를 공부함으로써)

 **문법규칙7**: 현재분사 – 괄호(형)

가, 현재분사의 영작: 명사 + 괄호(형) ⇢ 괄호(형)가 명사의 뒤
🍎 비법응용: (동사 +...**는**)은 "현재분사"로 영작할 수 있다.

완료 표현: (동사 + ~고 있었던)으로 선행시제를 나타낼 수 있다.
수동 표현: (동사 + ~받고 있는) /(동사 + ~받고 있었던)

예1)
(나에게 물을 **주는**) 그 신사
        ↘
the gentleman   (**giving** me water)

예2)
(나를 **사랑하는**) 그 스파이   (나에게 물을 주**고 있었든**) 그 신사
↘   ↘
the spy (**loving** me)   the gentleman (**having given** me water)

(물을 **받는**) 그 신사   (물을 받**고 있었던**) 그 신사
↘   ↘
the gentleman (**being given** water) the gentleman (**having been given** water)

나. 현재분사의 해석

- 동사ing 앞에 명사가 있으면 괄호(형)이다. 그러므로 "~는"으로 해석한다.
- 🍎 비법응용: "동사ing"가 현재분사이면 괄호(형)로 "~는"으로 해석한다.

예1) 주 + 동 + 목1 + 목2 + 보 + 괄호(부)   명사+(동사+)
      Mark told me   (that he knew many men (**working**) (for him)).
                                                  남자들 (일하**는**)

예2) 주 + 동 + 목1 + 목2 + 보 + 괄호(부)   명사 + 괄호(부)
      Lee says (the number (of people) (**heading** north) has gone down)).
      Lee는 말한다 ((사람들의) 수가   (북으로 **향하는**)   내려갔다고)

▲고질병 치료▲ ing형용사와 괄호(형)의 구분
비법1: ~ing가 사전에 적혀 있는 형용사이면, **명사의 앞에** 위치한다. 추가 자료 ☞ p.323
예1) 형용사 + 명사
flying saucer   나**는** 접시 (비행접시)   - flying이 명사의 앞에 위치
missing link   없어**진** 고리   - missing이 명사의 앞에 위치
sleeping bag   잠자기 **위한** bag   - sleeping이 명사의 앞에 위치
예2) 형용사 + 명사
This was a **rented** room.   한 개의 **세낸** 방
He wore a **striped** shirt.   한 개의 **줄무늬가 있는** 셔츠
Do you think this helps or hinders the **lawmaking** process? 그 **법을 만드는** 과정
비법2: ~ing가 괄호(형)로 **명사의 뒤에** 위치한다.
flying, missing, sleeping은 사전상의 형용사이지만, 동사 + ing가 되면 괄호(형)가 된다.
a saucer (**flying**) (in the sky) 하나의 접시 (나는) (하늘에서) - flying이 명사의 뒤에 위치
There are now over 5 billion people (**living**) (in our world). (살고 있는)
One of the causes is an institution (**called** government). (정부라고 불리는)

예3) 비교: anyone은 "동명사 trying..."의 주어 – hear는 지각동사

| 괄호(부), + | 주 + | 동 + | 목1 + | 목2 + | 보 + | 괄호(부) |

(In the past) she   rarely heard   (of anyone) (trying) (to kidnap migrants)).
(과거에)   그녀는 거의 듣지 못했다   (사람들이 ((이민자들을 납치하는 것)을 (시도하는 것)을)

- (being + 동사ed)의 해석: "현재분사의 수동태"이다.
- 비법응용: "현재분사의 수동태"는 수동의 의미를 추가한다. 수동 ☞ p.286

| 괄호(부), + | 주 + | 동 +목1+목2 + | 보 + 괄호(부) |

(In September), the Mexican army found 20 Central American migrants (**being held**)
(for ransom) (in a house).   20명의 미국 이민자들을   (잡혀있는)

❽   **문법규칙8**: "분사구문"의 영작 – 괄호(부)
　　　　분사구문의 예)　(먹을 때에)/(먹었기 때문에)
　　　　　　　　　　　(먹었다, 그런데...) ... 분사구문이 앞을 설명한다. 예2)

가, 분사구문의 구분 – 영어와 한글에서 분사구문의 구분

영어   한글
동사ing + 콤마   종속접속사가 있으면 분사구문이 가능

(동사ing...),   ~   (~ 때에), (~자), (~때문에),
~   ,   (동사ing...)   (~ 때에), (~자), (~때문에), (~데)

예1) 괄호(부), +   주 +   동 + 목1 + 목2 + 보 + 괄호(부)
　　(Being a boy),　I　　used to take　a walk　(after supper).
　　　　　　　　　　I　　used to take　a walk　(after supper), (being a boy).
　　(내가 소년이었을 때에),　나는　걷곤 했다　　　　(저녁식사 후에)

예2) 주 + 동 + 목1 + 목2 + 보 +   괄호(부)
　　The film is taking the country (by storm), (becoming the first foreign picture (to draw over 10 million viewers)).
　　그 영화는 (폭풍우에 의하여) 그 나라를 덮치고 있는데, ((천만이 넘는 관객을 끌어들이는) 최초의 외국영화가 되고 있다).

나, 분사구문의 영작
　🍎 비법응용: 1가지 순서로 영작한다.
　분사구문은 보통 콤마와 같이 적는다.

괄호 안에 주어가 없는 분사구문이 주로 쓰이며, 괄호 안에 주어가 있는 경우는 보통 with를 사용한 분사구문이 주로 쓰인다.

• 괄호에 주어가 없는 경우:　　　(동사ing)/(동사ed)+　**콤마**
　　　　　　　　　　　　　　　콤마 + (동사ing)/(동사ed)

예1)　괄호(부), +　　　주 +　　　동 +　　　목1 +　　　목2 + 보 +　　　괄호(부)
　　　(Eating pizza),　Sam　　watched　　　　　　TV.
　　　(피자를 먹으며),　sam은　　보았다　　　　　　TV를

예2)　주 +　　동 +　　목1 +　　목2 +　　보 +　　괄호(부)
　　　He　　watched　　　　　TV,　　　　　(eating pizza).
　　　그는　　보았다　　　　　TV를　　　　　(피자를 먹으며).

• 괄호에 주어가 있는 경우: with 주어 + (동사ing)/(동사ed)+　**콤마**　☞ 251

괄호(부), +　　　　　　　　　　　　　주 +　　　동 + 목1 +　　목2 + 보 + 괄호(부)
(With the students making noise),　the man curtailed　　his speech.
(그 학생들이 시끄럽게 하자),　　　　그 남자는　단축했다　　그의 연설을

• 괄호에 접속사가 있는 경우 - 해석은 앞의 예와 같다.
분사구문만 쓰면 접속사의 의미가 불분명해지기 때문에 접속사를 쓰기도 한다.

접속사 + (동사ing)/(동사ed)+　**콤마**
콤마 + 주어 + (동사ing)/(동사ed)

괄호(부), +　　　주 +　　동 +　　목1 +　목2 + 보 +　　괄호(부)
(As eating pizza),　Sam　watched　　　　TV.
(피자를 먹으며),　　sam은　보았다　　　　TV를
　　　　　　　　　Sam　watched　　　　TV,　　　　　(as eating pizza).

- 249 -

 **문법규칙9**: 분사구문의 해석 – 괄호(부)

● 비법응용: 분사구문은 접속사가 없어도 (**접속사 +주어**+동사...)로 해석한다.

– 접속사가 없어도 접속사를 넣어 해석한다.　　(동사ed) 분사구문은 p.255
– 가장 많이 쓰이는 접속사는 시간/이유이다.　　(~때에, 때문에)로 해석
– 앞의 주절의 설명의 방법으로 빈번히 쓰인다.　(~데, ~고)로 해석 예4), 예5)
설명은 시간/이유로 해석될 수도 있다.

예1) 괄호(부), +　　　　주 +　　　동 + 목1 +　목2 + 보 +　괄호(부)
(Solving the problem),　the parents　tackled　　another.
(After solving the problem), the parents　tackled　　another.
(그 문제를 해결한 후에),

예2) 괄호(부), +주 + 동 +목1+목2+보+괄호(부)
(After (**losing** his marketing job (in Korea))),
　　　Lee moved　(to China) (where he took refuge (in music and community work)).
((그의 마케팅 직업을 **잃은**)후에) (한국에서),
　　　Lee는 움직였다　(중국으로) (그가 (음악과 공동체 일에서) 위안을 삼은)

예3) 주 + 동 + 목1 + 목2 + 보 + 괄호(부)
They went around　(to college campuses), (**knowing** (that this was (where trends started))).
그들은 돌아 다녔다　(대학 캠퍼스들을),　**알았기 때문에** (이곳이 (트렌드가 시작된 곳)이었기))

예4) 주 +　　　동 +목1 +　목2 +　보 +　괄호(부)
Mr. Lee worries　(that the fish will crowd out native species (of fish) (in the lake)), (**causing** an ecological and economic disaster).
Mr. Lee는 (그 물고기들이 (그 호수에 있는) 물고기의 토종들을 밀어낼 것)을 우려하는**데**, (그것이 환경적인 또 경제적인 재앙을 **초래 할 것이기 때문이다**).

예5) 주 +　　　　　　　　　　　　동 +목1+목2+보+괄호(부)
Shipping the materials would add more (than 1 million trucks), (**increasing** congestion).
그 물건들을 선적하는 것은 (백만 대보다 더 많은 트럭을) 더할 것이**고**, (그것은 교통정체를 **증가시킬 거다**).

 **문법규칙10**: 주의 할 분사구문

가, with/on으로 시작되는 분사구문 ☞ 262
- 비법응용: (**With** + 동사**ing**...), 주 +동 + ...해석: (~자)
  - with가 없다고 생각하면 보통의 분사구문으로 보인다.

  (**On** + 동사**ing**...), 주 +동 + ... 해석: (~자)

예1) 괄호(부), + 주 + 동 +목1 + 목2 + 보 + 괄호(부)
(**With** a tropical rain (**pounding** down (on the roof))), Jane says (migrants are like bait),
(attracting criminals and corrupt officials).
(열대비가 (그 지붕 위에) 내려치자),   → 동사ing 앞을 동사ing의 주어로 해석한다. – "열대비가"

예2) 괄호(부), + 주 + 동 +목1 + 목2 + 보 + 괄호(부)
(**On** finally hear**ing** an answer), he gave a sigh (of comedy-snob satisfaction).
(마지막으로 대답을 듣자), 그는 쉬었다 한숨을 (코미디에서 신사인 체하는 만족의)

나, 독립분사구문 – 주절의 주어와 상관없이 항상 같은 표현으로 쓸 수 있다.
(generally speaking)   (일반적으로 말하면)   (frankly speaking) (솔직히 말하면)
(judging from ...)   (...로 판단하면)   (owing to)   (... 덕분에)
(considering ...)   (...고려하면)

괄호(부), + 주 + 동 +목1 + 목2 + 보 + 괄호(부)
(**Generally speaking**), mild, crisp eating apples <u>make</u> poor bakers (because their delicate flavor and texture are lost (during the baking process)). (일반적으로 말하면),

---

▲고질병 치료 ▲분사/분사구문/진행의 구분
분사와 분사구문은 똑 같이 동사ing/동사ed를 쓴다.
- 분사: 분사는 comma가 없다.
예1)
<u>A laptop</u> (**stolen**) (from the trunk) (of my car) carried confidential information (on 2,500 patients) (in a clinical study). (**훔침을 당한**) 한대의 laptop
- 분사구문: 보통 comma가 있다.
(After **solving** the problem), the parents tackled another. (그 문제를 **해결한** 후에),
- 동사ing가 진행을 나타낸다.: "동사ing"앞에 be가 있다. "be + 동사ing" → "~중이다/고 있다"로 해석한다.
The department <u>**is dispatching**</u> the team (to ensure (that banks <u>**are doing**</u> everything (they can) (to help (prevent foreclosures)))). 파견하고 있다   하고 있다

5 동사ed가 만드는 문법용어 — 과거분사, 분사구문

● 3분비법 ●

동사ed는 문에서의 위치에 따라, 괄호(형)/괄호(부) 2가지 중 1가지가 된다.
동사ed는 괄호(명)가 안 된다.

괄호의 종류	문법용어	한글의 예	
① 괄호(형):	과거분사	예) (빼앗긴) 자유	(~ㄴ)의 의미
② 괄호(부):	분사구문	예) (빵을 사기 전에), ...	"(동사ed...) + 콤마"

❶ 문법규칙1: (동사ed)의 구분법

● 비법: 괄호(동사ed)는 과거분사/분사구문/과거/ed형용사가 혼동된다.

• 분사 → 괄호(형)이면 명사의 뒤에 온다.

주 + 명 + (동ed)　　　　　동 +목1 + 목2 + 보 + 괄호(부)
Pinocchio **(eaten)** (by the whale) felt　despair.
(그 고래에게) (먹힌) Pinocchio는　　느꼈다　절망을

• 분사구문 → 괄호(부)이면 보통 콤마와 같이 온다. → 동사의 과거분사를 쓴다.

괄호(부), +　　　　　주 +　　　동 +목1 +목2 + 보 + 괄호(부)
(Asked questions),　the man　answered　(without any hesitation).
(질문들을 당하자),　그 남자는　답변했다　(주저함이 없이)

• ed형용사 → 형용사로 명사의 앞에 온다.　→ 형용사 ☞ p.324
사전의 형용사로 ~ed가 붙어 있다. 예) escap**ed** 도망친　→ 형용사

주 +　　동 +　목1 +　목2 +　보 +　　　　　　　　　　괄호(부)
He　　was　　　　　　　　an **escaped** prisoner. 형 + 명
그는　쓰다　　　　　　　　한 도망친 죄수

- 252 -

- 동사의 과거 ⇢ 과거시제를 위해 쓰는 동사이다. ⇢ 동사의 과거를 쓴다.

주 +   동 +   목1 +   목2 +   보 +   괄호(부)
The man   **asked**   me   many questions   (about it).
그 남자는   물었다   나에게   많은 질문들을   (그것에 대하여)

- 동사의 과거분사 ⇢ 완료/수동에 사용하는 문의 동사이다. ⇢ 동사의 과거분사

예1) 주 +   동 + 목1 + 목2 + 보 +   괄호(부)
     The prisoner   has **escaped**   (from the prison).
     그 죄수는   도망갔다   (그 감옥에서)

예2) 주 +   동 +   목1 +   목2 +   보 +   괄호(부)
     The man   was **asked**   many questions.
     그 남자는   당했다   많은 질문들을

 **문법규칙2**: (동사ed)의 영작의 순서

🍎 비법: 괄호 속은 1가지 순서로 영작한다.

예1) 주 +   동 +목1 + 목2 +   보 +   괄호(부)
     Those are   <u>the journalists (**held**)</u> (in China) (for two months).
                         그 저널리스트들   (**잡힌**)

예2) 괄호(부), +   주 +   동 + 목1 + 목2 + 보 +   괄호(부)
     (**Asked** questions), the journalists look   (into my eyes).
     (질문들을 당하자),

 **문법규칙3**: 과거분사의 영작

🍎 비법
- (~ㄴ) 중 수동 의미만 (동사ed)로 영작한다. 예) 먹힌 (eaten)/도둑질을 당한 (stolen)
- (~ㄴ)이라도 완료의 의미는 (동사ed)로 영작하면 <u>틀린다</u>. 예) 먹은/도둑질을 한
  다만 "ed형용사" - 사전의 형용사는 완료의 의미가 있다. - 예) fallen, escaped
- (~는)은 (동사ing)로 영작한다. 예) 먹는 (eating)/도둑질을 하는 (stealing)

예)
수동 - (**도둑질을 당한**) 그 희귀한 나무 = the rare tree (**stolen**) (from the place)
완료 - (**네가 도둑질을 한**) 그 희귀한 나무 = the rare tree (**that you had stolen**)

주 +   동 +목1 + 목2 + 보 + 괄호(부)
나는   들어 본 적이 있다   (그 희귀한 나무에 대하여)(**도둑질을 당한**) (Washington Park에서)
I   have heard   (about <u>the rare tree</u>) (**stolen**) (from the Washington Park).

● 비법응용: 한글의 완료의 의미(~ㄴ)은 관계사로도 영작할 수 있다.
특히 괄호에 주어가 있으면 <u>항상</u> 관계사로 한다. 과거분사는 수동의 의미가 된다.

주 +   동 +목1 + 목2 + 보 + 괄호(부)
나는   들어 본 적이 있다   (그 희귀한 나무에 대하여)(**네가 도둑질을 한**) (Washington Park에서)
I   have heard   (about <u>the rare tree</u>) (**that you had stolen**) (from the Washington Park).

 **문법규칙4**: 과거분사의 해석

● 비법
- (동사ed) 앞에 명사가 있으면 수동의 표현 "~ㄴ"으로만 해석한다. 예) 먹힌 O
- (동사ed)는 앞에 명사가 있어도 완료의 표현인 "~ㄴ"이 <u>안 된</u>다. 예) 먹은 X
- (동사ed)는 앞에 명사가 있어도 "~는"으로 해석하지 <u>못한</u>다.   예) 먹는 X

주 +   동 +   목1 +   목2 +   보 +   괄호(부)
He   kept   the <u>letter</u> (written) (by the head) (of the radio department)
                                      (적**힌**) O
                                      (적은/적는) X

비교:
"ed형용사"는 ~ed가 있어도 사전의 형용사이므로 형용사처럼 <u>명사의 앞</u>에 온다.
~ed형용사는 수동/완료의 2가지 의미를 둘 다 가질 수 있다.
~ed형용사의 예 ☞ p.324
fallen 함락된/떨어진   escaped 도망간   unattended 참석자가 없는/내버려 둔

fallen leaves   떨어진 나뭇잎
escaped prisoners   도망간 죄수들
unattended belongings   내 버려 둔 소지품

주의: 수동 진행 – "명사 + (being + 동사ed)"는 "수동 +진행"이다.
- 비법응용: (being+동사ed)는 "수동+...는"이다. 예) (먹히는) → (being eaten)

예1) 괄호(부) +   동 + 주
(Apart (from Nintendo)), there are many products (being targeted) (at these audiences).
(닌텐도로 부터 별개로)   있다 많은 생산품들이   (목표가 되는)   (이 청중들에게)

예2) 비교
괄호(부) +   동 + 주
(Apart (from Nintendo)), there are many products (targeted) (at these audiences).
(닌텐도로 부터 별개로)   있다 많은 생산품들이   (목표가 된)   (이 청중들에게)

 **문법규칙5**: 분사구문의 영작

- 비법: (동사ed)로 시작하는 분사구문은 괄호(부)이다.
한글의 (수동 + ~에)는 분사구문으로 영작 할 수 있다. → (~ed +...) + 콤마

예) (먹힌 후에/먹히었기 때문에...) → (Eaten by ...), 주 + 동 +...

괄호(부), +   주 +   동 +   목1 +   목2 +   보 +   괄호(부)
((부자인 한국인들에게) (스웨덴 식 마사지를 제공하는)) 한 가끔 하는 연주회와 **겸해져서**),
           나는   벌었다   충분한 돈을 (하루하루의 비용을 위한)

(**Combined** with an occasional gig (giving Swedish massage (to wealthy Koreans))),
         I   earned   enough (for day-to-day expenses).

 문법규칙6: 분사구문의 해석

- 비법응용: "(동사ed) + 콤마"는 분사구문으로 "접속사 + 수동태"로 해석한다.

예1) (**Swallowed** (by the big whale)),   = (삼키어졌기 때문에 (그 큰 고래에 의하여)),
괄호(부), +   주 +   동 +목1 +목2 + 보 + 괄호(부)
(**Swallowed** (by the big whale)),   the doll   could not breathe.
(삼키어졌기 때문에 (그 고래에 의하여)),   그 인형은   숨을 쉴 수 없었다.

예2) 괄호(부), + 주 + 동 +목1 + 목2 + 보 + 괄호(부)

(**Helped** (by the promise of further investment)),
analysts   expect (they will effectively compete in the market).
((추가 투자의) 약속에 의해 **도움을 받기 때문에**),

❼ 문법규칙7: "ed형용사"와 괄호(형)의 차이 ☞ p.323/324

"ed형용사"가 사전의 형용사이면 보통 <u>명사의 앞</u>에 온다. lost, fallen
"분사"인 괄호(형)는 <u>명사의 뒤</u>에 온다. lost, fallen
한국인들은 "ed형용사"와 괄호(형)가 같은 형태일 때 많이 혼동한다. 예) lost

- ed형용사

	형용사 +	명사			
the	**beautiful**	child	그	**아름다운**	아이
the	**lost**	child	그	**잃은**	아이

- 괄호(형)

	명사 +	괄호(형)		
the	child	(**lost**) (in the city)	(그 도시에서 잃은)	그 아이

❽ 문법규칙8: 혼동되는 동사ed

가. 동사ed는 동사의 과거/과거분사이다. 괄호(형)도 "분사/과거분사"로 불러 혼동된다.
  규칙동사는 과거/과거분사가 똑 같은 ~ed로 혼동된다.
  불규칙동사는 과거/과거분사가 다를 수 있다.

원급	현재	과거	과거분사	현재분사
kill	kill/kills	kill**ed**	kill**ed**	kill**ing**
죽이다	죽이다	죽였다		
eat	eat/eats	**ate**	**eaten**	eating
먹다	먹다	먹었다		

- 과거: killed

주 +   동 +   목1 +   목2 +   보 + 괄호(부)

The hunter killed   the hungry bear.
그 사냥꾼은   죽였다   그 굶주린 곰을

- 과거분사: killed – 현재완료로 쓰는 예: has killed

주 +   동 +   목1 +   목2 +   보 + 괄호(부)

The hunter   has killed   the hungry bear.
그 사냥꾼은   죽였다   그 굶주린 곰을

나. "be/have + 동사ed"

- be +동사ed(과거분사)   → 수동태

주 +   동 +   목1 +   목2 +   보 +   괄호(부)

She   was **held**   a captive   (for almost two months).
그녀는   잡혔다   한 포로로   (거의 두 달 동안)

- have/had + 동사ed(과거분사)   → 완료

주 +   동 +   목1 +   목2 +   보 +   괄호(부)/부사

He   **has died**   recently.
그는   죽었다   최근에

- have/had +been + 동사ed(과거분사)   → 완료 수동태

             주 +   동 +목1 +목2 +   보 +   괄호(부)

              The lions   **have been stuffed**
and   staring out   (at visitors).
그리고   그 사자는   속이 채워졌다
                                노려 봐 오고 있다   (방문자들을)

6 종속접속사가 만드는 문법용어   - 접속사절

3분비법
종속접속사는 <u>항상</u> 괄호(부)가 된다.

 문법규칙1: 종속접속사의 구분

- 종속접속사가 만드는 괄호: 접속사만 보고 구분한다. 전치사와 혼동 안해야 된다.

주 +	동 +	목1 + 목2 +	보 +	괄호(부)		
She	was		25	(**when** she published her first novel).	--->	괄호표현 (when...)
그녀는	쓰다		25살	(그녀가 그녀의 첫 번째 소설을 출판했을 때(에))	--->	괄호표현 (...에)

- 비교: 전치사가 만드는 괄호

괄호(부) +		주 +	동 +목1 +목2 + 보 +	괄호(부)
(**As** a high school English teacher (**in** Michigan)),		various tests	have an impact	(**on** my teaching).
((Michigan**에서**) 고등학교의 영어선생으로**서**),		다양한 테스트들이	끼쳤다 영향을	(나의 교습**에**)

 **문법규칙2**: 영작

🔴 비법: 1가지 순서로 적는다. (접속사 + 1가지 순서)

예1) 주 +   동 +목1 +   목2 + 보 +   괄호(부)
      그녀는   좋아했다   그를   (때문에   그는+ 이었다 +   아주 멋진)
      She   fancied   him   (**because** he was   so posh).
                                               (주 +   동 +목1 +목2 + 보   )

예2) 괄호(부) +   주 +   동 +목1 +목2 +   보 +   괄호(부)
      (그 기차가 일정 속도에 다다랐을 때에),   그는   되었다   더 침착하게
      (**When** the train reached   a steady speed),   he   grew   calmer.
      (주 +   동 + 목1 +목2 + 보   )

문법규칙3: 해석

🍎 비법: 주로 "에"로 해석한다.
기타 몇 개의 접속사는 접속사의 의미에 따라 해석한다. as/though ...

예1) 괄호(부), +   주 +   동 + 목1 + 목2 + 보 + 괄호(부)
     (**Wh**en the late Rajib Gandi appealed (for an end) (to the violence)),
                         he   spoke   (to his people) (in English) (on television).
     (고 Rajib Gandi가 (폭력에 대한) (끝을 위하여) 호소할 때**에**),
                         그는   말했다   (그의 국민들에게) (영어로) (TV에서)

예2) 괄호(부), +   주 +   동 +   목1 +   목2 +   보 + 괄호(부)
     (**As** you look (at the world)), you will notice   many different governments.
     (당신이 세상을 보는 것**처럼**),

예3) 괄호(부), +   주 + 동 +목1 + 목2 + 보 +   괄호(부)
     (**Although** it is a goal (that we have not fully attained)), it   is   one (that has
     provided hope (to Americans (for over 200 years)).
     (그것이 (우리가 완전히 도달하지 못한) 목표**라도**),

 **문법규칙4**: 종속접속사가 있는 분사구문

🍎 비법: 분사구문에 접속사가 있으면 괄호(부)의 확실한 의미 전달이 된다.
(접속사 + 동사ing/동사ed...), ~. → 괄호 속은 주어가 생략될 수 있다.

예1) 주 + 동 +목1 + 목2 +   보 +   괄호(부)
     She was   25   (**when** she worked as a teacher).
     She was   25,   (**when** working as a teacher).   괄호표현 (when...)
     그녀는 ~다   25살   (그녀가 선생으로 일했을 때(**에**))   괄호표현 (...에)

예2) 괄호(부), +   주 +   동 +목1 + 목2 + 보 + 괄호(부)
     (**After** (having done the job (for 3 years))), I moved (to another post (at a higher grade)).
     ((3년 동안) (그 일을 한) 후에,   나는 움직였다 (다른 직으로) (더 높은 계급에 있는)

7 전치사가 만드는 문법용어 - 전치사구

3분비법
모든 전치사는 괄호(형)/괄호(부)가 된다.

 **문법규칙1**: 전치사가 만드는 괄호의 구분/순서

가. 괄호의 구분
- 괄호(형) - 명사의 바로 뒤에 있다

  명사
  ↓ ↶
  students (in the cave)   (그 동굴 속에 있는) 학생들   O
                                (그 동굴 속에) 학생들   X

  명사
  ↓ ↶
  He is a teacher (at the school).   (그 학교에 있는)   O
                                     (그 학교에)   X

- 괄호(부) - 문의 끝/처음에 있다.

  동사
  ↓ ↶
  They   stayed (in the cave)   (그 동굴에)   O
                                 (그 동굴에 있는)   X

- (for + 명사), (of +명사)가 부정사의 앞에 오면 주어의 표시이다. ☞ p.230
  이때는 (전치사 + 명사)가 괄호(형)/괄호(부)가 아니다.

  주 +   동 +   목1 +   목2 +   보 +   괄호(부)
  This subject   is   too hard   (for you) (to study).
  이 과목은   다   너무 어려운 (네가) (공부하기에)

나. 괄호의 순서: 전치사가 만드는 괄호는 1가지 순서로 영작하지 <u>않는다</u>.
   항상 (전치사 + 명사) 또는 (전치사 +괄호(명))로 영작한다.
   (전 + 명)   (전치사 +괄호(명))
   (before me)   (on (what is missing))

문법규칙2: 영작

- 비법: 한글이 "ㄴ"이면 괄호(형), 한글이 "에/여(서)/러..."이면 괄호(부)이다.

가. 전치사가 괄호(형)가 될 때
- 비법: 동사를 빼고 영작한다.

(그 성에서 <u>사는</u>) → "사는"을 빼고 영작한다.

주 +   동 +   목1 +   목2 +   보 +   + 괄호(부)
(그 성에서 <u>사는</u>) 나의 삶은   불쌍하다.
My life (in the castle)   is   poor.

나. 전치사가 괄호(부)가 될 때
- 비법: 괄호(부)는 문의 처음/끝에 쓴다.

주 +   동 +   목1 +   목2 +   보 +   괄호(부)
그녀는   이다   아주 중요하다 (그녀의 교회에서)
She   is   very important (in her church).

 **문법규칙3**: 해석

- 비법: 괄호(형)일 때 - 해석은 "ㄴ/의"
괄호(부)일 때 - 해석은 "에/여(서)/러"

주 +   동 +   목1 +   목2 + 보 +   괄호(부)
Some (of the people) (who donated their names) (to history)
           did   it   (by accident).
(그 사람들<u>의</u>) 몇 명은   (역사<u>에</u>)/(우연에 의하<u>여</u>)

- 비법응용: 전치사가 만드는 괄호(형)는 동사를 넣어 해석한다.
예1) the fish (in the box)   (그 상자 안에 <u>있는</u>) 생선들
   = the fish (being)(in the box)   = the fish (which are (in the box))
예2) the man (at the school)   (그 학교에 <u>근무하고 있는</u>) 그 분
   = the man (working)(at the school) = the man (who works (at the school))

문법규칙4: (전치사 + **that** 명사절)은 <u>안 된</u>다.
다만 (in + (that~))만은 쓸 수 있다. in (that) = "(~것)에서"로 해석한다.

예1)
나는 ((내가 과일을 좋아하는 **것**)에 대하여) 말하고 싶다.
I want to talk (**about** (**that** I like fruit)).   X

예2) 주 +   동 +목1 +목2 +보 + 괄호(부)
     Both the company and Mrs. Anderson   won   (by her letter)
     (**in (that** the company obtained a valuable employee and Mrs. Anderson a suitable job).
     그 회사와 Anderson여사 둘 다   이겼다   (그녀의 편지에 의하여)
     (그 회사는 귀중한 종업원을 그리고 Anderson여사는 적당한 직업을 얻었다는 **것에서**)

문법규칙5: 항상 괄호(부)가 되는 정해진 문형   ☞ p.327
주어 + 동사 + 형용사(보어) + **괄호(부)**
괄호(부)에는 (전치사 + 명사/괄호(명))가 올 수 있다.
이 괄호(부)는 앞의 형용사를 수식한다.
• 해석: "에/여(서)/러", 또는 "을/를, 이..."로 해석되는 예외가 있다.

예) 주 +   동 +목1 + 목2 +   보 +   괄호(부)
           be   형용사   괄호(부)
    Sam   was   delighted   (**with** the news).
    Sam은 쓰다   기뻐한   (그 뉴스에)

    I   felt   aware   (of (where I was)).
    나는   느꼈다   인식한다고   (내가 어디에 있는 지)**를**

문법규칙6: 주의 할 with의 용법

● 비법: with로 시작하는 괄호(부)가 "~자"의 의미로 쓰이는 경우

– with + 명사 + 동사ing/동사ed – "분사구문"과 같다. ☞ p.251
– with + 명사 + (be) + 형용사   – be동사가 생략된 것이다.
(With the old man sick), his son had to take care of him. (그 노인이 병들자),

연습문제

1. 영작이 문법적으로 맞으면 O, 틀리면 X를 하세요.

(1) (나에게 한 개의 CD를 준) 그 남자 분   the man (who gave me a CD)
(2) (내가 먹은) 그 사과   The apple I ate
(3) (우리가 먹는) 우리 농산물   our agricultural products we eat
(4) (Mark가 먹을) 그 과일   the fruit Mark will eat
(5) (꼬리가 하얀) 그 강아지   the puppy whose tail is white
(6) (내가 먹을) 그 음식   the food I will eat

(7) (머리가 <u>짧은</u>) 그 남자애가 나의 사촌이다.
    the boy (whose hair is short) is my cousin.

(8) 그 늙은 신사가 (내가 좋아하<u>는</u>) 그 분이다.
    The old man is the man (I like).

(9) (내가 먹<u>은</u>) 그 피자
    the pizza   (that I ate)
    the pizza   (which I ate)

(10) (나를 좋아하<u>는</u>) 그 강아지
     the puppy(that likes me)
     the puppy(which likes me)

2. 밑줄 친 괄호를 해석한 것이 맞으면 O, 틀리면 X를 하세요.

(1) I am glad (<u>that he is alive</u>).   (그가 살아 있어서)
(2) I am sure (<u>that you will never do this again</u>).
                                  (네가 이것을 다시 결코 안할 거라고)
(3) I am pleased (<u>that he finished his homework</u>). (그가 그의 숙제를 끝내서)
(4) I am happy (<u>to meet you</u>).   (너를 만나서)
(5) I am angry (<u>about (what you said</u>)).   ((네가 말한 것)에 대하여)

3. 영작이 문법적으로 맞으면 O, 틀리면 X를 하세요.

(1) (내가 그 분을 만나는 것)은   (that I meet him)
(2) (내가 원한 것)을   (what I wanted)
(3) (내가 원한 것)이다   (what I wanted)
(4) (내가 만나는) 그분   (I meet)
(5) (내가 그것을 원할 때에)   (when I want it)
(6) (내가 그를 보기 전에)   (before I see him)
(7) (내가 나의 동생에게 준) 그 CD   (I gave to my brother)
(8) (그가 살아 있어서) 나는 기뻤다.   (that he is alive)
(9) (내가 마신 것)   (what I drank)
(10) (네가 한 것)   (what you have done)
(11) ((네가 한 것)에 대하여)   (about (what you have done))

4. 밑줄 친 부분을 해석해 보세요.

(1) He was picked (to become the president of the company (in 1921)).
(2) The only way (that I can get you (to do anything)) is (by giving you (what you want)).
(3) I saw a bust of Mexican hero General Alvaro Obregon in the palace.
(4) The following Sunday at church, after she had reported the results of her assignment, several women came up to me.
(5) There is an old saying (that I have cut out and pasted on my mirror (where I can not help but see it every day)).
(6) Every act (that you have ever performed) (since the day) (you were born) was performed (because you wanted something).
(7) (Without success), Pam tried various ways (to motivate this person).
(8) Scientists (in Maryland) analyze the latest bombs (to help) (figure out (how to save troops (in the field))).
(9) (Created (by the makers (of the film 'Titanic,'))), the movie employed a new technology.

5. 밑줄 친 표현이 적당하면 O, 틀리면 X를 하세요.

(1) It is surprising.
(2) I was surprised.
(3) There are hundreds of bees (working) (in the beehive)
(4) There is a giant (sleeping) (in the cave)
(5) There are dogs (eating beef) (in rich countries).
(6) I read about a mouse (drinking milk).
(7) He came home (with (what may have been eczema)).
(8) Mark told me (that he knew many men (working) (for him)).
(9) Everything was moving (in different directions) (at once).
(10) (For a moment), I thought (that the metal whip was going to drop (into it)).

6. 밑줄 친 부분의 해석이 적당하면 O, 틀리면 X를 하세요.

(1) I bought it (before I met you)   (내가 너를 만나기 전에)
(2) I am glad (that I meet you).   (내가 너를 만나서)
(3) I met her (at the restaurant).   (그 식당에서)
(4) I am pleased that Sara accepted my request.
                                            (Sara가 나의 요청을 받아들여서)

(5) He is glad to see his son's success.
                                            (그의 아들의 성공을 보아서)

(6) I have a several books (to read tonight).   (오늘밤에 읽을)
(7) There is a way (where there is a will).   (의지가 있는 곳에)
(8) I can remember the cafeteria (where we first met). (우리가 처음 만난)
(9) These are the registered people (to vote (for this election)). (투표할)
(10) I was surprised (when I saw you there).
                                            (내가 그곳에서 너를 보았을 때에)

(11) He drank the hot coffee so fast (that he dropped some of it).
                                            (그는 약간의 커피를 흘렸다)

7. 밑줄 친 부분의 영작 또는 해석이 적당하면 O, 틀리면 X를 하세요.

(1) 그 토끼는 (달리는 것)을 멈추었다.　　(running)
(2) 나는 (영화를 보는 것)을 즐겼다.　　(seeing movies)
(3) I drink coffee (in the morning).　　(아침에)
(4) I woke up (at five o'clock).　　(5시에)
(5) I met my wife (at school).　　(학교에서)
(6) Pam started (rocking her head).　　(머리를 흔드는 것)을
(7) Mark started (shaking his head).　　(머리를 흔드는 것)을
(8) The Constitution grants Congress the authority (to "borrow money on the credit of Korean government)."　　(돈을 빌릴)
(9) I am worried (about my own problems).　(내 자신의 문제들에 대하여)
(10) I am glad (to meet you).　　(너를 만나서)
(11) I am fond (of listening (to music)).　　(음악을 듣는 것)을
(12) I woke up (at six o'clock).　　(6시에)
(13) John saw us (on the sidewalk).　　(보도에서)
(14) He asked me (about (what was going on)).
 ((무엇이 일어나고 있는지)에 대하여)

(15) My colleagues who use the subway leave their home early in the morning because of the heavy traffic jam in Seoul.
출퇴근 시, 지하철을 이용하는 내 동료들은 서울의 복잡한 교통난 때문에 아침 일찍 집에서 출발한다.

(16) My colleagues, who use the subway, leave their home early in the morning because of the heavy traffic jam in Seoul.
내 동료들은 (출퇴근 시) 지하철을 이용하는데, 서울의 복잡한 교통난 때문에 아침 일찍 집에서 출발한다.

(17) The Battle (of Gettysburg) was fought (during the first three days (of July 1863)).　(게티즈버그의) 그 전쟁　　((1983년 7월의)처음 3일 동안에)

8. 영어의 실전순서로 나열한 것이다.
   실전순서가 적당하면 O, 틀리면 X를 해 보세요.

주 +	동 +	목1+	목2 +	보 +	괄호(부)
(1) (what I eat every day)	is		cheese (that I like)		
(2) (What I dislike)	is		(to eat it).		
(3) He	knows		(that I dislike fruit).		
(4) He	likes		(to study English).		

괄호(부) +	주 +	동 +	목1+	목2 +	보 +	괄호(부)
(5) (After solving the problem),	the parents	came				(to me).

주 +		동 +	목1+	목2 +	보 +	괄호(부)
(6) One (of my responsibilities)		was			the supervision	(of a janitor) (who was doing a very poor job).

9. 맞는 영작을 골라 보세요.

(1) (그 사과들을 먹은) 그 동물
   ① the animal (that ate the apples)
   ② the animal (eaten the apples)
   ③ the animal (eating the apples)

(2) (사과들을 먹는) 그 원숭이들
   ① the monkeys (that eat apples)
   ② the monkeys (that are eating apples)
   ③ the monkeys (eating apples)

(3) (그 원숭이들에게 먹힌) 그 사과들
   ① the apples (that are eaten by the monkeys)
   ② the apples (eaten) (by the monkeys)

10. 밑줄 친 부분이 괄호(명)이면 "명", 괄호(형)이면 "형", 괄호(부)이면 "부"로 구분해 보세요.

   (1) 2,200 years <u>before Christ was born</u>, King Akhtoi gave his son some shrewd advice.
   (2) Tom's four-week holiday (in Hong Kong) was more enjoyable <u>(than he had anticipated)</u>.
   (3) Four argues that there's no difference (between the value of the lives of pets and the lives of the animals <u>that we eat every day</u>.
   (4) I had argued with Pam about everything <u>under the Milky Way</u>.
   (5) Describe the system used (to elect senators (that ensures <u>(that the Senate is a continuous body)</u>)).
   (6) It is possible to learn something <u>about how your government is organized</u>.
   (7) He was surprised <u>at his wife</u>.
   (8) My Child was written <u>(by a novelist)</u> (who prefers (to be known only (as Sam))).
   (9) It is possible to learn something <u>about how the decisions are made</u>.
   (10) Group information <u>by characteristics</u>.
   (11) What causes such diversity in the way <u>world neighbors live</u>?
   (12) <u>As you look at the world</u>, you will notice the many different kinds of government that exist today.
   (13) <u>In Korea</u>, we have a democracy-a form of government in which the people rule. Our democracy has its origins in events that took place more than 50 years ago.
   (14) We live in conditions that range <u>from poverty to plenty</u>, from violence to peace, from bondage to freedom.
   (15) This means (that Congress can spend federal funds only) <u>(by passing a law)</u> (authorizing (that some money be spent (on a particular program))).
   (16) In 1989, <u>for instance</u>, President George Bush estimated (that more than $1.16 trillion would be needed in 1990 alone).
   (17) This tax cut was favored <u>(by President Lee)</u> (in the hope) (of (boosting the nation's economy)).

11. 밑줄 친 부분의 문법용어를 보기에서 찾아 적어 보세요.
    보기를 여러 번 사용할 수 있습니다.
    분사구문, 현재진행, 전치사, 수동태, 관계사, 부정사, 부사, 현재분사, 동명사

(1) He floated like a butterfly and stung like a bee through the '60s and '70s, <u>becoming</u> the first boxer to win three heavyweight world championships.

(2) I think you get very enthusiastic people <u>who</u> are willing to put a lot of commitment to the students that they have.

(3) Michigan Attorney General Mike Choi says that harm <u>is arriving</u> in the form of Asian carp, a prolific, invasive species of fish that can grow to be 4 feet long and weigh up to 100 pounds.

(4) The U.S. Supreme Court decided not <u>to hear</u> a dispute between Illinois and some of its neighboring Great Lakes states.

(5) Almost six years ago, on the day <u>after</u> Christmas in 2004, enormous swells of water engulfed the city at the tip of the Indonesian island of Sumatra.

(6) Red meat does not refer to how well a piece of meat <u>is cooked</u>.
    Nor does it refer to its coloration after cooking.

(7) With the job market still in the doldrums, people are trying to figure out ways to use the Internet <u>to find jobs</u>.

(8) In the winter, there's practically nothing in the markets around the city other than apples, cabbage, potatoes, and more apples. <u>So</u> we don't really have much choice about whether or not we're going to cook with them.

(9) <u>Eating Animals</u> is not a bad custom.

(10) David Kang says going to the zoo and watching the apes <u>being tickled</u> was an amazing experience, because they really seemed to love <u>being tickled</u>.

이것을 알면 끝

한글의 규칙을 잘 알면 영문법도 쉽게 알 수 있다.

1. 시제/완료/진행
한글을 알면 배울 필요가 없는 문법들
한국인들이 어려워하는 완료의 영작/해석을 단숨에 끝내는 비법

2. 수동태
수동태같이 보이지만 수동태로 해석하지 않는 영어 표현
수동태가 아니지만 수동태로 해석하는 영어 표현

3. 가정법: 영어의 가정법은 괄호(절)의 동사를
한글로 그대로 해석하면 틀리게 된다.

4. 주어와 동사의 수(단수/복수)의 일치

5. 시제의 일치 - 한글 문법을 활용하면 영문법이 너무 쉽다.

6. 콤마의 역할 - 콤마는 해석을 쉽게 만드는 규칙이다.

I. 기타 중요한 문법

- 읽으면 바로 이해하는 비법들로 배운다.

1. **시제/완료/진행**
2. **수동태**
3. **가정법**
4. **주어와 동사의 수 - 수의 일치**
5. **시제의 일치**
6. **콤마의 역할**

1 시제/완료/진행 — 힘들여 배울 필요가 없는 문법도 있다.

3분비법
시제/완료/진행은 <u>동사에 관련</u>된다.

 "시제/완료/진행"의 예 – 영어/한글에 있는 일정한 규칙

- 시제

	현재	과거	미래
한글	ㄴ다 일**한**다	ㅆ다 일**했**다	ㄹ거다 일**할 거**다
영어	동사원형/동사(e)s work/works	동사ed work**ed**	will + 동사 **will** work

- 완료

	현재완료	과거완료	미래완료
한글	① ㅆ다 ② (동안) 오고 있다 ③ 적이 있다	① ㅆㅆ다 ② (동안) 오고 있었다 ③ 적이 있었다	① ㅆㄹ거다 ② (동안) 오고 있을 거다 ③ 적이 있을 거다
영어	**have** +동ed have worked	**had** +동ed had worked	**will** + have+동ed will have worked

- 진행

	현재진행	과거진행	미래진행
한글	~고 있다 /중이다	~고 있었다 /중이었다	~고 있을 거다 /중이고 있을 거다
영어	am/are/is + 동사ing am working	was/were + 동사ing was/were working	**will** + be + 동사ing will be working

 **시제(현재/과거/미래)** ☞ p.304

한글과 영어의 시제 비교 – 동사를 보면 알 수 있다.

• 현재

(~ㄴ)다	~다	~이다	~있다
I work.	I am happy.	I am Pam.	There is water.
나는 일한다.	나는 행복하다.	나는 Pam이다.	물이 있다.
He work**s**.	He **is** happy.	It **is** a fruit.	There **is** water.
그는 일한다.	그는 행복하다.	그것은 과일이다.	물이 있다.

• 과거

ㅆ다	ㅆ다	ㅆ다	있ㅆ다
I work**ed**.	He **was** happy.	It **was** a bee.	There **was** water.
나는 일했다.	그는 행복했다	그것은 한 마리의 벌이었다.	물이 있었다.

• 미래

ㄹ 거다	ㄹ 거다	ㄹ 거다	있ㄹ 거다
I **will** work.	He **will be** happy.	It **will be** me.	There **will be** water.
나는 일할 거다.	그는 행복할 거다.	그것은 나일 거다.	물이 있을 거다.

가. **문법규칙1**: 현재시제의 용법

- 영어의 현재시제 – 한글문법과 같아 영어의 용법을 대부분 또 배울 필요가 없다.
  - 비법: 한글로 생각한 문법 규칙을 영어로 그대로 적용하면 된다. box 참조

▲고질병 치료▲영어의 현재시제 문법은 한글의 문법과 같다.

예) "진리는 항상 현재시제로 한다."와 같은 문법규칙도 한글로 생각하면 된다.
지구는 둥글다.   O   → 현재로 쓴다.
지구는 둥글었다.   X   → 과거로 못쓴다. 의미가 안 통한다.
지구는 둥글 것이다.   X   → 미래로 못쓴다. 의미가 안 통한다.

예1) 괄호(부), +   주 +   동 +   목1 +목2 + 보 + 괄호(부)
     (바람이 불 때),   냄새가   흩어진다.
     (When the wind blows), smells   scatter.

예2) 주 +   동 +   목1 +   목2 +   보 +   괄호(부)
     사막들에는   다   모래투성이인
     Deserts   are   sandy.

• 영어의 "조건절/시간 표시 절"인 괄호(부)의 <u>의미는 미래라도 현재로 적는다.</u>
🍎 비법: 이 규칙은 <u>한글/영어가 같아서</u> 한글을 생각한 대로 영어로 쓰면 된다.

- 조건절을 만드는 절: if/as long as/provided(that)/given (that)/whatever

(엄마가 곧 <u>오지 않으면</u> (나를 깨우기 위하여),   늦게   (학교에)
                    나는   될 거다

예1)   맞는 표현   O
괄호(부), +   주 +   동 +   목1 +   목2 +   보 +   괄호(부)
(If mummy <u>doesn't come</u> (to wake me up) soon),
              I   am going to be   late   (for school).

예2)   틀리는 표현   X
괄호(부), +   주 +   동 +   목1 +   목2 +   보 +   괄호(부)
(If mummy <u>will not come</u> (to wake me up soon)),
              I   am going to be   late   (for school).

* 설명: 이 문에서 "~오지 않으면"은 의미상으로는 미래를 나타내지만, 영어/한글은 똑같이 현재시제다.

- 시간을 나타내는 절: before/after/till/until/when/as/as soon as.

괄호(부), +   주 +   동 + 목1 + 목2 + 보 +   괄호(부)
(내가 나의 숙제를 끝내면),   나는   나갈 거다   (걷기 위하여)

(When I <u>finish</u> my homework),   I   will go out   (for a walk). O
(When I <u>will finish</u> my homework), I   will go out   (for a walk). X

* 설명: 이 문에서 "~끝내면"은 의미상으로는 미래를 나타내지만, 영어/한글은 똑같이 현재시제다.

- 예외: 가정법 – 가정법 시제는 영어/한글이 달라서 영어의 동사 시제를 그대로 해석하면 <u>틀린다</u>. ☞ p.292

예1)   괄호(부), +   주 +   동 +   목1 +   목2 + 보 +   괄호(부)
       (If I <u>were</u> rich),   I   would buy   an apartment   (in Seoul).

       (내가 부자라면), O
       (내가 부자였다면), X

예2)
       괄호(부) +   주 +   동 +   목1 + 목2 + 보 + 괄호(부)
                    I   would have shown   them   (if they had asked).

                                                      (그들이 물었다면)   O
                                                      (그들이 물었었다면) X

나. **문법규칙2**: 과거시제의 용법

🔴 비법
영어 → "동사ed"
한글 → "ㅆ"

영어의 과거를 쓰는 문법은 한글과 같아 대부분 별도로 <u>배울 필요가 없다</u>.

예) "나는 어제 Jim을 만났다."는 한글로 생각한대로 영어시제로 쓴다.
나는 어제 Jim을 만난다.   X   현재인 "만난다"로 하면 의미가 안 통한다.
나는 어제 Jim을 만날 거야. X   미래인 "만날 거야"로 하면 의미가 안 통한다.

예1) 주 +   동 +   목1 +   목2 +   보 +   괄호(부)
     나는   출판했다   한권의 새 책을   (지난주에)
     I   publish<u>ed</u>   a new book   (last week).

예2) 주 +   동 +   목1 +   목2 +   보 +   괄호(부)
     그녀는   이었다   바로 그 목소리 (희망의)
     She   was   just the voice (of hope).

다. **문법규칙3**: 미래시제의 용법
  🔴 비법 : 현대영어에서는 단순미래/의지미래의 구분하지 않고 전부 will로 쓴다.
  영어 ⇢ "will +동사"
  한글 ⇢ "ㄹ 거"

  • 미래는 "will +동사"로 한다. 한글은 "ㄹ거"이다.
  기타 미래의 표현: be going to ~, be about to ~, be on the verge of ~
  영어의 미래시제는 문법은 한글과 같아 별도로 배울 필요가 없다.

  예)
  "나는 내일 Jim을 만날 거다."와 같은 시제도 한글의 문법을 영어에 쓴다.
  나는 내일 Jim을 만났다.   X   "만났다"로 하면 의미가 안 통한다.
  나는 어제 Jim을 만날 거야. X   "어제"로 하면 의미가 안 통한다.

  예1) 주 +   동 +목1 +   목2 +   보 + 괄호(부)
        The new rules **will** not affect   (what they already have been paid).
         그 새 규칙들은   영향을 미치지 않을 거다 (그들이 벌써 지불을 받은 것)에

  예2) 괄호(부), + 주 +   동 +   목1 + 목2 + 보 +   괄호(부)
        부사   부사
        One day,   we   **will** be together   a bad dream.
        and   this is going to be
        어느 날,   우리는   함께 있을 거다   나쁜 꿈이
        그리고   이것은   될 거다

  예3) 주 +   동 +   목1 +   목2 +   보 + 괄호(부)
        They   are going to kidnap   me.
        그들은   납치할 거다   나를

  예4) 주 +   동 +   목1 +   목2 +   보 + 괄호(부)
        They   are going to take   my money.
        그들은   가져갈 거다   나의 돈을

라, **문법규칙4**: 주의 할 시제 표현
- 🍎 비법: "현재시제/진행"으로 미래시제를 표현할 수 있다.

- 현재로 미래의 정해진 스케줄을 나타낸다.
  🍎 비법: 몇 개의 동사는 현재로 미래를 나타낼 수 있다.
  영어/한글의 문법이 똑 같아서 한글을 생각하면 된다.
  come 오다   go 가다   leave/depart 떠나다   arrive 도착하다

주 +	동 +	목1 +	목2 +	보 +	괄호(부)
The train	leaves				(at 12:45 pm).
그 기차는	떠난다				(오후 12시 45분에) → "ㄹ거"가 없다.

- 진행으로 미래의 정해진 스케줄을 나타낸다.
  🍎 비법: 한글은 이러한 경우가 없어 해석에 조심한다.
  My son is meeting Mr. Lee tomorrow.
  내 아들은 Lee선생님을 내일 만난다.   O   → 한글도 예정된 미래의 일은 현재로 한다. "ㄴ다"
  내 아들은 Lee선생님을 내일 만나고 있다.   X   → 진행으로 해석하면 이상하게 된다.

- 기타
  🍎 비법: 간결하게 표현하는 안내 문구는 현재를 미래로 표현하기도 한다.

주 +	동 +	목1 +	목2 +	보 +	부사
The concert	begins				tomorrow.
그 콘서트는	열린다				내일 → "ㄹ거"가 없다

 **완료(현재완료/과거완료/미래완료)** - 효과적인 "완료" 문법 공부

영어의 "완료"문법을 "경험/완료/계속/결과"로 배우면 영작/해석이 어렵다.
영어의 "완료"는 한글의 3가지 의미로 배우면 영작/독해가 간단하다.

가, **문법규칙1**: 현재완료의 해석 - 3가지 한글 표현으로 배운다.

	영어	한글
- 현재완료	have + 과거분사 has + 과거분사	① ~동안(부터) **해 오고 있다** ② **적이 있다** ③ **ㅆ다**

- "~동안(부터) ~오고 있다"로 해석하는 경우
  🍎 **비법응용1**: 문에 주로 기간의 표현이 있다.
  for, during, for, in, since, over, so far, up to now, up to now 등

예1) 주 +   동 + 목1 + 목2 + 보 +   괄호(부)
     I   have lived   (in Seoul) (for three years).
     나는   살아오고 있다   (서울에서) (3년 동안)

예2) 주 +   동 + 목1 + 목2 + 보 +   괄호(부)
     I   have lived   (in Seoul) (since 1998).
     나는   살아오고 있다   (서울에서) (1998년부터)

예3) 괄호(부), +   주 +   동 +   목1 +목2 +보 +괄호(부)
     (Since the day (it appeared)), the book   has been controversial.
     (그것이 나타난 그 날부터)   그 책은   물의를 일으켜 오고 있다.

- "~적이 있다"로 해석하는 경우
  🍎 **비법응용2**: 문에 회수의 표현이 있다. 예) never 전혀/once 한번 ...

예1) 주 +   동 +   목1 +   목2 +   보 +   부사
     I   have seen   a panda   once.
     나는   본 적이 있다   판다를   한번

예2) 주 +   동 +   목1 +   목2 +   보 +   괄호(부)
     I   have never seen   a panda.
     나는   결코 본적이 없다.   판다를

- "쓰다"로 해석하는 경우
  🍎 **비법응용3**: 문에 부정확한 시간의 표현이 있다. 예) already/recently/just 빈도부사도 쓰이기도 한다. 예) always, often, sometimes, never

예1) 주 +   동 +   목1 +   목2 + + 보 + 괄호(부)
     I   have **already** met   him.
     나는   벌써 만났다   그를

I	have **recently** lost	my credit card.
나는	최근에 잃었다	나의 신용카드를

예2) 주 +   동 +   목1 +   목2 +   보 +   괄호(부)
    You   have given   us   the scientific explanation (for (what we already knew)).
    너는   해 주었다   우리에게   그 과학적인 설명을   ((우리가 벌써 아는 것)에 대하여)

- 현재완료 + 진행: "동안/부터~ 오고 있다" – 한글의 해석은 현재완료와 같다.

예1) 주 +   동 + 목1 +   목2 + 보 + 괄호(부)
    They **have been working** together (to influence (what gets published) (in the book))).
    그들은 일해오고 있다   함께   ((그 책에서) (출판되는 것)에 영향을 주기 위하여)

예2) 주 +   동 + 목1 +   목2 + 보 + 괄호(부)
    The beloved television show **has been educating** children (for 40 years).
    그 소중한 텔레비전 쇼는   교육시켜오고 있다   어린이들을 (40년 동안)

- 현재완료 + 수동태
"수동 + 현재완료"의 3가지 의미 ☞ p.286

- (동안/부터) 되어오고 있다
- 된 적이 있다
- 되었다.

부사 +   주 +   동 +   목1 +목2 + 보 +   괄호(부)
(So far),   it   **has been rejected**.
(아직까지)   그것은   거부되어오고 있다.

나, **문법규칙2**: 주의 할 현재완료의 영작

- 한글의 "~ㅆ다"의 영작
  - 비법응용1: "~ㅆ다"는 영어로 과거/현재완료 2가지로 영작할 수 있다.

- 과거로 영작: "~ㅆ다" + 과거표현
과거표현의 예) 어제 yesterday   전주에 last week   1년 전에 a year ago ...

주 +	동 +	목1 +	목2 +	보 +	부사
나는	만**났다**		그녀를		어제
I	met		her		yesterday.

- 현재완료로 영작: "~ㅆ다" + 현재표현/정확한 과거표현이 아닌 표현

현재 표현의 예) today, this week, now 등

주 +	동 +	목1 +	목2 +	보 +	괄호(부)
나는	말했다				(한 미국의 정보원에게 (이주에))
I	have talked				(to a US intelligence person (this week)).

정확한 과거가 아닌 표현의 예)
already 벌써/recently 최근에/just 방금/before 전에

예1)
주 +	동 +	목1 +	목2 +	보 +	괄호(부)
나는	방금 만났다		그녀를		
I	have just met		her.		

예2)
주 +		동 +목1 +목2 + 보 + 괄호(부)
그들은	벌써 말**했**다	(어떻게(그 군대들을 빠져 나오게 하는 지에)대하여)
They	have already talked	(about (how (to get the troops out))).

• 한글의 "동안/부터 ~해 오고 있다"의 영작
● 비법응용2: "동안/부터 ~해 오고 있다"는 의미상 항상 현재완료로 한다.
한국인들의 고질병 – 한글을 생각하고 현재로 쓰면 틀린다.
특히 "since ~부터"는 항상 완료에만 쓴다.

예1)
괄호(부), +	주 +	동 +	목1 +	목2 +	보 +	괄호(부)
(그때**부터**)	그녀는	적어 **오고 있다**		2권의 다른 소설책들을		
(Since then),	she	has written		two other novels.		

예2)
주 +		동 +목1 +목2 + 보 + 괄호(부)
A British hostage Peter Moore	had been held	(since March 2003).
영국의 인질인 Peter Moore는	잡혀있어 왔다	(2003년 3월부터)

- 한글의 "~동안"의 영작
- 🍎 비법응용

"~동안"의 영작은 영어로 **과거/현재완료** 2가지로 영작이 가능하다.

- 과거: **~동안** ~ㅆ다

주 +	동 +	목1 +	목2 + 보 +	괄호(부)
나는	살았다.			(서울에서) (2년 **동안**)
I	liv**ed**			(in Seoul) (**for** two years).

- 현재완료: "**~동안** ~오고 있다"

주 +	동 +	목1 +	목2 + 보 +	괄호(부)
나는	살아**오고 있다**			(서울에서) (2년 **동안**)
I	have lived			(in Seoul) (**for** two years).

다, **문법규칙3**: 과거완료 "had +동사ed"는 한글로 3가지로 해석된다.

	영어	한글
- 과거완료	had + 과거분사	① ~동안(부터) 해 **오고 있었다** ② **~적이 있었다** ③ ㅆㅆ다

- ~동안/부터 ...오고 있었다

주 +	동 +	목1 +	목2 + 보 +	괄호(부)
I	had lived			(in Seoul) (for two years) (by then).
나는	살아오고 있었다			(서울에서) (2년 동안) (그 때까지)

- ~적이 있었다

예1)

주 +	동 +	목1 +	목2 +	보 +	괄호(부)
나는	본 적이 결코 없었다		그 영화를		(그 때까지)
I	had never seen		the movie		(by then).

예2) 주 +   　　　 동 +   　목1 +   목2 +   보 +   　괄호(부)
　　　　나는 들어 본 적이 결코 없었다　　　　　　　(Alex Lee에 대하여)
　　　　I   had never heard　　　　　　　　　　　(of Alex Lee).

- ㅆㅆ다

괄호(부) +   　　　　　동 +   　주
(1859년까지),　　　　있었다　여러 권의 책들이 (진화에 대한) (출판된) (영국에서))
(By 1859), there had been   several books (on evolution) (published) (in Britain).

라, **문법규칙4**: 미래완료 "will have +동사ed"는 한글로 3가지로 해석된다.

　　　　　　　　　　　영어　　　　　　　　　한글
- 미래완료　　　**will have** + 과거분사　① ~동안(부터) 해 **오고 있을 거다**
　　　　　　　　　　　　　　　　　　　　　② **~적이 있을 거다**
　　　　　　　　　　　　　　　　　　　　　③ **ㅆ+ㄹ 거**다

- "~동안/부터 해 오고 ㄹ 거다"

예1) 주 +   　　　 동 +   　목1 +   목2 +   보 +   　괄호(부)
　　　　나는 살아오고 있을 거다　　　　　　　　　(서울에서) (20년 동안) (그 때까지)
　　　　I   will have lived　　　　　　　　　　　(in Seoul) (**for** two years) (by then).

예2) 주 +   　　　 동 +   　목1 +   목2 +   보 +   　괄호(부)
　　　　나는 일해오고 있을 거다　　　　　　　　　(3개월 동안) (3월에) (내년에)
　　　　I   will have worked　　　　　　　　　　(for three months) (in March) (next year).

- ~적이 ~ㄹ 거다.

주 +   　　　　　　　　　동 +   　목1 +   목2 +   보 +   　괄호(부)
나는　　본 적이 결코 없을 거다　　　　　　그 영화를　　　(그 때까지)
I　　 will have never seen　　　　　　the movie　　　(by then).

- ㅆ + 있ㄹ 거다

예1) 주 +   동 +   목1 +   목2 +   보 +   괄호(부)
    그는   결혼해 있을 거다   Anne과   (그 때까지)
    He   will have married   Anne   (by then).

예2) 괄호(부), +   주 +   동 +   목1 +   목2 +   보 +   괄호(부)
    (2040년까지),   나는   죽어 있을 거다.
    (By 2040),   I   will have died.

마, **문법규칙5**: 주의 할 완료: "should/would/must + 현재완료"

- should + 현재완료 = ~ㅆ어야 했다

예1) 주 +   동 +   목1 +   목2 +   보 +   괄호(부)
    You   **should have done**   it.
    너는   했어야 했다   그것을

예2) 주 + 동 +목1 +목2 + 보 +   괄호(부)
    This was a political abuse (of a list)(that **should have been investigated**).
    이것은 이었다 (조사가 되어 왔어야 했던) (한 리스트의) 한 정치적인 남용

- would + 현재완료 = ~ㅆ을 거다

    주 +   동 +   목1 +   목2 +   보 + 괄호(부)
    I   don't think   (the steroids **would have helped** him).
    나는   생각하지 않는다   (그 스테로이드가 그를 **도왔을 거라고**)

- must + 현재완료 = ~ㅆ어야 했다

    주 +   동 +   목1 +   목2 +   보 +   괄호(부)
    He   **must have had**   two children (with the flu)   (at home).
    그는   데리고 있**었어야 했다**   두 아이들을   독감이 있는   집에서

 **진행: "현재진행/과거진행/미래진행"**
진행의 영작 – "be +동사ing"
진행의 해석 – "~고 있다/~중이다"

진행의 영어와 한글의 비교

	영어	한글
• 현재진행	be 현재 + 동사ing	~고 있다/ ~중이다
	am/are + working	일하고 있다/일하는 중이다
	is + working	

예1) 주 +   동 + 목1 + 목2 + 보 + 괄호(부)
    The gate   **is** not **working**.
    문이   **작동되**지 않고 **있다**

예2) 주 + 동 +목1 + 목2 + 보 + 괄호(부)
    Philip is   worried   (that this defensive effort **is damaging** the free flow (of ideas)).
    Philip은 다   걱정한   (이 방어적인 노력이 (아이디어의) 자유로운 이동에 **손해를 가하고 있다고**)

• 과거진행

be 과거   + 동사ing   ~고 있었다/ ~중이었다
was/were + working   일하고 있었다/일하고 있는 중이었다

예1) 주 +   동 +   목1 + 목2 + 보 + 괄호(부)
    I   **was lying**   (on the floor) (beside the bed).
    나는   **누워 있었다**   (바닥에) (침대 옆에)

예2) 괄호(부), + 주 +   동 + 목1 +목2 + 보 +괄호(부)
    (On Nov. 24, 1859), (when the book was published),
             the relationship (between religion and science) **was changing**.
    (1859년 11월 24일에), (그 책이 출간되었을 때),
             (종교와 과학사이의) 그 관계는   **변하고 있었다**.

- 미래진행

will be + 동사ing   ~고 있을 거다/ ~중일 거다
will be + working   일하고 있을 거다/일하는 중일 거다

주 +	동 +	목1 +	목2 +	보 +	괄호(부)
I	will be watching		TV		(when you come home).
나는	보고 있을 거다		TV를		(네가 집에 올 때에)

 **완료/진행/수동의 형태가 합해진 것**

🍎 비법: 동사 앞에 2개 이상의 조동사가 있으면 항상 다음 순서로 한다.
will + have + be + 동사ed/동사ing

- 완료 + 수동태

주 +	동 +	목1 +	목2 +	보 +	괄호(부)
Anne and Peter	had been jailed				(since shortly (after the slaying)).
Anne과 Peter는	감옥에 갇혀 왔었다				(살인한 바로 직후부터)

- 진행 + 수동태

괄호(부), +	주 +	동 +	목1 +	목2 +	보 + 괄호(부)
(When the novel was being written),	I	had		those dreams.	
(그 소설이 쓰이고 있었을 때),	나는	가졌다		그 꿈들을	

▲고질병 치료 ▲왜 영어를 배우는데 한글의 정확한 의미 파악이 중요한가?

영어를 정확히 이해하는데 한글의 정확한 이해는 필수적이다.
영어에 능통하지 않은 많은 한국인들은 영어로 생각하여 의사를 전달하기 보다는 한글을 생각하며 영어로 말을 하거나 한글을 생각하고 글을 쓰기 때문에, 한글의 의미를 정확히 이해하고, 해당 영어문법을 적용할 수 있어야 정확한 영어표현을 할 수 있다. 그러므로 이 책에서는 영어와 한글을 문법을 같이 습득하도록 하고 있다.

2 수동태

3분비법
영어: "be +동사ed"/"get +동사ed"
한글의 해석법: 동사에 "지/치/리/히/되다/받다/당하다"를 붙여 해석한다.

❶ 문법규칙1: 형태와 해석

🔴 비법: 수동태는 2가지 형태가 있다: be + 동사ed + (by ~)/get + 동사ed
– 수동태 "get + 동사ed"은 주로 informal한 표현에 쓰이며 (by~)를 쓰지 않는다.
– 한글의 수동태 표현은 항상 같은 표현이 들어있다.
동사 +"지/치/리/히/되다/받다/당하다"
예) 사라**지**다/받**치**다/불**리**다/먹**히**다/치즈가 **되다**/벌을 **받다**/교통사고를 **당하다**

예1) 주 +   동 +   목1 +   목2 +   보 +   괄호(부)
      Muhammad Ali **was known**   (for his swift blows).
      Muhammad Ali는   알려**져** 있었다   (그의 재빠른 가격으로)

예2) 주 +   동 +   목1 +   목2 +   보 +   괄호(부)
      The man   **got caught**.
      그 남자는   잡**혔**다.

예3) 주 +   동 +   목1 +목2 +보 +   괄호(부)
      The man   **was shot**.
      그 남자는   총을 **맞았다**.

예4) 주 +   동 +목1 +목2 +보 + 괄호(부)
      The man (suspected (of gunning down two police officers) (in a coffee shop) (Sunday)) **was shot and killed** (by a Seoul police officer) early (Tuesday morning).
      그 남자는 ((두 경찰관을 쏘아 넘어뜨린 것에 대한) 의심을 당한)   (커피숍에서)
              (일요일에)   총을 맞고 죽음을 당했다   (한 서울 경찰관에 의하여) 일찍이 (화요일 아침에)

 **문법규칙2**: 수동태의 "시제/진행/완료"의 표현

가. 수동태 현재

영어 → "am/are/is + 동사ed"
한글 → "수동 + ~ㄴ다"
● 비법: 영어의 수동태 <u>현재</u>는 be조동사가 현재를 표시한다.

주 +   동   목1 +목2 +   보 +   괄호(부)
Agassi's book   is called   Open.
Agassi의 책은   불린다   Open이라고

나. 수동태 과거

영어 → "was/were + 과거분사"
한글 → "수동 + ㅆ다"

예1) 주 +   동 +목1 +목2 + 보 +   괄호(부)
      Tantalus was punished   (by the gods).
      Tantalus는   벌을 받았다   (신들에 의하여)

예2) 주 +   동 +목1 +목2 + 보 +   괄호(부)
      She   was captivated   (by the funny man).
      그녀는   매혹되었다   (웃기는 그 남자에 의하여)

다. 수동태 미래

영어 → "will be + 동사ed"
한글 → "수동 + ㄹ 거다"

예1) 주 +   동 +목1 +목2 + 보 + 괄호(부)
      This book   will be published   (by then).
      이 책은   출판될 것이다   (그 때까지)

예2) 주 +   동 +목1 +목2 + 보 + 괄호(부)
      Many 21st century conflicts   will be fought   (over water).
      많은 21세기 다툼은   싸우게 될 것이다   (물에 대하여)

라, 진행 수동태

　　영어 ⇢ "be + being+동사ed"
　　한글 ⇢ "수동 + ~고 있다/~중이다"

　　예1) 주 +　　동 + 목1 + 목2 +보 +　　괄호(부)
　　　　Climatologist Peter Lee (at New York State University)
　　　　　　　says　　(Tom's paper is not being suppressed (for its conclusions)).
　　　　기후학자인 Peter Lee는 (뉴욕 주립대학에서 근무하는)
　　　　　　　말한다　　(Tom의 논문은 (그것의 결론을 이유로) 발표를 금지 당하고 있지 않다)

　　예2) 주 +　　　동 +　목1 +　목2 +　보 +　　　괄호(부)
　　　　It　is being called　　a "silent hurricane"　(because emissions (from the drywall) destroy plumbing and electrical systems).
　　　　그것은　불리고 있다　　　"조용한 폭풍"으로　　((마른 벽지로 부터 나오는)
　　　　방사물들이 배관과 전기 시스템을 파괴한다는 것 때문에)

마, 완료 수동태

　　영어 ⇢ "have/had +been +동사ed"
　　한글 ⇢ "수동 + 완료"

　　예1) 괄호(부), +　　주 +　　　　　　　　　　　동 +목1 + 목2 +보 +괄호(부)
　　　　(Since the economic downturn began (over two years ago)),
　　　　　　　　　more than seven million jobs　　have been　　　lost.
　　　　((2년이 넘은 기간 전에 경기 하강이 시작된 후부터),
　　　　　　　　7백만보다 더 많은 일자리가　　　　사라져 가고 있다.

　　예2) 주 +　　　　　　동 +목1 +목2 +보 + 부사
　　　　His execution　　had been delayed　　indefinitely.
　　　　그의 사형집행은　　지연되어 오고 있었다　　무기한으로

　　예3) 주 +　　　　　　동 +목1 +　목2 +보 + 괄호(부)
　　　　The project　had been supported　　(with funds) (from the company).
　　　　그 프로젝트는　지원되었다　　　　　(자금으로) (그 회사로 부터 온)

- 288 -

문법규칙3: 부정사의 수동태 – 영어/한글에 정해진 표현이 있다.

영어 ➞ to be + 동사ed
한글 ➞ 부정사 + 수동 표현

	주 +	동 +목1 +목2 +	보 +	괄호(부)
• 능동태	He	appears	(**to drive** a car).	
	그는	보인다	(차를 **운전하는 것**으로)	
• 수동태	The car appears		(**to be driven**)	(by a drunken driver).
	저 차는	보인다	(**운전되는 것**으로)	(술 취한 운전자에 의하여)
• 완료 능동태	He	appears	(to have driven a car).	
	그는	보인다	(차를 운전한 것으로)	
• 완료 수동태	The car appears		(to have been driven)	(by a drunken driver).
	저 차는	보인다	(운전된 것으로)	(술 취한 운전자에 의하여)
• 진행 수동태	The car appears		(to be being driven)	(by a drunken driver).
	저 차는	보인다	(운전되고 있는 것으로)	(술 취한 운전자에 의하여)

 **문법규칙4**: 주의할 수동태의 해석

가. 수동태처럼 보이지만 수동태로 해석을 안 해도 되는 영어 표현 ☞ p.327
　🍎 비법: "be + ~ed형용사"는 수동태로 해석할 필요가 없다. 예) be tired 피곤하다
　이러한 ~ed형용사는 동사의 과거분사와 구분이 명확하지 않는 경우가 있어
　수동태인지 아닌지가 혼동이 되지만, 해석은 대부분 수동으로 해석을 안 해도 된다.
　be surprised (at...)　– 능동태로 바꿀 수 있어 수동태로 볼 수 있지만 해석은 "~에 놀라다"로 한다.
　be worried (about...)　– 능동태로 바꿀 수 있어 수동태로 볼 수 있지만 해석은 "~에 걱정하다"이다.

예1)	주 +	동 +	목1 +	목2 +	보 +	괄호(부)	
	They	got			married.		
	그들은	쓰다			결혼한.		O
	그들은	결혼 당했다.					X

- 289 -

예2) 주 + 동 +　　목1 +　목2 +　　보 +　　　　괄호(부)
　　　　He　got　　　　　　　　　　　ready　　　(to throw his right hand).
　　　　그는　쓰다　　　　　　　　　　준비한　　　(그의 오른손을 뻗기 위하여)

예3) 주 + 동 +　　목1 +　목2 +　　보 +　　　　괄호(부)
　　　　He　was　　　　　　　　　　　surprised　(at her mischievousness).
　　　　그는　쓰다　　　　　　　　　　놀란　　　　그녀의 장난에

예4)
　　주 +　　　　　　　동 + 목1 +　목2 +　보 +　　괄호(부)
　　The mountain　　　is covered　　　　　　　　(with snow). ⋯→ 수동으로 해석하는 예
　　그 산은　　　　　　덮여 있다　　　　　　　　 (눈으로)

나. 수동태가 아니지만 수동태로 해석하는 영어 동사 – ergative동사 ☞ p.322
　　● 비법: 영어는 수동태가 아니지만 한글은 수동태로 해석하는 경우가 있다.
　　영어의 ergative동사는 주어가 사물이면, 수동태가 아니어도 수동태로 해석한다.

예1) 주 +　　　　동 +　　목1 +　　목2 +　보 +　　괄호(부)
　　　The door　opens　　　　　　　　　　　　　(at nine o'clock).
　　　그 문은　　열린다　　　　　　　　　　　　　(9시에)

예2) 비교
　　주 +　　　　　　동 + 목1 + 목2 +　보 +　　괄호(부)
　　The bridge　　 is closed　　　　　　　　　 (in both directions) (until further notice).
　　그 다리는　　　 닫히어 있다　　　　　　　　 (양쪽에서) (더 이상의 통보가 있을 때까지)

예3) 주 +　　　　동 +　　목1 +　　목2 +　보 +　　괄호(부)
　　　The bridge　closed　　　　　　　　　　　　(in both directions).
　　　그 다리는　　닫히어졌다　　　　　　　　　　(양쪽에서)

다. 능동태와 수동태에 따라 달라지는 문
　　● 비법: 지각동사/사역동사는 능동태/수동태의 부정사의 형태가 다르다.
　　능동태는 → to 없는 부정사가 온다.　　예) Peter (leave the room)
　　수동태는 → to 있는 부정사로 바뀐다.　예)　　　(to leave the room)

- 지각동사의 예

예1) 주+ 　　동+ 　　목1+ 　목2+ 　　보+ 　　　괄호(부)
　　I 　　　saw 　　　　　Peter 　(leave the room). 　⋯→ to 없는 부정사
　　나는 　　보았다 　　　　피터가 　(그 방을 나간 것)을

예2) 주+ 　　동+ 　　목1+ 　목2+ 　　보+ 　　　괄호(부)
　　Peter was seen 　　　　　　　(to leave the room). ⋯→ to 있는 부정사
　　피터가 　보였다 　　　　　　　(그 방을 나간 것)이

- 사역동사의 예

예1) 주+ 　　동+ 　　목1+ 　목2+ 　　보+ 　　　　　　부사
　　I 　　　made 　　　　my son (study English) 　　hard. ⋯→ to 없는 부정사
　　나는 　　시켰다 　　　나의 아들이(영어를 공부하도록)` 열심히

예2) 주+ 　　동+ 　　목1+ 　목2+ 　　보+ 　　　　　　부사
　　My son was made 　　　　　　(to study English) 　hard. ⋯→ to 있는 부정사
　　나의 아들은 시켜졌다 　　　　(영어를 공부하도록) 　열심히

 문법규칙5: 수동태가 주로 쓰이는 문

- 수동태는 주로 주체가 확실치 않은 과학 현상/과정의 설명 등에 쓰인다.

 - 과학현상: Energy is conducted (from hotter) (to cooler regions) (inside a body). 전도된다
 - 실험: The whole unit should be soaked (in water). 　　　　　적셔져야 한다
 - 과정의 설명: Then the water is discharged (to the ocean). 　　내 보내어진다

- 수동태는 앞문과의 연결을 위해서 쓰기도 한다.
⋯→ 앞문의 an apartment가 뒤 문의 주어로 되었다.

Mr. Kim has <u>an apartment</u> (in Seoul). 　　⋯→ 한 아파트를 ~

<u>The apartment</u> was renovated two years ago. 　⋯→ "그 아파트는"으로 시작할 때 수동태

3 가정법

3분비법
if가 들어간 괄호(부)는 "가정법"과 "가정법이 아닌 조건절" 2가지로 구분한다.
영작: 한글의 "~면"을 영작할 때는 "가정법"인지 아닌지를 선택 후 영작해야 한다.
해석: if는 "~면"으로 해석한다.

가정법의 분류: if는 종속접속사로 항상 괄호(부)가 된다.

가정법현재: 　　현대영어에서는 <u>거의 쓰지 않는 표현</u>이다.
가정법과거: 　　(if + 과거동사), 　주 + would/could +동사 …
가정법과거완료: (if + 과거완료), 　주 + would/could +현재완료 …
가정법미래: 　　(if + should 동사…), 주 + 동사 …

❶　문법규칙1: 가정법 if와 가정법이 아닌 조건절(직설법) if의 같은 점/다른 점

가, 같은 점: 영어의 (if…),는 한글은 (~면…)이다. 예) (if …) → (…면)

나, 다른 점

- 가정법: 사실이 아닌 <u>허구/불가능한 소망</u>을 표현하는 <u>영어식 표현법</u>이다.
- 비법: 가정법이면, "if절" 속의 동사 해석이 영어와 한글이 <u>다르다</u>.
이 동사의 과거형은 가정법을 표시한 것이지 과거시제를 표시한 것이 아니다.

예) (If I were rich), I would travel to America.
　　(내가 부자면),　　O
　　(내가 부자였다면),　X

예) <u>괄호(부)</u>, +　　　　　<u>주</u> +　　　　<u>동</u> +　<u>목1</u> +　<u>목2</u> +　보
　　(If my son **were** here),　　we　　**would** find out　　the secret.
　　(만약 내 아들이 여기 **있다면**),　우리는　알아 낼 텐데　　　그 비밀을　　O
　　(만약 내 아들이 여기 **있었다면**), 우리는　알아 낼 텐데　　　그 비밀을　　X

- 가정법이 아닌 조건절(직설법): 사실/진실을 표현한다.
- 🍒 비법: if절 안의 동사 해석이 영어와 한글이 같다.

예1) 괄호(부), +   주 +   동 +   목1 +   목2 +   보
     (If a figure **is** a triangle),   it   has   three angles.
     (수학)형태가 삼각형**이면**,   그것은   가지고 있다   세 개의 각들을

예2) 괄호(부), +   주 +   동 +   목1 +   목2 +   보
     (If Angela wanted it),   the parents must do   it.
     (안젤라가 원**했다면**),   그 부모들은   해야 했다   그것을   O
     (안젤라가 원**한다면**),   그 부모들은   해야 했다   그것을   X

 문법규칙2: 가정법의 if와 직설법의 if의 영작

🍒 비법응용
한글의 "~면"을 영작할 때는 가정법인지 직설법인지를 선택한다.
그 이유는 **한글**은 둘의 표현의 차이가 없지만, **영어**는 둘의 표현이 다르기 때문이다.

가정법의 예: (내가 너라**면**), 나는 이 차를 살터인데.   ...불가능
직설법의 예: (지구 온도가 오르**면**), 태양들이 따뜻해진다.   ...사실/진실

괄호(부), +   주 +   동 +목1 + 목2 +   보 +   괄호(부)
(If global temperatures rise),   oceans get   warmer.
(만약 지구 온도가 오르면),   해양들이 해진다   더 따뜻한

가, 가정법if: 불가능/소원을 표현한다.
🍒 비법응용: 한글의 가정법을 영어로 그대로 쓰면 영작이 틀린다.

괄호(부) +   주 +   동 +   목1 +   목2 +   보 +
(내가 **신이라면**),   나는   만들어 줄 터인데   너를   아름답게   *
(If I were God),   I   would make   you   beautiful.   O
(If I am God),   I   **will** make   you   beautiful.   X

* 설명: 내가 신이 아니므로 영어는 가정법이 될 수밖에 없다.

나, 직설법 if: 사실/진실 - 과학/수학의 정의 등
● 비법응용
한글과 영어의 시제가 같아서 한글을 그대로 영어의 시제로 영작한다.

예1) 괄호(부), + 주 + 동 + 목1 + 목2 + 보 + 괄호(부)
　　　(If it **is** fine tomorrow),　　I　will go　　　　　　　　fishing.
　　　(내일 날씨가 **좋다면**),　　　나는 갈 거야　　　　　　　낚시질을

예2) 괄호(부), + 주 + 동 + 목1 + 목2 + 보 + 부사
　　　(If you **need** my help),　　please give　　me　　a call　　　　any time.
　　　(네가 나의 도움이 **필요하면**),　주세요　　　나에게　한통의 전화를　어느 때나

예3) 괄호(부), + 주 + 동 + 목1 + 목2 + 보 +괄호(부)
　　　(If Sidney has been writing a book all night),　he will need　　　some sleep.
　　　(만약 시드니가 밤새 책을 써 오고 있다면),　　　그는 필요 할 거야　약간의 잠이

예4) 괄호(부), + 주 + 동 +목1 + 목2 + 보 + 괄호(부)
　　　(If Mark has finished his homework),　he will go out　　　　(to meet Jane).
　　　(만약 마크가 숙제를 마쳤다면),　　　그는 나갈 거야　　　　(제인을 만나기 위하여)

예5) 괄호(부), + 주 + 동 + 목1 + 목2 + 보 + 괄호(부)
　　　(If salespeople can show us (how their services will help us (to solve our problems))),
　　　　　　　　　　　　　they　　won't <u>need</u>　　　　　　(to sell us).
　　　(판매자들이 (어떻게 그들의 서비스들이 우리가 (우리의 문제들을 해결하는 것을) 도울 지를 우리에게 보여
　　　줄 수 있다면),　　그들은　　필요하지 않을 거다　　　(우리에게 판매하는 것)을

다, if가 없어도 "~면"으로 해석하는 표현
　　if가 없어도 ~면으로 해석하는 영어의 표현이 있다.
　　and/or,　　otherwise,
　　without,　　to 동사

　　Drink this, <u>and</u> you will be strong.　　　　　　　　　　그러면
　　(<u>Without this</u>), you can not succeed in your project.　(이것이 없으면),
　　(<u>To meet me</u>), you have to meet my secretary first.　　(나를 만나려면),

 **문법규칙3: 가정법 if/직설법 if의 해석**

가, 가정법 if절의 해석

- 비법응용: 영어의 가정법 동사는 한글로 그대로 해석해서는 <u>틀린다</u>.

괄호(부) +	주 +	동 +	목1 +	목2 +	보 +	
(If I **were** you),	I	**would** buy			an expensive apartment.	
(내가 너**라면**),	나는	살터인데			비싼 아파트를	O
(내가 너**였다면**),	나는	살터인데			비싼 아파트를	X

나, 직설법 if절의 해석

괄호(부) +	주 +	동 +	목1 +	목2 +	보 + 괄호(부)
(If your car **is making** a big noise),	it	needs			a thorough inspection.
(당신의 차가 큰 소음을 내**고 있다면**),	그것은	필요하다			철저한 검사가

 **가정법의 문법규칙4**

"if가 있는 가정법", "if가 없는 가정법", "if가 생략된 가정법"

가, if가 있는 가정법

- 가정법 현재 – 현대영어에서 "가정법 현재"는 <u>거의 쓰지 않는다</u>.
- 비법응용1: 현대영어에서는 "가정법 현재 (if...)" 대신 "직설법 (if...)"를 쓴다.

예1) 가정법 현재: (if ...동사의 원형),

괄호(부), +	주 +	동 +	목1 +	목2 +	보 +	부사
(If it **rain** tomorrow),	I	will stay				home.
(비가 오면 내일),	나는	머물 거다				집에

예2) 가정법 현재: (if ...**be**), *

괄호(부), +	주 +	동 +	목1 +	목2 +	보 +	괄호(부)
(If it **be** fine tomorrow),	I	will go		fishing.		

예3) "직설법 if"의 예)

괄호(부), +	주 +	동 +	목1 +	목2 +	보 +	부사
(If it **rains** tomorrow),	I	will stay				home.
(내일 비가 **오면**),	나는	머물 거다				집에

- 가정법 과거
  - 🍎 비법응용2: 가정법의 괄호(부) 속의 <u>과거동사는 한글은 현재로 해석</u>한다.

영어 → (if ...동사ed), 주어 + would 동사 ...
한글 → (~면), ~터인데.

예) | 괄호(부), + | 주 + | 동 + | 목1 + | 목2 + 보 +괄호(부) |
|---|---|---|---|---|
| (If I **were** rich), | I | would buy | | a car. |
| (내가 부자**라면**), | 내는 | 살터인데 | | 한대의 차를 |

예) | 괄호(부), + | 주 + | 동 + | 목1 + | 목2 + 보 +괄호(부) |
|---|---|---|---|---|
| | | | | 부사 |
| (If the weather **were** good), | we | would go out | | (for a picnic). |
| (If Tom **were to** come tomorrow), | we | would meet | | altogether. |

- 가정법 과거완료
  - 🍎 비법응용3: 가정법의 괄호(부) 속의 <u>과거완료는 한글은 과거로 해석</u>한다.

영어 → (**if** ...+과거완료...), 주어 + **would/would** +현재완료
한글 → (~ㅆ면), ~ㅆ터인데.

괄호(부), +	주 +	동 +	목1 +	목2 +	보 +괄호(부)
(If I had been strong),	I	would have	climbed		the mountain.
(내가 강했다면),	나는	올랐을 터인데			그 산을

- 가정법 미래
  - 🍎 비법: if절에 should가 있으면, "직설법 if"보다 조금 <u>더 불확실</u>한 내용이다.

영어 → (if... +**should** 동사...), 주어 + **will/would** 동사
한글 → (~면), 터인데.

예1) 괄호(부), +　　　　　　　　주 +　　　　　　동 +목1 + 목2 +　　　보 +　　괄호(부)

(If I **should** have any trouble), you will(would) be　　　　sorry.
(내가 무슨 문제가 **생기면**)　너는　ㄹ터인데.　　　　　　　미안한

예2) 비교

괄호(부), +　　　　　　　　주 +　　　　　　동 +목1 + 목2 +　　　보 +　　괄호(부)

(If I **have** any trouble),　　you　　　will be　　　　　　sorry.
(내가 무슨 문제가 **생기면**)　너는　　ㄹ 터인데.　　　　　　　미안한

나, if가 없는 가정법

- 특별한 문의 동사는 if가 없어도 가정법처럼 종속절 동사에 <u>현재를 안 쓴다</u>.
  특별한 동사　　　wish　　　　　+　　(that 주어 +**과거동사**...)
  특별한 표현　　　It is time　　　+　　(that 주어 +**과거동사**...)

● 비법응용: 이 표현들은 that절 안의 동사를 한글로 그대로 해석해서는 <u>안 된다</u>.

- 주어 + wish +(that...)

주 +　　　　동 +　　목1 +　목2 +　　　　　　　　　　보 +　　괄호(부)
I　　　　　**wish**　　　　　(I **had kept** a copy).
나는　　　　원한다　　　　　(내가 한 개의 복사본을 **가졌기**)를　　　　O
나는　　　　원한다　　　　　(내가 한 개의 복사본을 **가졌었기**)를　　　X

- it is time + (that ...)

주 +　　　　동 +　　목1 +　목2 +　보 +　　　　　　　　괄호(부)
It　　　　　is　　　　　　　　　　time (that you **went back** to school).
　　　　　　이다　　　　　　　　　시간　(네가 (학교로) **돌아가는**).　　　O
　　　　　　이다　　　　　　　　　시간　(네가 (학교로) **돌아갔을**).　　　X

▲고질병 치료▲ 한글은 가정법 if와 직설법 if의 <u>차이가 없다</u>.

영어는 표현에서 가정법 if와 직설법 if의 <u>차이가 있다</u>.
가정법　　　　　　　(If I <u>were</u> you),　　　(내가 ...ㄴ다면),
가정법이 아닌 조건절　(I you <u>help</u> me),　　　(네가 나를 도우면),

- 영어의 "특별한 동사/형용사+(that ...)"는 가정법처럼 항상 <u>같은 영어동사</u>가 온다. (that ...) 속에 다음 2가지 형태의 동사만 <u>쓴다</u>. → 옛날에 쓰던 가정법의 흔적이다.

  – 특별한 동사/형용사 +(that ...+ **should 동사**...)
  – 특별한 동사/형용사 +(that ...+ **동사원형**...)

똑같은 형태라도 "should 동사/동사원형"을 안 쓰면 직설법으로 쓴 것이다.
두 표현의 의미 차이는 없다.

● 비법응용: 해석은 영어와 한글이 똑 같다. → 예1)과 예2)의 해석

– that절 앞에 제안, 결정, 명령, 주장에 관한 동사 + (that...)
주어 + 특별한 동사 + (that 주어 +동사원형/should + 동사)
특별한 동사
ask, insist, require, suggest, propose, urge, advise,
decide, demand, promise, request, intend, recommend **+ (that...)**

예1) 주 +   동 +목1 +목2 +   보 +   괄호(부)
     You   should ask   (that this information **be** put (into the person's file)).
     당신은 물어야 한다   (이 정보가 그 사람의 파일에 들어가게 돼야 하는 지)를

예2) 비교
     주 +   동 +   목1 +   목2 +   보 +   괄호(부)
     You   can ask   (that this information **is** put (into the person's file)).
     당신은 물어볼 수 있다 (이 정보가 그 사람의 파일에 들어가게 되고 있는 지)를

– that절 앞에 나온 형용사가 "명령/주장/결정/제안"의 의미가 있는 형용사

주어 + be + 특별한 형용사 + (that 주어 +동사원형/should + 동사)
특별한 형용사
imperative, necessary, essential, important,
impossible, natural, proper, strange, right **+ (that...)**

예1) 주 + 　　 동 +목1 +목2 + 　　보 + 　　　　　괄호(부)
　　　It　　　is　　　　　　　important　 (that he **come** (to the meeting)).
　　　　　　다　　　　　　　중요한　　　 (그가 (그 회합에) 오는 것)이

예2) 주 + 　　 동 +목1 +목2 + 　　보 + 　　　　　괄호(부)
　　　It　　　is　　　　　　　important　 (that he **should come** to the meeting).
　　　　　　다　　　　　　　중요한　　　 (그가 (그 회합에) 오는 것)이

- 특별한 표현: 가정법이나 직설법으로 둘 다 사용할 수 있는 표현이 있다.

(if only …)　　　(단지~ 면) *　　　　suppose(that …),　　(만약 ~한다면),
even (if …)　　　(만약 ~ 지라도)　　　(as if…),　　　　　　(마치 ~처럼),
(as though…)　　(마치 ~처럼)　　　　provided (that…),　　(만약 ~ 면),

* if only는 직설법 보다는 주로 가정법의 형태에 많이 사용된다.

　주 + 　　　　　동 +목1 + 　　목2 + 　　　보 + 　　　괄호(부)
We could sell　　　　　　a lot of dresses　　　　　(**if only** we had a girl (on the show)).
우리는 팔 수 있을 텐데　　많은 드레스들을　　　　　(단지 우리가 (그 쇼에) 소녀 한명만 있다면)

다, if가 생략된 가정법

　🍎 비법: if가 생략되면 도치문이 된다.　　　　"조동사 + 주어 + 동사 …"

　예1) 괄호(부) + 　　　　　　주 + 　　　　동 +목1 +목2 +보 + 괄호(부)
　　　(Had **they** settled here),　wine would have been made (from the outset).
　　　(그들이 이곳에 정착했다면), 포도주는 만들어졌을 터인데　　　 (처음부터)

　예2) 괄호(부) + 　　　　　　주 + 　　　　동 +목1 +목2 + 보 + 괄호(부)
　　　(Had **they** caught her),　she would have been put　(in a concentration camp) herself.
　　　(그들이 그녀를 잡았다면),　그녀는 집어넣어졌을 텐데　　　 (그녀 자신이 한 포로수용소에)

　🍎 비법: if절의 "주어 +be동사"는 빈번히 생략된다. if completed, if realized
　　　주어/동사가 주로 생략되어 쓰이는 표현도 있다. if any 있다면, if possible 가능하면

　　괄호(부), + 　　　주 + 　　동 +목1 + 목2 + 　　보 + 　　　　　　　　괄호(부)
　　(If completed today),　it　　would be　　the largest undersea tunnel (in the world).
　　(오늘 완성된다면),　그것은　일거다　　　　가장 큰 해저 터널　　　　　(세계에서).

- 299 -

4 주어와 동사의 수(단수/복수)의 일치

3분비법
영어는 **주어와 동사의 단수/복수**가 규칙에 맞게 <u>일치해야 한다</u>.
가산명사와 불가산명사는 ☞ p.148

 **명사의 수에 따라 변하는 것**: 동사/한정사가 변한다.

가, 명사(주어)의 수에 따라 변하는 동사

- 주어가 복수/1인칭이나 2인칭인 경우: "동사+**s**"가 <u>안 된다</u>.

주 +	동 +	목1 +	목2 +	보 +	괄호(부)
The boxes	**look**			fragile.	
그 상자들은	**보인다**			부서지기 쉽게	

- 주어가 단수/3인칭/현재시제인 경우: "동사+**s**"가 <u>된다</u>.

주 +	동 +	목1 +	목2 +	보 +	괄호(부)
The box	**looks**			fragile.	
그 상자는	**보인다**			부서지기 쉽게	

나, 명사의 수에 따라 변하는 한정사: 명사의 수에 따라 바뀌어야 하는 한정사가 있다.

한정사 +	명사		한정사 +	명사
the	box		the	boxes
this/that	box		these/those	boxes

 **단수 명사 – 단수주어가 된다.**

가, 가산명사의 단수
- 가산명사가 1개이면 단수이다.　　　　　a box　　　　this box
  가산명사가 2개 이상이면 복수이다.　　two boxes　　these boxes

예1)   동 +   주   목1 +목2 +보 +   괄호(부)
There   is   **a box** (on the table).   1개의 상자
There   are   two boxes (on the table).   2개의 상자들

This box   is   mine.   이 상자
These boxes   are   mine.   이 상자들

예2)   동 +   주   목1 +목2 +보 +   괄호(부)
There   is   **another way** (to manage business cards).

예3) 괄호(부), + 주 +   동 +목1 + 목2 + 보+괄호(부)
    (Even in a smart-phone world),
    good old-fashioned paper business **cards** have not lost   their appeal.

나, 불가산명사는 단수이다.

- a lot of + 불가산명사/some + 불가산명사

예1) 주 +   동 + 목1 + 목2 + 보 +   괄호(부)
    A lot (**of water**)   is given   (to these animals every day).
    많은 (물)이   주어진다   (이 동물들에게 매일)

비교: **A lot** (of my **friends**) are   tall.
    많은 (나의 친구들)이   이다   키가 큰

예2) 주 +   동 + 목1 + 목2 + 보 + 부사
    Not all of the **information** was digitized   correctly.
    그 정보의 모든 것이   디지털화되지는 않았다   정확하게

예3) 주 +   동 +   목1 +목2 +   보 +   괄호(부)
    Some (of the **water**)   was contaminated.
    약간은 (그 물의)   쓰다 오염된

예4) 주 +   동 +   목1 + 목2 + 보 +   괄호(부)
    Some (of the **students**) are   lazy.
    약간은 (그 학생들의)   이다   게으른

- 분수 + 불가산명사: 불가산 명사의 일부는 역시 불가산명사가 된다.

예1) 주 +   동 +   목1 +   목2 +   보 +   괄호(부)
      Two-thirds (of the **water**)   is   yours.
      3분의 2는 (그 물의)   이다   너의 것

예2) 비교
      Two-thirds (of the **students**) come   (from China).
      3분의 2는 (그 학생들의)   왔다   (중국으로 부터)

❸ 복수 명사 - 복수주어가 된다. 가산명사가 복수 또는 2개 이상의 주어

주 +   동 +목1 +목2 +   보 +   괄호(부)
My brother and I   are working together   (at the same company).
나의 형과 나는   일하고 있다   함께   (같은 회사에서)

❹ 주의 할 주어의 단수/복수 구분

- 시간/돈/거리는 단수로 한다.

예1) 주 +   동 +목1 +목2 +   보 +   괄호(부)
      Ten hours (of studying English a day)   is   too much.
      10시간의 (하루에 영어를 공부하는 것)은   이다   너무 많다

예2) 주 +   동 + 목1 + 목2 +   보 +   괄호(부)
      1,000 dollars is   a lot (of money)   (to spend a day).
      1000불은   이다   많은 (돈)   (하루에 쓰기에)

- "no/any/every + body/one/thing"/each/either/neither/none 대명사는 단수이다.
every/each + 단수명사: every/each 뒤에는 단수명사만 온다.
그러나 all of ~는 of 뒤의 명사에 따라 수를 결정한다.

예1) 주 +   동 +   목1 +   목2 +   보 +   괄호(부)
      Nobody   likes   me.
      누구도   좋아하지 않는다   나를

Every student (in this school) needs   this kind (of bag).
모든 학생은   (이 학교에 있는)   필요로 한다   이 종류의 (가방)을

예2) 주 +   동 +   목1 +   목2 +   보 +   괄호(부)
All of the **apples**   were   rotten.   가산명사
All of the **food**   was   not good.   불가산명사

• one of ~, the number of ~는 항상 단수, the number of는 복수 취급을 한다.

예1) 주 +   동 +   목1 +   목2 +   보 +   괄호(부)
One (of my daughters)   works   (in the bank).
한 딸은(나의 딸 들 중)   일한다   (그 은행에서)

예2) 주 +   동 +목1 +목2 + 보 +   괄호(부)
The number (of students) (in this school)   is   1,320.
그 수는 (학생들의) (이 학교에 있는)   이다   1,320명

A number (of students)   are   (from Korea).
많은 (학생들)은   이다   (한국에서 온)

• 다음 표현은 한글 주격조사에 붙은 명사의 수에 맞추어 동사의 수를 결정한다.
                          한글의 해석   주어와 동사의 수 맞추기
either A or B   – A 또는 B가   – B의 수에 동사의 수를 맞춘다.
neither A nor B   – A 또는 B가   – B의 수에 동사의 수를 맞춘다.
not only A but also B   – A 뿐 아니라 B도   – B의 수에 동사의 수를 맞춘다.
B as well (as A)   – A 뿐 아니라 B도   – B의 수에 동사의 수를 맞춘다.

Either my brothers or my sister is to meet me there.
나의 형제들 또는 나의 여동생이 나를 그곳에서 만날 예정이다.

• 괄호(명)인 (that...)/(what...)/to부정사/동명사는 단수 주어로 취급한다.
(**That** they read books (for one hour every day)) makes them tired.
(**What** I want (to know)) is (whether he is American or Korean).

• 관계사절의 동사는 앞의 명사의 수에 맞춘다.
I love kids (who follow my instructions).

5 시제의 일치

3분비법
"시제의 일치"가 주절의 시제와 괄호(구/절)의 시제가 똑 같다는 것은 <u>아니다</u>.
또한 이성적으로 생각하는 시제와 실제 사용되는 시제가 <u>다를 수 있다</u>.

시제의 일치: 주절과 괄호(명)/괄호(형)/괄호(부)는 서로 시제가 적절해야 한다.
비법: 영어와 한글의 시제일치에 대한 문법규칙이 <u>대부분 비슷하다</u>.

❶ 주절의 동사가 현재이면
→ 괄호(구/절)는 "현재/과거/미래"로 다 쓸 수 있다.

● 비법응용: 주절이 **현재**이면 괄호(구/절)는 한글을 <u>생각하는 대로 영어로 쓴다</u>.

예1) 주 +   동 +   목1 +   목2 +   보 +괄호(부)

          주절 – 현재   괄호(구/절) – **현재**
    어떤 사람들은   생각한다   (그것이 충격적이라고)
    Some people **think**   (that that **is** shocking).

예2) 주 +   동 +   목1 +   목2 +   보 +괄호(부)

          주절 – 현재   괄호(구/절) – **과거**
    어떤 사람들은   생각한다   (그것이 충격적이었다고)
    Some people **think**   (that that **was** shocking).

예3) 주 +   동 +   목1 +   목2 +   보 +괄호(부)

          주절 – 현재   괄호(구/절) – **미래**
    어떤 사람들은   생각한다   (그것이 충격적일 거라고)
    Some people **think**   (that that **will be** shocking).

주절의 동사가 과거이면

→ 괄호(구/절)는 과거 이하 (과거/과거완료 등)의 시제가 되어야 한다.
이 때 괄호(구/절)는 현재로는 쓸 수 없다. 예외가 있다. ☞ p.307

● 비법응용1: 많이 틀리는 영작 - 주절이 과거이면
한글의 괄호(명)는 실제는 과거인데 보통 현재시제를 써서 영작 시 <u>많이 틀린다</u>.
한글의 괄호(형)는 실제는 과거완료인데 보통 과거를 써서 영작 시 <u>많이 틀린다</u>.

예1) 괄호(명)

주 +	동 +	목1 +	목2 +		보 + 괄호(부)
우리는	생각**했**다		(그가 한 영어 선생님**이라고**) X	(...선생님이었다고) O	
주절 - 과거	thought		괄호(명) - 과거 was		
We	**thought**		(that he **was** an English teacher).	O	
We	**thought**		(that he **is** an English teacher).	X	

예2) 괄호(형)

주 +	동 +	목1 +	목2 +	보 +	괄호(부)
나는	**샀**다		그 강아지를 (내가 전에 **본**) X	(내가 전에 보**았**던) O	
주절 - 과거	bought			괄호(형) - 과거완료 had seen	
I	**bought**		the puppy (that I **had seen** before)		

● 비법응용2: 주절이 과거이면 한글의 괄호(부)가 현재로 보여도 영어는
과거/과거완료로 한다. 특히 before/after가 있는 괄호(부)에 주의 한다. 예1/3/4/5)

예1) 괄호(부), +   주 +   동 +   목1 +   목2 +   보 +   괄호(부)

괄호(부) - 과거   **주절** - 과거
(내가 (서울에) 도착하기 전에),   Peter는   도착했다   그곳에
(Before I <u>arrived</u> (in Seoul)),   Peter   arrived   there.

예2) 주 +   동 +목1 +   목2 +   보 +   괄호(부)
주절 - 과거진행   가르치고 있었다   괄호(절) - 과거   ((그들이 **자란** 곳으로)부터)
                  were teaching   grew up
More than half of all Seoul teachers **were teaching** 9 miles from (<u>where they grew up</u>).

예3) 괄호(부) before

한글: 주절 - 과거 　　　　　　　　　　괄호(부) - 현재
나는 벌써 그 책을 **읽었다** 　　　　　(Alex가 나에게 그것에 대하여 **말하기** 전에)

영어: 주절 - 과거 　　　　　　　　　　괄호(절) - 과거 O 　괄호(절) - 현재 X
주 + 　　　　　　동 + 　　목1 + 　목2 + 　보 + 　괄호(부)
I 　　　　already **read** 　　the book 　　　(**before** Alex **told** me (about it)) O
I 　　　　already **read** 　　the book 　　　(**before** Alex **tell** me (about it)) X

예4) 괄호(부) before

한글: 괄호(부) - 현재 　　　　　　　주절 - 과거진행
(그 지진이 나기 전에) 　　　　　　행운들이 보여주고 있었다 　　더 밝게 (그 나라를 위하여)

영어: 괄호(절) - 과거 　　　　　　　주절 - 과거진행
괄호(부), + 　　　　　　　　　　　주 + 　　　　동 +목1 + 목2 + 　보 + 　괄호(부)
(**Before** the earthquake struck), 　fortunes **were looking** 　　　brighter (for the nation).

예5) 괄호(부) after

한글: 주절 - 과거 　　　　　　　　　　　　　　　　　괄호(절) - 과거
토고의 축구팀은 철수했다 (그 대회로 부터) 　　　(총잡이들이 총알들을 퍼부은 후에)
　　　　　　　　　　　　　　　　　　　　　　　　　(그 팀의 버스에) (Angola에서)

영어: 주절 - 과거 　　　　　　　　　　　　　　　　　　괄호(절) - 과거
주 + 　　　　　　　　동 + 목1 +목2 + 보 + 　괄호(부)
Togo's soccer team **withdrew** 　　　　　(from the competition) (**after** gunmen **sprayed** bullets
　　　　　　　　　　　　　　　　　　　　　(at the team's bus) (in Angola))).

● 비법응용3: <u>한글은 주절이 과거라도 괄호(명)는 보통 현재로 쓴다. 그러므로 영작이 많이 틀리는 경우이다.</u> → 한글과 영어가 다르다.

예1)

한글: 주절 - 과거 　　　　　　괄호(절) - 현재로 보임/실제는 과거
어떤 사람들은 　생각**했다** 　　(그것이 충격적이<u>라고</u>)

영어: 주절 - 과거 　　　　　　괄호(절) - 과거 O
주 + 　　　　　　　동 + 　목1 + 　목2 + 　　　　　　　　　　　보 +괄호(부)
Some people 　　thought 　　　(that that **is** shocking). 　　　　X
Some people 　　thought 　　　(that that **was** shocking). 　　　O

- 306 -

- **예외1**: 주절이 과거라도 괄호(구/절)가 현재인 경우 ⇢ 한글과 영어가 같다.
- 🍎 **비법**: 영어와 한글의 괄호(구/절)의 시제 규칙이 같다. - 생각대로 영작해도 된다.
주로 "과학적 사실"이나 "수학의 정의" 등 변치 않는 진리를 표현하는 경우이다.

| 주 + | 동 + | 목1 + | 목2 + | | 보 +괄호(부) |

주절 - 과거　　　　　　　　　괄호(절) - 현재진행
Mr. Lee는　　**말했다** +　　((한 과학자로 부터) (Apophis는 가까이 **오고 있고** 그 행성에 부딪칠 수 있을 거라고) 그가 들었다고)
Mr. Lee　　　**said**　　　(that he heard (from a scientist) (that Apophis **is getting** closer and may hit the planet)).

- **예외2**: 따옴표 안에 있는 인용문은 시제의 일치가 적용되지 않는다.

| 주 + | 동 +목1 + 목2 + | 보 +괄호(부) |

주절 - 과거　　　　　괄호(절) - 현재
Robert Gibbs는　**말했다**, + "((많은 보너스를 받지 않는 것)을 계속하는) 사람들이 **있다**)고"
Robert Gibbs　　**said**, "(there **are** folks (who continue not (to get big bonuses))."

- **예외3**: 영어의 가정법은 시제의 일치가 적용하지 않는다. ☞ p.292
- 🍎 **비법**: 영어의 가정법은 한글과 시제가 맞지 않지만 일정한 규칙이 있다.

| 주 + | 동 +목1 +목2 +보 + 괄호(부) |

주절　　　　　　　　　　　　　괄호(절)
일반국민들의 노여움은　　**가라앉을 거다**　　(그 보너스가 (25%만큼) 줄게 된다면)
The public's anger **would subside**　(**if** the bonuses **were** reduced (by 25 percent)).

 **주절의 동사가 미래라도** ⇢ 조건절 괄호(부)는 현재로 쓴다. ☞ p.274

- 🍎 **비법응용**: 한글/영어의 문법규칙이 같다. <u>많이 틀리는 영작이다.</u>

| 괄호(부), + | 주 + | 동 +목1 + 목2 +보 + 괄호(부) |

괄호(절) - 현재　　　　　　주절 - 미래
(그 상점이 **닫치면**),　　　가장 가까운 상점은 (그 도시에서) 50마일 떨어져 **있게 될 거다**.
(**When** the store **closes**),　the nearest store **will be** 50 miles away (in the city).
(**When** the store **will close**), X

6 콤마의 역할

3분비법
콤마는 문의 이해를 돕기 위하여 사용된 것이다.
콤마를 보면 문을 쉽게 이해할 수 있다.

 **2개의 콤마 사이에 삽입구/절이 있다.**
콤마의 위치와 개수에 따라 콤마를 해석한다.

● 비법: 삽입구/절은 문에서 <u>없다고 생각하면</u> 문이 1가지 문으로 보인다.
삽입구/절의 콤마는 주로 "~인/~데"로 해석한다.

예1) 삽입구는 동격을 표현한다.
주 +　　　　　　　　　　　　　　　　　　　　동 +목1 + 목2 +　　보 +괄호(부)
Peter, one of the best teachers in our school, quit　　his job.
Peter는 우리 학교에서 가장 뛰어난 선생님 중 한분이셨는데,　　그만 두셨다 그의 직업을

예2) 괄호(부), +　　　　　　　　　주 +　　동 +목1 + 목2 +　　　　　　　보 +괄호(부)
(In his book, **My Children**), he　　writes　(that he wanted (to publish a paper)).
(그의 책**인** "My Children"에서), 그는　　적는다　(그가 (한 논문을 발표하는 것)을 원했다는 것)을

예3) 주 +　동 +　　목1 +　　　　　　　　　　　　　　목2 +　　　　　보 +괄호(부)
Andre Park, **considered one** (of the greatest soccer players) (of all time),
　　　　　admits (in a new autobiography)　　(that he hates soccer).
Andre Park은, (지금까지) (가장 위대한 축구선수 중의) 한사람으로 간주되는**데**,
　　　자백한다 (한 새로운 자서전에서)　　　　(그가 축구를 싫어한다고)

예4) 주 +　　　　　　　　　　　　　　　　　　　동 +목1 + 목2 + 보 +괄호(부)
The study, **led** (by researchers (at Rainbow University)),　<u>found</u> (that
(hearing certain sounds) (during a nap) helped people (remember
information (associated) (with those sounds) (once they woke up)).
그 연구는, (Rainbow 대학에서 근무하는)(연구원들에 의하여) 주도되었는데,　　알아냈다
((낮잠 동안에) (어떤 소리들을 듣는 것)은 + (한번 그들이 깨어나면) 사람들이 (그 소리들과) (연관된)
(정보를 기억하도록) 도왔다는 것을)

 콤마는 계속용법으로 해석되는 괄호(구/절)를 표시한다.

● 비법: 계속용법에 사용된 콤마는 "~데"로 해석한다.
제한용법은 콤마가 없다. - 관계사의 계속용법 - "ㄴ/ㄹ"로 해석

예1)
주 + 동 +목1 + 목2   보 +   괄호(부)
It   was   the official newspaper (of the Socialists), (who are almost invisible these days).
그것은 이었다   (사회주의의) 공식의 신문이었는데,
(사회주의자들은 요즈음은 거의 보이지 않는다).

예2)
주 + 동 +목1 +   목2 +   보 +괄호(부)
He has amassed a collection (of more than 800 glasses), (which he keeps (in his home)). 그는 (800개가 넘는 유리잔의) 수집품을 모았는데, (그는 (그의 집에) 보관한다).

- so ~ ,(that...)의 계속용법 ☞ p.227

 분사구문은 보통 콤마로 구분한다. ☞ p.248

● 비법: 분사구문에 쓰인 콤마는 해석을 않는다. 콤마는 분사구문의 표시다.
괄호(부) +   주 + 동 + 목1 + 목2   보 + 괄호(부)
(After watching his brother struggle (with the disease) (for years)),
           Sabine decided   (to be tested).
(그의 형이 (그 병과) (수년 동안) 고투한 것을 본 후에),
           Sabine은 결정했다   (테스트되는 것)을

❹ 부사/괄호(부)가 주어의 앞에 오면 → 보통 콤마로 구분한다. ☞ p.138
● 비법: 이 콤마는 부사/괄호(부)와 주어를 구분하는 역할이며 해석하지 않는다.

예1)
괄호(부) +   주 +   동 +   목1 + 목2   보 + 괄호(부)
(A couple (of days) later), the military freed 20 hostages.
(2~3일 후에),   그 군대는   구했다   20명의 인질들을

- 309 -

예2) 주 +   동 +   목1 +   목2 +   보 +   괄호(부)
     Common desserts include   cakes, fruits, pastries, cookies,
     candies, and ice cream.
       보통의 디저트들은   포함한다   케이크들, 과일들, 밀가루 빵 종류, 쿠키들, 캔디들
       그리고 아이스크림을

● 비법: 접속부사는 보통 콤마와 같이 온다. 이 콤마는 해석할 필요가 없다.
    접속부사가 문의 처음/끝에 나오면 콤마가 한 개, 중간이면 두개의 콤마가 온다.

예1) 괄호(부), +   주 +   동 +   괄호(부)
     However,   exports   rose   (as well).
       그렇지만   수출은   올랐다   (역시)

예2) 동 +   주 +목1+   목2 +보 +   괄호(부)
     There is, **however,** one exception   (to the leveling off (of obesity rates)).
       그러나 있다   한 개의 예외가   (비만 율을 낮게 만드는 것에)

❺ and/but/or의 앞에 콤마를 써서 연결을 나타낸다.
미국식/영국식 영어가 다르다.

● 비법
and/but/or의 앞에 쓰인 콤마는 해석하지 않는다.
콤마는 and/but/or가 있다는 것을 나타낸다.

예1) 주 +   동 + 목1 +   목2 +   보 +   괄호(부)
     The newspaper covers   national news, Korean politics, elections,
     business, arts, culture, health and science, and technology.
       그 신문은   보도한다   국가적인 뉴스,   한국의 정치,   선거들,
       비즈니스,   예술, 문화,   건강과 과학,   그리고 기술을

예2) 주 +   동 + 목1 +   목2 +   보 +   괄호(부)
     Schools are not serving   snack foods **and** sugar-sweetened
     beverages **and** other high-calorie foods.
       학교는   제공하지 않고 있다   스낵 음식과 설탕으로 달게 된 음료수들과 다른 높은
       칼로리를 가진 음식들을

연습문제

1. 밑줄 친 한글에 맞는 영어를 적어 보세요.

(1) 나는 매일 커피를 <u>마신다</u>.
(2) 나는 어제 커피를 <u>마셨다</u>.
(3) 나는 지금 커피를 <u>마시고 있다</u>.
(4) 나는 전에 커피를 <u>마신 적이 있다</u>.
(5) 나는 1998년부터 커피를 <u>마시고 있다</u>.
(6) 나는 20년 동안 커피를 <u>마셔오고 있다</u>.
(7) 나는 20년 동안 커피를 <u>마셨다</u>.
(8) 나는 2010년까지는 20년 동안 커피를 <u>마시고 있을 거다</u>.
(9) 나는 어제 커피를 마신 그 고양이에 대하여 <u>들었다</u>.
(10) 내가 커피를 마실 때 그녀가 나의 집에 <u>왔다</u>.

2. 밑줄 친 부분만을 해석해 보세요.

(1) Pam <u>noticed</u> that the worker did a good work.
(2) He says <u>that will be easy</u>.
(3) I <u>haven't yet found</u> this joy.
(4) She <u>has also experimented</u> with literary criticism.
(5) That is why we have the largest empire the world <u>has ever seen</u>.
(6) Christy says he <u>has tried</u> three times to get his paper published.
(7) Everyone <u>has talked</u> about the snowfall in the Sierra.
(8) He <u>had told</u> me that he wanted it.
(9) I thought a virus <u>had infected</u> my copy of the OED.
(10) I <u>was still leaning</u> on the parents for my college tuition.
(11) Sonya, the mother of the 2-year-old child, told police that she <u>was walking</u> in the aisles of the Rockbridge Road store.
(12) (Between 2004 and 2007), an estimated 100,000 homes (in more than 20 states) (in America) <u>were built</u> (with toxic drywall) (imported) (from China).
(13) When An old woman brought the 68-year-old man to the Boston hospital, he was in a deep coma. Suspecting a brain hemorrhage, doctors ordered a CT scan and <u>were startled</u> (by (what they saw)).

3. 밑줄 친 부분을 해석해 보세요.

(1) He is already riding through the gate.
(2) He is coming to my castle.
(3) I find that I am standing on the highest tower of a castle.
(4) If he had done that to my child, the police would've had to rescue him.
(5) I wish I did more than anything, and I wish I had the compulsion.
(6) If I could write for the school newspaper, it couldn't be much more difficult to write for a national newspaper with nine million readers.
(7) If we were notable in any way, it was not in kind but in extent.
(8) Officials in Mexico say migrants en route from Central America to the U.S. are being abused in new and alarming ways.
(9) In a report issued earlier this year, Mexico's Human Rights Commission said roughly 1,500 migrants get kidnapped each month trying to cross Mexico.
(10) Her country, which was already one of the poorest in the hemisphere, is in turmoil as two men lay claim to the presidency.

4. 문제의 끝 단어가 밑줄 친 부분에 들어갈 표현으로 적당하면 O, 적당하지 않으면 X를 해 보세요.
(1) Karen __ a local girl with no criminal record.   was
(2) What __ you waiting for?   are
(3) Most of them __ made by people.   are
(4) That __ my reaction, too.   was
(5) Matt Groening __ too often been viewed as the sole source to the detriment of others who also deserve to be praised.   has
(6) You can __ a student government that handles issues in your school. have
(7) Political scientists __ that all governments, not just those in our nation, meet three general kinds of needs.   believe
(8) In 1989, for instance, President George Bush __that more than $1.16 trillion would be needed in 1990 alone.   estimated
(9) Two months after he was sent back to El Salvador, Goodman's wife __ birth to their first child.   gave
(10) They also __ used to set up and maintain health and safety standards and to conduct welfare programs to help the disadvantaged.   are

5. 2개의 문을 비교하여 밑줄 친 부분을 해석해 보세요.

(1) Peter <u>lived</u> in Seoul for five years.
    Peter <u>has lived</u> in Seoul for five years.

(2) <u>Did you see</u> TV program like this?
    <u>Have you ever seen</u> anything like this before?

(3) I <u>never saw</u> the shape of ghost here.
    I <u>have never seen</u> one in the shape of a ghost before.

(4) The night Denice appeared, there <u>was a party</u> near the club.
    The night Denice appeared, there <u>had been a party</u> near the club.

(5) I <u>will notify</u> all successful applicants by post.
    All successful applicants <u>will be notified</u> by post.

(6) I <u>saw</u> Margaret watch TV in her room.
    Margaret <u>was seen</u> to watch TV in her room.

(7) He <u>deported</u> her four months ago to El Salvador
    He <u>was deported</u> four months ago to El Salvador

(8) I <u>wear</u> a green garment every day.
    I <u>am wearing</u> a green garment.

(9) Charles Darwin's On the Origin of Species <u>has been called</u> the most important book ever written.
    Charles Darwin's On the Origin of Species <u>was called</u> an important book.

(10) He <u>stole</u> a huge pile of e-mails from a British climate laboratory.
     A huge pile of e-mails <u>were stolen</u> from a British climate laboratory.

6. 해석이 적당하면 O, 아니면 X를 해 보세요.

(1) If Bill were a gentleman, he would be helping my daughter.
    빌이 신사라면, 그는 내 딸을 도와주고 있을 텐데.

(2) If I were you, I would marry him.
    내가 너라면, 나는 그 사람과 결혼 할 텐데.

(3) If I were you, I would stay in tonight.
    내가 너라면, 나는 오늘 밤 머무를 텐데

(4) If Jim was in Korea, he could have taught my son English.
    짐이 한국에 있다면, 내 아들에게 영어를 가르칠 수 있을 텐데.

(5) If I were in Korea, I would have been working as an English teacher.
    내가 한국에 있다면, 나는 영어 선생으로 일해 오고 있을 텐데.

(6) If Mark finishes his homework, he can go out to meet Jane.
    만약 마크가 숙제를 마치면, 그는 제인을 만나러 나갈 수 있을 거야.

(7) If Jason is running in the rain, he could be a winner.
    만약 제이슨이 비속에서 달리고 있다면, 그는 승자가 될 수 있을 거야.

(8) If Mark has heard the news, he should phone me first.
    만약 마크가 그 뉴스를 들었다면, 그는 나에게 먼저 전화를 해야 해.

(9) If Sidney has been writing a book all night, he should take a rest.
    만약 시드니가 밤새워 책을 써오고 있는 중이라면, 그는 휴식을 취해야 한다.

(10) The United States insists that China return the $80 million aircraft,
     미국은 중국이 8천만 불의 항공기를 반환하겠다고 주장한다.

(11) Peter, a teacher at our school, will be retired next year.
     Peter는 우리학교의 선생님이신데, 내년에 퇴임하실 거다.

7. 밑줄 친 부분을 해석해 보세요.

(1) That's because not all that much has changed on the swine flu front. The vaccine is being made by the same companies, the same way, in the same factories as the seasonal flu vaccine that has been used safely for years.

(2) The Galapagos Islands have been famous for their wildlife ever since Charles Darwin hatched his theories on evolution by studying Galapagos finches. But Darwin didn't get to all the Galapagos Islands, and more than 20 years ago, scientists hiking on an island known as Isabela spotted an iguana that was pink. What they didn't know was whether this pink lizard was a genetic mutation or a whole new species.

(3) The human body is made up of approximately 70 per cent water. This is found inside the millions of cells that go to make up the body.

(4) A new study published in the journal Geology shows (that if carbon dioxide emissions reach extreme levels, the changes in the world's oceans might result in lobsters 50 percent bigger than normal.

8. 밑줄에 적당한 표현을 넣어 보세요.
    (1) I ___delighted with the news.
    (2) I am satisfy ___ what you have achieved.
    (3) He was surprised ___ see you.
    (4) It ___ costed 100 dollars.
    (5) Three important monetary powers ___ given to Congress-powers to tax, to spend, and to borrow.
    (6) Every government ___ revenues to carry out its programs.
    (7) We have try ___ form a government that serves the needs of all people.
    (8) The best way to understand government ___ to look at where it exists.
    (9) Governments exists ___ serve citizens.
    (10) Most of us ___ a common desire to participate in and shape the decisions made at all levels by our government.

9. 밑줄 친 부분의 시제가 적당하면 O, 옳지 않으면 X를 해 보세요.

(1) The Earth spins.
(2) Sam talks about the same things every time I met him.
(3) My father talked about what he had caught every time we go fishing.
(4) I am Korean. Where did you come from?
(5) The first television set is developed in 1925 by a Scottish inventor called John Logie Baird.
(6) In the following year, he showed his television system to an audience and transmitted fuzzy images of a dummy.
(7) Radio broadcasting has been achieved for the first time in 1896, by the Italian scientist Gulielmo Marconi. He had worked out how to use radio waves to send messages over a long distance.
(8) The screen was much smaller than it is on modern television, and reception was not as good as it is today.
(9) However, the fact that people can now receive moving images in their homes was amazing in itself.
(10) When people video a programme at home, their video-recorder picks up signals directly from their television aerial, satellite dish or cable link and transfers them to the tape. Videotape is different from film: it was a magnetic tape, like those used to make sound recordings.
(11) Two years ago, our 9-year-old son was struck by a car while riding his bike. He was flipped onto the car hood, and his head struck the wind shield. Thank God he was wearing a helmet. That helmet absorbed so much impact that it almost split in two. The diagnosis at the emergency room-a broken arm. The medical professionals told us that our son could paralyze, brain damaged or killed if he had not been wearing a helmet.

10. 밑줄 친 부분의 문법이 적절하면 O, 옳지 않으면 X를 해 보세요.

(1) The number of workers <u>has moved</u> upward since last year.

(2) <u>However,</u> there was no water there.

(3) There was<u>, however,</u> no water there.

(4) There was no water there<u>, however</u>.

(5) There are about 80 known metals. A few, such as gold, exist on their own, but most are found within ores, which are mined. Metals <u>are extracted</u> from their ore by heating them with other materials. The atoms in these substances are rearranged to make new substances are rearranged to make new substances. This process is called a chemical reaction.

(6) There was an old man who went for a walk every day. The old man did not like children. When he saw them on the street he would shout, "Go away, horrible things!" One day the old man <u>was taking</u> his walk. All at once, his suspenders broke, and his pants fell down. Some ladies came by. "Help, help!" cried the old man. But the ladies screamed, " Your pants have fallen down!" And they ran away. The old man began to cry. Some children passed by. "Poor old man," they said, "we will help you. Here is some chewing gum. It will hold your pants up very well." "Look!" cried the old man. " My pants are up! This chewing gum is great. These pants will never fall down again!"

(7) It was about eleven o'clock in the morning, one day in October. There were rain-clouds over the distant hills. I was wearing my light blue suit with a dark blue shirt and tie, black socks and shoes. I was a nice, clean, well-dressed private detective. I was about to meet four million dollars. From the entrance hall where I was waiting I could see a lot of smooth green grass and a white garage. A young chauffeur was cleaning a dark red sports-car. Beyond the garage I could see a large greenhouse. Beyond that there <u>were</u> trees and then the hills.

(8) Fishes have been swimming around our planet for almost 500 million years. They far outlived many other prehistoric animals. Over 350 million years ago, certain fishes became amphibians, starting four-legged life on land. Today there are over 23,000 species of fishes, more than all the other vertebrates - amphibians, reptiles, birds and mammals - added together. The basic fish design <u>has changed</u> little through the immense time of prehistory. But there are many variations in shape and size. People have fished since prehistoric times.

(9) An important theory in science <u>is</u> the theory of evolution. It explains how so many different types, or species, of plant and animal came into existence. English biologist Charles Darwin came up with this theory after studying thousands of different plants and animals. He realized how different species are related to each other.

(10) Doctors <u>have always been concerned with</u> preventing and curing diseases. Modern doctors understand that germs are the root cause of many familiar diseases. But the connection between germs and diseases was not made until the 1850s. Diseases can be cured by using drugs, called antibiotics, and can be prevented by using chemicals, called antiseptics, and vaccination.

(11) Human drinks water and eat food. The food, some of which <u>contains</u> water, is digested and is dissolved in the water. The food is then carried around the body in the water. The water passes through the cells and the cells absorb the food from the water. They also pass out wastes that are dissolved and carried off in the water. The wastes dissolved in the water are passed out of the body in the form of urine, perspiration and the vapour exhaled during breathing.

부록

1. 단어 자체가 성을 나타내는 명사 - "앞이 남성, 뒤가 여성"

   sister-in-law   husband-wife   king-queen
   widower-widow   nephew-niece   waiter-waitress
   hero-heroine   prince-princess   bridegroom-bride
   steward-stewardess   rooster-hen   landlord-landlady
   sir-madam   Englishman-Englishwoman

2. 자동사 + (전치사 + 명사/괄호(명)
   동사 뒤에 오는 전치사가 정해져 있다.
   주의: (전치사 + 명사/괄호(명))가 목적조사가 붙는 경우가 있다.

belong	(to	+ 명사/괄호(명)	(~에) 속하다
lead	(to	+ 명사/괄호(명)	(~에) 이르다
depend	(on/upon	+ 명사/괄호(명)	(~에) 의지하다/ (~을) 믿다
rely	(on/upon	+ 명사/괄호(명)	(~에) 의지하다/ (~을) 믿다
liaise	(between	+ 명사/괄호(명)	(~에) 연락을 하다
liaise	(with	+ 명사/괄호(명)	(~과) 연락을 하다
yearn	(for	+ 명사/괄호(명)	(**~을**) 열망하다
care	(for	+ 명사/괄호(명)	(**~을**) 좋아하다/(~을) 돌보다

3. 2개의 목적어가 오는 동사
   "목적어1 + 목적어2" = "에게 + 을/를"

give	주다	make	만들어<u>주다</u>	teach	가르쳐<u>주다</u>
buy	사<u>주다</u>	offer	제시하다		

   항상 "에게 + 을/를"의 순서로만 쓰는 동사
   ask, allow, cost, charge, deny, envy, forget, promise

   주의할 용법: "에게"가 생략될 수 있는 동사
   ask, bet, forgive, owe, pay, promise, show, tell, write

4. "목적어1 + 목적어2" → "목적어2 + 괄호(부)"로 표현할 수 있다.
   → 주어 + 동사 + **목적어1** + **목적어2** + 보어
   → 주어 + 동사 +   + **목적어2** + 보어 + **괄호(부)**
   🍎 비법: 괄호(부)에 있는 전치사에 따라 한글의 해석이 달라진다.

   • 괄호(부)에 for를 쓰는 경우 → 상대에게 도움이 되는 의미 → ~위하여
   buy, call, choose, cut, cook, catch, fix, find, get, keep, make, play, prepare, save, sing, take, write

   • 괄호(부)에 to를 쓰는 경우 → 상대에게 가는 방향의 의미 → ~에게
   bring, give, lend, leave, offer, owe, pay, pass, promise, read, recommend, sell, send, teach, tell, take, write

   • 괄호(부)에 of를 쓰는 경우 → ~에게
   ask, demand   I **asked** something (**of** him).   그에게
                    He **demands** lots of money (**of** me). 나에게

5. "목적어2 + 보어"가 오는 동사: 주어 + 동사 + 목적어1 + **목적어2 + 보어**
                                                   을/를 + 게/로/도록/다고(라고)

   keep 유지하다   paint 칠하다   cut 자르다   wipe 닦다
   find 발견하다   think of ~ as 생각하다
   ask, appoint, allow, believe, call, consider, declare, expect, elect,
   get, help, promise, receive, suppose, think, vote, watch
   사역동사 make, have, let

6. 동사로 쓰일 때는 뒤에 전치사가 없지만, 명사로 쓰일 때는 전치사가 필요한 단어
                      동사   명사
   describe   describe that accident   description (**of** the accident)
   demand   demands this product   demand (**for** this product)
   mention   mention it
   explanation (**of** that point)   (그 점에 대한) 설명
   Description (of this traffic accident)   (이 교통사고에 대한) 기술
   The demand (for this product)   (이 상품에 대한) 수요
   Our discussion (about the new project)   (그 신규 프로젝트에 대한) 우리의 토론

7. ergative 동사

crash, drop, finish, fry, grow, improve, lift, move, run, sell, shake, shrink, shut, slow, stand, start, stop, turn, widen, wash 등

8. 정해진 전치사가 오는 동사: 동사 + 목적어 + (전치사...)
congratulate   ~ (on)   blame ~ (for)   remind ~ (of)
introduce   ~ (to)   rob   ~ (of)   keep   ~ (from)
protect   ~ (from)   provide~ (with)   accuse ~ (of)

9. that절을 쓰는 문의 동사: 주어 + 동사 + (that ...)

add, ask, argue, announce, anticipate, assume, believe, conclude, confirm, decide, declare, determine, discover, doubt, find, forget, explain, hear, hope, know, learn, note, notice, propose, regret, remember, reply, report, say, see, state, suggest, suppose, suspect, teach, think, understand, write

다음 동사의 뒤에서는 that가 생략되고 쓰일 수 있다.
think, believe, suppose, know, say

예)
I think   (that he is a liar).
I think   (he is a liar).

He believes   (that I am a liar).
He believes   (I am a liar).

I suppose   (that he is right).
I suppose   (he is right).

I know   (that you are absolutely right).
I know   (you are absolutely right).

I did not know   (that you were a pianist).
I did not know   (you were a pianist).

10. 보통 that 동격절이 필요한 명사
    주어 + 동사 +**명사** +(that ...)

    "the idea, fact, belief, assurance, concept, confirmation, evidence, news, notion, proof, reason, rumor, theory, word" + (that ...)

11. 문의 동사 + 목적어2 "을/를"
    목적어2에 "to 동사/동명사" 둘 중 올 수 있는 것은 문의 동사에 따라 달라진다.

    - "to 동사"만 오는 문의 동사

    | afford | desire | expect | learn | manage |
    | promise | refuse | | | |

    - "동명사"만 오는 문의 동사

    | delay | deny | escape | excuse | enjoy |
    | favour | finish | include | involve | keep |
    | mind | postpone | practise | quit | understand |
    | give up | keep on | can not help | feel like | |

    - "to 동사/동명사" 둘 다 올 수 있는 문의 동사

    | like | hate | forget | remember |
    | continue | try | begin | start |
    | intend | omit | regret | suggest |

12. ~ing형용사/~ed형용사의 모음

    - ~ing로 끝나는 형용사의 해석: 보통 "~는"의 의미이다.

    interesting 흥미 있는   disturbing 교란시키는   sleeping 잠자는
    living 살아있는   moving 움직이는/감동시키는   haunting 잊히지 않는
    alarming, amazing, annoying, appalling, bleeding, boring, bursting, challenging, charming, confusing, disappointing, disgusting, dying, encouraging, exciting, existing, falling, glowing, increasing, incoming, living, misbehaving, misleading, outgoing, outstanding, overwhelming, pleasing, pressing, relaxing, remaining, retiring, rising, satisfying, searching, shocking, starting, surprising, terrifying, trying, worrying, winding,

- ~ing로 끝나는 형용사의 해석: 드물게 "~ㄴ"의 의미이다.
  missing 잃어버린   cunning 교활한   neighbouring 인접한/근처의

- 형용사의 의미가 동사의 의미와 다른 것
  acting 대리의/직무대행의   going 진행 중인/활동 중인
  running 달리는/연속적인   driving 추진하는/정력적인

- ~ed로 끝나는 형용사의 해석: "~ㄴ"으로 해석한다. "는"이 아니다.
  interested 흥미를 가진   accumulated 축적된   escaped 도망간
  fallen 떨어진   swollen 부푼/물이 부른   married 결혼한
  faded 빛깔이 바랜/쇠퇴한   retired 은퇴한/퇴직한

alarmed, amused, appalled, astonished, boiled, bored, born, broken, canned, classified, cooked, confused, corrected, delighted, disappointed, dried, embarrassed, excited, fallen, fixed, forced, frightened, furnished, improved, infected, known, painted, paid, pleased, recovered, required, satisfied, sophisticated, tired, torn, trained, unparalleled, worried, wasted

- 주의할 해석
~ed로 끝나는 형용사 ~드물게 "는"이다: dated 날짜가 있는

- 동사와 ~ed형용사의 의미가 다른 단어들

~ed형용사의 의미:
advanced 진보한/진보적인   assorted 구색이 갖추어진   concerted 합의된
doomed 불운한   noted 유명한/저명한   marked 현저한/저명한
rugged 울퉁불퉁한/바위투성이의   spotted 때 묻은/반점이 있는

13. 주의 할 원급/비교급/최상급 표현
    형용사   He is much **richer** than me.
            It was **the largest** decline.
            It was **the highest** grossing film.
    부사   부사의 최상급에는 the가 없다.
            Temporary workers have been hit **hardest**.

원급단어	비교급 단어 ~더 ...	최상급단어 ~가장 ...	비고
good 좋은	better	best	
bad, 나쁜 ill 병든	worse	worst	
far 먼	further	furthest	정도
	farther	farthest	거리
many 많은/ many의 반대의 표현: 적은/못한	더 ~ 한 more 덜 ~ 한 less	아주 ~한 the most 아주 ~ 않은 the least	the more handsome the least handsome
late 늦은/ 늦게	later latter	latest last	'시간'에 사용 '순서'에 사용
old 늙은, 낡은 　　손위의, 연장의	older elder	oldest eldest	

14. 종속접속사

• ~에
when 때에　　　　where 곳에　　before 전에　　after 후에
while 동안에/반면에　because 때문에　as 때에/때문에　since 때문에/~부터

• 기타: though　　~라도　　　if ~면　　　once ~면　　　than ~보다

• 주의할 종속접속사
though = although = even though = even if　　　~라도
as though = as if　~처럼　　　like　　　　~처럼 (informal)
immediately　~ 자 마자　　every time　　~때마다
now that　　　~ 니까
providing (that) = provided (that)　~을 조건으로 하여
the first time (that)　　　　　the last time (that)

전치사 + the fact (that ...)
because of the fact (that ...) (~라는) 사실 때문에

15. 접속부사, 빈도부사와 강조부사의 모음

• 접속부사

- 1단어가 접속어로 쓰이는 부사
accordingly, furthermore, instead, next, now, otherwise, thus

- 2단어 이상이 접속어로 쓰이는 경우
as a result, as a matter of fact, for example, in fact, in particular, on the other hand

• 빈도부사
빈도부사는 일반동사의 앞에 오거나, be동사의 뒤에 온다.
always 항상   often 자주   sometimes 가끔
rarely 거의   seldom 드물게   never 전혀

• 강조부사
very, quite, totally, terribly, awfully 아주/매우
badly 심하게   really 정말   absolutely 완전히

16. 전치사

• 에/에서
in 에,   on 에/대하여   at 에,   to 에로,
into 로,   inside 안에,   outside 밖에, out 밖에,   near 가까이에,
after 후에,   before 전에,   behind 뒤에,   above 위에,   over 위에,
up 위에,   below 아래에,   under 아래에, during 동안에, because 때문에

• 여
about 대하여,   for 위하여/동안에/대하여,   through 통하여,   by 의하여/로

• 기타
from 부터,   with 와/과/로,   of 의

17. be + 형용사 +괄호(부)의 예
   ● 비법
   형용사 뒤의 괄호(부)는 "that/wh~/to동사/동사ing/전치사"가 될 수 있지만 모든 괄호(부)는 똑같이 해석되고 영어는 항상 같은 위치에 적는다.

   • be동사 + 형   + that
   be동사 +   worried/happy/sad/satisfied/positive   + that

   • be동사 + 형   + to/ that
   be동사 +   amazed/disappointed/glad/angry   + to/ that
   be동사 +   sorry/pleased/happy/delighted   + to/ that
   be동사 +   shocked/sure/certain/convinced/confident   + to/ that

   - 괄호가 "에/여/서"로 해석된다.
   He was easy   (to deal with).   (상대하기에)
   He was relieved   (to see his son again).   (그의 아들을 다시 보아서)
   I am sorry   (to hear that).   (그것을 들어서)
   He was surprised   (to see his uncle).   (그의 삼촌을 보고서)
   I am pleased   (to meet you).   (너를 만나서)
   I am glad   (to meet her).   (그녀를 만나서)

   - 괄호가 "을/를", "이/가"로 해석된다. (언어적 차이 때문)
   He is sure (that the method will work).
   Kim is confident (that she will finish college (in two years and a half)).

   • be동사 + 형용사+ (about/at/for/from/in/of/on/ with/ to(전치사)...)

   - 괄호가 "에/여/서"로 또는 "을/를", "이/가"로 해석된다. (언어적 차이 때문)
   I was surprised   (at what happened (to me)).   ((나에게)일어난 것에)
   I am worried   (about my future).   (나의 미래에 대하여)
   I am good   (at math).   (수학)을
   This river is abundant   (in fish).   (물고기)가

   • be동사 + 형용사+ (동사ing...) - 괄호가 "ㄹ"로 해석된다. (언어적 차이 때문)
   It is worthwhile   (studying English).   (영어를 공부할)

연습문제의 답

A. 품사 구분하기

1. (1) 동 (2) 명 (3) 명 (4) 동 (5) 형 (6) 전 (7) 전 (8) 부 (9) 접 (10) 형
2. (1) 동 (2) 명 (3) 명 (4) 동 (5) 형 (6) 전 (7) 전 (8) 부 (9) 접 (10) 형
3. (1) (3) (4) (5) (6) (8) (10) (11) (12) (13)
4. (1) (4) (5) (6) (7) (8) (9) (10)
5. (1)주었다 (2) 사주셨다 (3)생각한다 (4) 부른다 (5) is (6) is (7) is (8) 걷는다 (9)본다 (10) 마신다 (11) 샀다 (12) 마신다 (13) 만났다 (14) is (15) 만났다
6. (1) ① (2) ① (3) ②
7. (1) likes (2) like (3) is (4) think (5) is (6) know (7) know (8) is (9) thought (10) believed (11) decided (12) finished (13) know
8. (1) 동,명,부 (2) 동,부 (3) 동,명 (4) 전 (5) 전 (6) 명,전 (7) 접,전,명 (8) 명 (9) 동 (10) 전,부

B. 괄호(구/절) 구분하기

1. (1) 내가 먹는 (2) 그 약을 먹은 (3) 당신이 살, 저 방에 (4) 이 사진에 있는, 내가 먹은 것 (5) 그 보석을 가지고 있는 (6) 12시에 (7) 내가 본, 피카소가 그린 (8) 내가 과일을 먹기 전에, 이 방에 (9) 그가 의사가 아니라는 것 (10) 지구가 평평하지 않다는 것을
2. (1) (2) (3) (4) (5) (6) (7) (8) (9) (10) 전부 괄호(명)가 있음
3. (1) 명,형 (2) 명 (3) 명 (4) 명,부 (5) 형 (6) 형 (7) 형 (8) 형 (9) 형 (10) 부 (11) 부 (12) 부 (13) 명,명
4. (1) (2) (3) (4) (5) (6) (7) (8) (9) (10) 전부 괄호(명)가 있음
5. (1) to win the race (2) in the States in the early 1960's (3) at Ohio State University (4) at the airport in the evening (5) on the front page of yesterday's newspaper (6) on the front page of yesterday's newspaper (7) as a student tutor of Spanish in the afternoon (8) in the morning on June 6,1995 (9) from all over New York (10) of the 1950's , to as "the Silent Generation
6. (2) (3) (5) (6) (7) (8) (10)
7. (1) to see you again (2) to meet you again (3) from you (4) with fur (5) in fixing this problem (6) that you do not miss the bus (7) that he will finish college in two years and a half (8) to deal with (9) to deal with (10) of my success
8. (1) O (2) O (3) O (4) O (5) O (6) O
9. (1) O (2) O (3) O (4) O (5) O (6) O (7) O (8) O (9) O (10) O

C. 영어의 순서 - 고급영작과 고급해석을 단숨에 배우는 방법

1. (1) 주 (2) 목2 (3) 보 (4) 전 (5) 목2 (6) 주 (7) 목2 (8) 보 (9) 전 (10) 전
2. (5) (6) (7) (10)
3. (1) 읽다 (2) 운전하다 (3) 평하다 (4) 말하다 (5) 보내다 (6) 만나다 (7) 공부하다 (8) (게임을) 하다 (9) 말하다 (10) 청소하다 (11) 마시다 (12) 먹다 (13) 감다 (14) 있다 (15) 빌리다 (16) 데이트하다 (17) 결혼하다 (18) 듣다 (19) 사냥하다
4. (1) 마시다 (2) 마시다 (3) 의 (4) 에 있는 (5) 마시다 (6) 마시다 (7) 마시다 (8) 쫓다 (9) 지지하다 (10) 우리가
5. (1) in the morning (2) in April (3) in 2015 (4) on Tuesday (5) to school (6) from the school (7) table (8) on the table (9) on the table (10) next to the bank (11) between the bank and the school (12) along the road (13) 12 o'clock (14) at 12 o'clock (15) afternoon (16) in the afternoon
6. (1) 내가 (2) 내가 (3) 나는 (4) 내가 (5) 그가 (6) 나는 (7) 나는 (8) 나는 (9) 나는 (10) 나는 (11) 나는 (12) 그가
7. (1)변화시켰다   (2) 변화시켰다 (3) 쓰다 (4) 가르치다 (5) 부러워하다 (6) 비용이 들다 (7) 선출하다 (8) 믿다 (9) is (10) are (11) are (12) 앉다 (13) 만들었다

- 328 -

8. ⑴ call ⑵ made ⑶ had ⑷ shot ⑸ liked ⑹ calls ⑺ suits ⑻ see ⑼ was ⑽ watched
9. ⑴ O ⑵ O ⑶ O ⑷ O ⑸ O ⑹ O ⑺ O ⑻ O ⑼ O ⑽ O
10. ⑴ ② ⑵ ② ⑶ ② ⑷ ① ⑸ ① ⑹ ①
11. ⑴ O ⑵ O ⑶ O ⑷ O ⑸ O ⑹ O ⑺ O ⑻ O ⑼ O
12. ⑴ O ⑵ O ⑶ O ⑷ O ⑸ O ⑹ O ⑺ O ⑻ O ⑼ O ⑽ O ⑾ O ⑿ O
13. ⑴ O ⑵ O ⑶ O ⑷ O ⑸ O ⑹ O ⑺ O ⑻ O ⑼ O
14. ⑴ O ⑵ O ⑶ O ⑷ O ⑸ O ⑹ O ⑺ O ⑻ O ⑼ O ⑽ O
15. ⑴ started ⑵ am ⑶ is ⑷ want ⑸ drives ⑹ is ⑺ borrowed ⑻ am ⑼ am ⑽ am
16. ⑴ ⑵ ⑶ ⑷ ⑸
17. ⑴ told ⑵ told의 앞이 주어 ⑶ me ⑷ me 의 뒤

D. 혼동되는 영어의 순서

1. ⑴ ⑵ ⑶ ⑷ ⑸ ⑹ ⑺ ⑻ ⑼ ⑽ ⑾ ⑿ ⒀ ⒁ 전부다
2. ⑴ ⑵ ⑶ ⑷ ⑸ ⑹ ⑺ ⑻ ⑼ ⑽ 전부다
3. ⑵ ⑶ ⑷ ⑸ ⑹ ⑺ ⑻
4. ⑴ ⑵ ⑶ ⑷ ⑸ ⑹ ⑺ 전부다
5. ⑹
6. ⑴ needs ⑵ is ⑶ likes ⑷ need ⑸ like ⑹ like ⑺ need ⑻ elected ⑼ made ⑽ hate ⑾ bought
7. ⑸ ⑹ ⑺
8. ⑴ is ⑵ read ⑶ looks ⑷ looks ⑸ are ⑹ is ⑺ called ⑻ drive ⑼ put ⑽ elected
9. ⑶ ⑼ ⑽ ⑿
10. ⑽
11. 해당되는 번호 없음
12. ⑴ O ⑵ O ⑶ O ⑷ O ⑸ O ⑹ O ⑺ O ⑻ O ⑼ O ⑽ O
13. ⑴ live ⑵ was ⑶ contains, help ⑷ talking ⑸ seem ⑹ noticed ⑺ tell ⑻ is ⑼ is ⑽ think
14. ⑴ some animals ⑵ we ⑶ she ⑷ what matters ⑸ talking, people ⑹ talking ⑺ she ⑻ she ⑼ she ⑽ she
15. ⑴ met ⑵ tastes ⑶ called ⑷ blurted ⑸ were ⑹ is ⑺ is, thought ⑻ found, invited ⑼ was, listening ⑽ took
16. ⑴ O ⑵ O ⑶ O ⑷ O ⑸ O
17. ⑴ ① ⑵ ② ⑶ ② ⑷ ① ⑸ ① ⑹ ① ⑺ ① ⑻ ① ⑼ ① ⑽ ② ⑾ ① ⑿ ①
18. ⑴ O ⑵ O ⑶ O ⑷ O ⑸ X ⑹ X ⑺ X ⑻ X ⑼ O ⑽ O ⑾ X ⑿ X ⒀ X ⒁ X
19. ⑺ ⑻ ⑼
20. ⑴ O ⑵ O ⑶ O ⑷ O ⑸ O ⑹ O ⑺ O ⑻ O ⑼ O ⑽ O

E. 한정어/수식어의 위치

1. ⑴ 하나 상자 ⑵ 그 상자 ⑶ 하나 아름다운 상자 ⑷ 5개의 아름다운 상자들 ⑸ 나의 아름다운 신부 ⑹ 모든 사과 ⑺ 나의 모든 사과 ⑻ 나의 두 개의 사과 ⑼ 한명의 예쁜 아이 ⑽ 하나 큰 빌딩
2. ⑴ O ⑵ O ⑶ O ⑷ O ⑸ X ⑹ X ⑺ O ⑻ O ⑼ O ⑽ X ⑾ O ⑿ O ⒀ X ⒁ X
3. ⑴ O ⑵ O ⑶ X ⑷ O ⑸ O ⑹ O ⑺ O ⑻ O ⑼ O ⑽ X
4. ⑴ o ⑵ o ⑶ o ⑷ x ⑸ o ⑹ o ⑺ x ⑻ x

F. 문의 종류와 순서

1. (1) O (2) O (3) O (4) O (5) O (6) O (7) O (8) O (9) O (10) O (11) O
2. (1) are (2) is (3) causes (4) investigate (5) were (6) got (7) think, be (8) is showing (9) is (10) have (11) are (12) able (13) meet (14) get (15) grown (16) come (17) know (18) broken (19) signed
3. (1) I+know (2) they+follow (3) I+noticed (4) My assumption+ is (5) These stories + teach
4. (1) come (2) go (3) get (4) watch (5) stick (6) drain, add (7) see (8) tap (9) check (10) combine (11) gather (12) use (13) group (14) look (15) read (16) make (17) hear (18) go (19) made (20) take (21) take
5. (1) O (2) O (3) O (4) O (5) O (6) O (7) O (8) O (9) O (10) O
6. (1) Mr.Kim이 누구인지(2) 그럴까 (3) 너는 생각하니 (4) 무엇이 설명하니 (5) 이 카드 중 하나를 택하세요
7. (1) 수 있니 (2) 무엇 (3) 어떻게 생각하니 (4) 누가 (5) 어떤 것이 (6) 무엇이니 (7) 얼마니(8) 무엇이니 (9) 무엇이니
8. (1) O (2) O (3) O (4) O (5) O (6) O (7) O (8) O

G. 품사의 문법적 특성 총정리

1. (1) 명 (2) 전 (3) 동 (4) 조 (5) 조 (6) 동 (7) 접 (8) 한 (9) 형 (10) 동
2. (1) O (2) O (3) O (4) O (5) O (6) O (7) X (8) O (9) X (10) O (11) O
3. (1) O (2) O (3) O (4) O (5) X
4. (1) O (2) X (3) O (4) X (5) O
5. (1) in (2) at (3) at (4) at (5) by (6) 에(서) (7) 에(서) (8) 에(서) (9) 에(서) (10) 에(서) (11) 에(서) (12) 에(서) (13) 에(서) (14) 에(서) (15) 에(서) (16) 에(서) (17) 동안(에) (18) 동안(에) (19) 에(서) (20) 에(서)
6. (1) O (2) O (3) X (4) O (5) O (6) O (7) O (8) O (9) O (10) O (11) O (12) O (13) O (14) O (15) O (16) O (17) O (18) O (19) O (20) X
7. (1) O (2) O (3) O (4) O (5) O (6) O (7) O (8) O (9) X (10) O
8. (1) O (2) O (3) O (4) O (5) O (6) X (7) X (8) O (9) O (10) O (11) O (12) O (13) O
9. (1) ① (2) ① (3) ① (4) ② (5) ② (6) ②
10. (1) to (2) of (3) about (4) with (5) to (6) at (7) of (8) with (9) on (10) to
11. (1) of (2) from (3) to (4) (5) into (6) 없음 (7) into (8) 없음 (9) 없음 (10) to (11) to (12) 없음 (13) of (14) 없음

H. 문법 용어로 설명한 괄호(구/절)

1. (1) O (2) O (3) O (4) O (5) O (6) O (7) O (8) O (9) O (10) O
2. (1) O (2) O (3) O (4) O (5) O
3. (1) O (2) O (3) O (4) O (5) O (6) O (7) O (8) O (9) O (10) O (11) O
4. (1) 1921년에 그 회사의 사장이 되기 위하여 (2) (너에게 (네가 원하는 것)을 주는 것에 의하여서) (3) 궁전에서 (4) 뒤따르는 (5) 속담 (6) 그날부터 (7) 이 사람을 자극을 주기위한 (8) 돕기 위하여 (9) (((영화 'Titanic,'의) 제작자들에 의하여) 제작되었기 때문에),
5. (1) O (2) O (3) O (4) O (5) O (6) O (7) O (8) O (9) O (10) O
6. (1) O (2) O (3) O (4) O (5) O (6) O (7) O (8) O (9) O (10) O (11) O
7. (1) O (2) O (3) O (4) O (5) O (6) O (7) O (8) O (9) O (10) O (11) O (12) O (13) O (14) O (15) O (16) O (17) O
8. (1) X (2) X (3) O (4) O (5) O (6) O
9. (1) ① (2) ①②③ (3) ①②
10. (1) 부 (2) 부 (3) 형 (4) 형 (5) 명 (6) 형 (7) 부 (8) 부 (9) 형 (10) 부 (11) 형 (12) 부 (13) 부 (14) 부 (15) 부 (16) 부 (17) 부
11. (1) 분사구문 (2) 관계사 (3). 현재진행 (4) 부정사 (5) 전치사 (6) 수동태 (7) 부정사 (8) 부사 (9) 동명사. (10) 현재분사 , 동명사

I. 기타 중요한 문법

1. (1) drink (2) drank (3) am drinking (4) have drunk (5) have been drunk (6) have been drunk (7) drank (8) will have drunk (9) heard (10) came
2. (1) 주목했다 (2) 그것이 쉬울 거라고 (3) 아직 발견하지 못했다 (4) 역시 시도했다 (5) 아직 본 (6) 시도한 적이 있다 (7) 말했다 (8) 말했었다 (9) 침범했었다 (10) 아직 배우고 있었다 (11) 걷고 있었다 (12) 건축되었다 (13) 놀라게되었다
3. (1) 벌써 타고가고 있었다 (2) 오고 있다 (3) 서있는 중이다 (4) 했었다 (5) 한다 (6) 적는다 (7) 유명했다 (8) 학대당하고 있다 (9) 납치당한다 (10) 그 반구에서는 가장 가난한 나라중의 하나인데
4. (1) O (2) O (3) O (4) O (5) O (6) O (7) O (8) O (9) O (10) O
5. (1) 살았다, 살아오고 있다 (2) 보았니, 본적이 있니 (3) 보지 않았다, 본적이 없다 (4) 파티가 있었다, 파티가 있었었다 (5) 알릴 거다, 알려질 거다 (6) 보았다, 보여졌다 (7) 추방했다, 추방되었다 (8) 입는다, 입고 있다 (9) 불려져오고 있다, 불려졌다 (10) 훔쳤다, 훔침을 당했다
6. (1) O (2) O (3) O (4) O (5) O (6) O (7) O (8) O (9) O (10) O (11) O
7. (1) 만들어지고 있다 (2) 유명해져오고 있다, 알려진 (3) 만들어져있다 (4) 간행된
8. (1) am (2) with (3) to (4) costs (5) are (6) needs (7) to (8) are (9) to (10) have
9. (1) O (2) X (3) X (4) X (5) X (6) O (7) X (8) O (9) X (10) X (11) X
10. (1) O (2) O (3) O (4) O (5) O (6) O (7) O (8) O (9) O (10) O (11) O

3분만 배우면
응용하는 영문법

2010년 2월 초판 1쇄 발행

출판사: 레인보우 컨설팅　　　　등록: 제 2007-27
저자: Charles Lee

Web page: Http://www.rainbowcollege.com
E-mail: webmaster@rainbowcollege.com
Tel. : 070-7689-7735

ISBN 978-89-959350-4-0

값　12,800원